“小班化”教育

《“小班化”教育》编写组　编著

东南大学出版社
·南　京·

图书在版编目(CIP)数据

“小班化”教育/《“小班化”教育》编写组编著. —南京：东南大学出版社，2009.10（2013.9 重印）
ISBN 978-7-5641-1835-8

Ⅰ. 小… Ⅱ. 小… Ⅲ. 小学—教学改革—研究
Ⅳ. G622.0

中国版本图书馆 CIP 数据核字(2009)第 157259 号

“小班化”教育

出版发行	东南大学出版社
社　　址	南京四牌楼 2 号　邮编：210096
出 版 人	江建中
网　　址	http://press.seu.edu.cn
电子邮件	press@seu.edu.cn
经　　销	全国各地新华书店
印　　刷	兴化印刷有限责任公司
开　　本	700mm×1000mm　1/16
印　　张	15.5
字　　数	315 千字
版　　次	2009 年 10 月第 1 版
印　　次	2013 年 9 月第 3 次印刷
书　　号	ISBN　978-7-5641-1835-8
定　　价	32.00 元

本社图书若有印装质量问题，请直接与读者服务部联系。电话(传真)：025-83792328

目 录
CONTENTS

引　言

这是一本写给小学小班化教师的书。

这是一本写给关注、研究小学小班化教育的教育工作者的书。

从上个世纪90年代以来，我国许多城市在基础教育阶段开始小学小班化教育的实践探索。表面地看，推进小班化是顺应学生生源的变化，其实，相对于我国城市基础教育的现状，小班化无疑是一场意义重大的教育变革。

仰望教育理想的星空，我们一直在追寻全体学生生动活泼地全面发展，我们一直在追寻让每一位学生健康的个性充分张扬，我们一直在追寻、创造适应每一位学生的教育，我们一直在追寻让课堂成为每一位学生向往的地方。在小班化教育推进过程中，我们很欣喜地感受到，我们教育理想的追寻正在逐渐地得到现实的支撑。随着小班化教育而生成的渐进性教育变革，逐渐彰显出小班化教育的优势。教育理想星光映照下的小班化教育之路愈益清晰……我们这些《"小班化"教育》编写组的老师们愿陪伴您——从事小班化教育的教师们，行进在小班化教育之路，一路领略小班化教育的风光，一路思索小班化教育的真谛。

小班化教育正彰显出新的价值追求：

追求"全纳"。全心全意、真心真意，接纳每一位学生，接纳每一位学生的每一方面。

追求"精致"。小中求精，小中求美，小中求特，小中求新，每一位学生都是一个"精品"，每一所学校都是一个"精品"。

追求“优质”。优的教育设施，优的教育理念，优的教育服务，优的教育质量。

小班化教育正建构起新的教育环境：

物质环境的现代化、生本化；

心理环境的激励性，愉悦性；

文化环境的多元化，个别化。

小班化教育正培育出新的课堂样式：

丰富多彩的师生互动，生生互动；

自主活跃的小组学习，小组分享；

多样化的，分类型的作业；

“关注每一个”的个别化辅导。

小班化教育正创生出新的课程形式：

国家课程的小班化重组；

选择性的课程超市；

个别化的课程规划。

小班化教育正探索新的发展评价：

每位学生都有成长档案；

每位学生都会得到老师、同学的欣赏性评价；

每位学生都是评价的主人。

诸如此类的小班化教育实践，小班化教育经验，小班化教育创意，小班化教育理念，《“小班化”教育》书中都有清楚的、生动的阐述。

客观地说，我国基础教育小班化的实践仍然处于艰难的起步阶段，不仅是社会条件需要进一步完善，而且理论建构、经验积累都显得异常单薄。我们对“小班”仍有许多盲区、误区。阅读《“小班化”教育》，我们会增加很多小班化教育的信息，增添很多小班化教育的智慧。与此同时，我们也会生出不少“?”，其实，这正是编者们所期待的。我们期待“小班化”的老师们一边阅读《“小班化”教育》，一边研究“小班化”，一边完善“小班化”。

“小班化”，寄托着基础教育的理想。正在从事，即将从事“小班化”教育教学的老师们无疑是基础教育发展的践行者，先行者。理想的光辉照耀着我们，我们的心中涌动着创造的热情，我们一起昂首阔步地走进“小班化”……

《“小班化”教育》编写组

第一章 小班化教育的理想追求

它被称为“教育领域一场静悄悄的革命”，它被看做推进素质教育新的着力点，它被奉为优质教育新的增长点。它的出世一如华美的乐章，不仅契合了国际国内的时代背景，而且融合了丰厚的教育教学理论。小班化教育，当社会的关注点聚焦在它身上时，人们对它的追问、探索亦越发深入。小班化教育的魅力在于它激活每一个学生的成长潜能，提升学生的精神品质，张扬每一个学生的个性风采，绽放每一个学生的生命精彩，创造了一个素质教育的春华与秋实。

第一节 小班化教育的实践

一、国际社会实施“小班化教育”的时代背景

“小班化教育”是当代基础教育改革与发展的重要趋势。

当代教育从教育内容上讲，一方面重视认知与情感、意志的结合，以塑造教育对象完整的人格，另一方面又强调针对每一个个体的差异，提供给个体最适当的教育，为了适应这种要求，对学校教育的时空作了很大的调整，班级的规模

逐步趋向小型化。从研究背景上看，在20世纪前半叶，小班教学的推行还仅仅限于英法等国家，到了20世纪六七十年代，小班教学不但在英法等国家得到进一步的推进，而且扩展到更多的国家。法国在1937年开始小班教学的尝试之后，到1969年，法国教育部的通知首次规定了小学年级的每班定员的小班编制标准，通知指出："一般小学教育的班级定员，预备级（1年级）为25人，其他各年级（2～5年级）任何情况下都不得超过35人。"承接此通知的1970年正式通知则明确指示，预备级每班标准为25人，其他各班标准为30人。另外，关于中等教育，法国向来是主张小规模的班级编制，只是在现实中因种种条件的限制而无法实现。但最终，1977年在所谓的"哈比"改革等一系列的教育制度的改革中，兰久芬改革方案和"新的班级"中所规定的"一个班级25人"的精神得以实现。

而英国在1931年的哈德报告书和1967年的布罗登报告书的推动下，也进一步推进了小班化教育的进程。英国的英格兰和威尔士在1926年删去对初等学校班级规模的限定，以及在1944年放弃对班级编制的标准规定之后，到了1959年又再度在班级编制准则方面作出规定。该规定的第五项先对学校设施作了这样的规定："供上课使用的教室及其他房间不得过于拥挤。"接着又在第六项对有关班级规模问题做了规定。这样一来，就初等学校来说，1959年学校规则中所规定的班级规模，与1919年暂定学校规则里的规定相比，大约减少了20人。

联邦德国在20世纪六七十年代以后也开始推行小班教学。例如联邦德国的北莱因·威斯特伐利亚州在1978年《关于教员数的计算及班级设置的方针》中第二条"关于班级设置的方针"，其中第三款"标准班级在学人数、最大班级在学人数、最小班级在学人数"的表中明确规定："初等教育阶段1～3年级的标准值、最大值、最小值分别为30人、35人和18人，4年级分别为32人、40人和20人；中等教育阶段的5～10年级的标准值、最大值、最小值分别为33人、40人和20人，11～13年级分别为22人、25人和13人"。

美国对小班化教育的关注与研究是基于20世纪70～80年代以来中小学

入学人口的回升，班级人数相对于美国原来的班级人数有增加之势。为保证教育教学质量，一些教育学者未雨绸缪，提出小班化教育的改革措施并积极主动寻求践行的依据和策略。

早在1999年，美国前总统克林顿提议，国会两党的立法中拨出12亿美元，用于帮助地方社区在今后七年中雇佣10万名教师。目的是在全国范围内把小学1～3年级的班级学生人数减少到18人。到了2000年，克林顿总统又向国会提出在这几年的基础上，追加预算投入2亿美元，使2000～2001学年的项目经费达到14亿美元，可以再帮助社区聘用8 000名教师，使教师总人数达到37 000人。伴随着经费的支撑，从联邦政府的角度，还制定了关于美国中小学小班化教学的政策，即高中班级规模从原来的30人减少到28人，初中班级规模从原来的28人减少到25人，小学班级规模从原来的25人减少到20人。

学术领域对于小班化的研究也有一定的收获，美国学者过去50年间发表的论述学生成绩与班级规模关系的近300篇论文表明：班级规模下降至30名以下，学生学业成绩普遍上升，能力普遍增强。

日本在1958年就制定了义务教育法，规定公立学校的标准班级人数为40人，县教育委员会按各县市的班级数目确定相对的教职员人数。1998年，教育中央委员会报告提出，法例中的班级大小标准仅用以计算教师数目和工资，县行政机关有权力灵活决定班级大小，以进一步改善学校情况。2001年4月1日，日本政府正式修订法例，县教育委员会可根据学生的特别需要制定低于国家标准的班级规模。2001年日本教育研究学会的调查显示，低年级教师倾向喜欢小班，他们认为“最恰当”的班级大小为20人，因为他们能够“发掘学生最好的一面”、“花足够的时间与学生说话”。山形县已于2002年开始实施“新新计划”，规定义务教育阶段的初中和小学各班人数为30人。[5]

韩国于2001年开展小班化教育。教育及人力资源部于2001年度发表了《知识与信息时代——教育环境改善计划》(“七·二〇行动”)。该计划主要着眼点在于降低班级学生人数，另外包括改善学与教的方法，聘请更多中小学教师以及鼓励学校施行不同类型的教学法等。2000年韩国高中平均每班有学生

42.7人，中学38人，小学35.7人。政府于同年开始在小学实行"第七国家课程"，课程以配合个别学生多元学习需要为目的，让学生有更大的选科权利，鼓励学生建立自我导向的学习能力。为配合第七课程的实施，教育部打算投入一半的教育预算(12兆280亿韩元，约合110亿美元)加建学校和教室，以求将班级人数降低至35人。本次降低班级人数计划的推行策略为，先在高中实施，然后逐层延至低年级。

俄罗斯也在不断改革前苏联的教育，注重应用知识和计算机以及外语教学，教学班级小班化，一般每班不超过25人，有的学校甚至五六个学生就组成一个班。这样学生就有更多的机会直接得到老师的教育和辅导，师生关系也较亲密。他们承认学生的天赋差异，到了高年级，则按学生的兴趣编班，分人文学科或数理化学科。

纵观当今世界各国学校班额情况：美国的小学原先18～20个孩子一个班。美国前总统小布什上台后的一个重大举措就是再将班额缩小2个，16～18人一班；加拿大的小学一般16～20个孩子一个班；德国、法国、英国、挪威、荷兰、瑞士、丹麦等欧洲国家的班额也都在20～30人左右(瑞典为15～19人)；日本规定中小学班额不超过40人。上世纪九十年代中期，澳大利亚昆士兰州立学校校长协会主席哈尔迪先生认为，小学要为学生的终身学习做好"扎根"的工作，扎下终身学习愿望之根，扎下终身学习能力之根，扎下终身学习品质之根。为了保证做好"扎根"工作，哈尔迪先生提出要将班级学生数从30名左右减到20名以下，并提出要进行教学方式的更新，课程的整合。在教学方式上，澳大利亚着重追求这三个方面：一是在课堂教学中，注意教学的形式和过程，突出"快乐的老师，快乐的方式，快乐的学生"；二是教学情境上，讲究课堂教学情境的生活化、多样化、个性化、参与性；三是教学理念上倡导个性、愉快、参与。此外，他们非常重视学科课程的整合。

在这林林总总的数字中，小班学生数量到底应达到多少才是最合适的呢？应该说，这个数字一直就处于一种动态发展的过程。从实际情况来看，由于人口基数不同，美国历史上班级规模平均人数就相对较少。根据联合国教科文组织 1993 年统计表明，1990～1991 年间美国与中国的中小学班额比如下：美国小学班额平均数为 24 人，中国则为 50 人，最大限度至 80 人；美国中学班额平均数为 25.6 人，中国依然为 50 人，最高限度至 78 人。不同的背景，决定了同样是“小班化教育”，但内涵却不尽相同。美国田纳西州的 STAR 计划中把小班班额定在 13～17 人（相对应的大班或常规班的班额为 22～26 人）；威斯康星州的 SAGE 实验班额为 15 人；印第安纳州的“黄金时段”计划缩小班级规模为 18 人，等等。目前，美国就小班班级规模达成的共识是：基本保持 15∶1 的师生比，同时班级规模最好缩小到 15 人这样的实际数量及其以下，学生成绩才会明显提高。美国国家小学政策委员会把它的班级规模政策意见从 20∶1 调整下降至 15∶1 的师生比。当然要达到这样一个标准，仍需假以时日。到 2000 年，全美差不多有 25 个州实施了小班教育计划。比如北卡罗来纳州 Guilford 县的 Hill 小学，已经在幼儿园至二年级范围内把班额从 23 人下降到 15 人；Rockingham 县的 Draper 小学则在一至四年级范围内把班额缩小到 13 人，等等；同时各州还依据本州实际情况，实行比较灵活的政策，一些州采取了逐年逐班地缩小班额的分步走战略。比如威斯康星州的 SAGE 计划中，1996～1997 学年度在幼儿园至一年级缩小班级规模，1997～1998 学年度加上二年级，1998～1999 学年度再加上三年级；内华达州在 1990～1991 学年度开始实行班级规模缩小计划，该计划开始先将幼儿园至一年级限制生师比为 15∶1 的目标，然后逐步使二至三年级都达到这一比率。

美国在实施小班化教育改革过程中，主要有以下几点值得借鉴：1. 政府在财政投入上保证项目的实施。2. 加强教师的职业培训，这是保证小班化教育改革顺利进行的关键。3. 追求效益的同时，注重教育的公平。对最需要小班化教育的贫困学区给予特殊投入。4. 政府采取灵活政策，使项目经费充分发挥效益，提高教学水平，并灵活解决在项目实施过程中出现的难题。

二、国内实施“小班化教育”的社会背景

而对我国来说，开展小班化教育研究，一方面是基于 20 世纪 90 年代中后

期以来某些地区中小学入学人数的回落，这种班级人数的自然性萎缩使小班化教育成为一种自然需求。另一方面，飞速发展的社会经济，使得人们对子女接受优质教育的关注度、需求度越来越高，小班化教育的推行成为一种社会需求。

实施小班化教育是深化教育改革，推进素质教育，提高教育质量的需要。

为了推进素质教育，我国开始了新一轮课程改革，从教育理念、课程建设、教育教学组织形式、教育教学评价等各方面已经并且将要对基础教育发生根本性的影响。小班教育正是顺应这一发展的方向。可以说，在实施新课程方面，小班教育有着无可替代的优势。师生比缩小后，教师指导时间普遍增加，师生人际交往增多，强化了教师对学生学力乃至人格的影响力，促进了学习质量的提高。

在国内，20 世纪 90 年代中后期，北京、上海、杭州等地在全国率先进行了“小班化教育”的试验。我国台湾省 1998 年小学一年级每班人数全面减至 35 人以下。上海市 1996 年开始小班化教育探索，试点班学生数在 20～24 人之间。天津市从 1997 年开始小班化教育，班额度也都在 35 人以下。在中国相对发达的地区，这种从形式到内容的革命性教育变革，面向全国形成了一定的辐射作用。反观当时实行小班化试验的城市，发现有着比较接近的社会背景：

第一，有追求实施素质教育高位均衡发展的目标。

上海市委市政府明确提出要进一步“高标准、高质量”地实施义务教育，使学生不仅能“进得来、留得住”，还要在“学得好”上下功夫。

第二，适应生源减少的自然趋势。从长远来看，伴随着上世纪末北京、上海等大城市人口出生率的自然回落，中心城区生源减少的趋势比较明显。这时大量的教育资源出现闲置，多出来的教学场所怎么办？是改作他用还是换一种思路，继续从教育的角度来利用好这些资源，最大限度地发挥他们的育人功能，以现代化意识谋划教育，使教育更加精致，更为优质。小班化教育从另一种形式上保全了教育资源，成为教育资源的“蓄水池”。（目前随着又一轮人口出生高峰的临近，专家预测，部分实施小班化学校又会相应地提高班级生额，经历大班—小班—大班这样一个循环往复的发展历程。）更为重要的是，它最大限度地开发了教育资源的功用，使许多的教育要求（素质教育的要求、合作学习的要求、学习微技术的研究、学生视野的拓宽等）在小班这个载体下获得充分发展。

第三，对优质教育资源的需求越来越大。小班化教育契合了这种情势，这也是它产生和发展的教育社会学基础，是社会经济发展到一定阶段的必然产物。

第四，寻求素质教育的突破口。小班化教育减少班级生额，师生、生生的交往空间扩大，交流频率提高，更加有利于素质教育的全面推行。小班化教育理念和人才培养模式的转变，促进了教学组织形式和教学方法的改革；增加了师生间、学生间交往的频率和交流的密度；学生的主体性得到了较充分的发挥；教师有更多的机会进行个别辅导，因材施教；学生的学习能力、动手能力、交往能力和创造能力等各方面的综合素质有了明显的提高。

三、南京市实施"小班化教育"的区域背景

南京市从21世纪初开始酝酿实施小班化教育试验。2000年9月，南京市教育局组团出访西欧，在回国后的《赴英国、丹麦教育考察报告》中，强调指出要学习、借鉴国外"以学生发展为本"的教育思想和"小班化"的教育模式等先进经验，要求对南京市小学实施小班化教育的可行性进行调查和论证。由此，拉开了南京市小班化教育试验的大幕。

南京小班化教育试验是在世界各国基础教育改革与发展的大背景下，是在国家启动新课程改革，深化素质教育的大背景下，是适应南京社会经济和教育发展的需要，满足市民子女接受优质教育的需要，而开展的一项引领南京基础教育发展的重大教育试验。

1. 实施"小班化教育"是适应南京社会经济发展的迫切需要

在新世纪，南京市将建成科学技术为先导，古都和江滨特色鲜明，国际影响较大的现代化城市，成为国内具有较强竞争能力的商贸流通中心，科研研发中心和现代服务中心；成为全省知识创新的主要基地和科技创新的领头区域，与此相适应，南京要成为现代化教育强市，从而为南京社会经济发展提供智力支

持和知识奉献。

实施“小班化教育”，既是“惠民强市”的重要内容，也是实现“惠民强市”的重要措施。

实施“小班化教育”既是一个地区社会、经济发达的标志，也会对社会经济发展起促进作用。因此“小班化教育”是“南京成为国际影响较大的现代化中心城市”的应有之意。

实施“小班化教育”并非一蹴而就，南京市教育局为此进行了精心的酝酿，首先是对全市人口出生率作了详细的调研，并进行科学的对比分析，在此基础上，提出实行小班化的可行性报告。

南京市的实际情况是：城区出生人口与六年前入学人数差距较大，每年在7 000～10 000 人之间，出生人口仅占入学人数的 62%，郊区差距较小(88%)；甚至五、六年级的在校生人数比出生人数还少，可能是由于郊区生源向城区流动的结果；五县出生人口与入学人数差距较大，多的年份相差 1.5 万，6 年平均出生人口占入学生数 80%；从全市情况看，出生人口与实际入学的差距每年为1.1 万～1.5 万人，多的年份(1991，1992)相差 2.5 万人，全市出生人口占实际入学人数 76%。

在不改变原班级教师配置标准(市区 2.2，农村 1.5)的前提下，就全市范围实施小班化教育，从数量上讲，原有教师可以满足小班配置需要。

在把握国内外小班化教育信息的基础上，在对南京市人口的出生情况等教育基本变量科学分析的基础上，南京市教育局果断地作出决定：启动小班化教育试验，并为此进行了积极的准备。

一是实施方案的准备。由初教处牵头，组织各方人士研制出小学小班化教育试验方案，对推进小班化教育，进行小班化教育研究，进行了全面的规划。根据南京市的实际情况，我们把小学小班班额配置在 28 人以内。

二是试点学校的准备。确定玄武、鼓楼、白下、秦淮、建邺、下关、雨花、浦口、栖霞 9 个区的 14 所小学，作为首批小班化教育试点学校。试验班级共 42 个，学生 991 人。平均每班 24 人。

三是师资队伍的准备。组织小班化教育试点学校的校长和教师去上海及其他兄弟城市学习考察。对所有参加小班化教学工作的教师进行系统性的专题培训。

四是教育设施的准备。市区教育局拨专款，对小班化教育试验班级的教育教学环境进行了高质量高标准的建设，为小班化教育试验提供优良的物质条件。

五是课题研究的准备。从一开始，就把小班化教育实践和教育科学研究紧密地联系在一起，确立了南京市教育规划重点课题《南京市小班化教育的理论与实践》，拟定了课题计划，进行了专家论证。首批 14 所小班化教育试点学校全部参与课题的研究，并根据各校自身的特点，确立了学校的子课题。这五大方面的准备工作为小班化教育试验的健康发展奠定了较好的基础。

2. 实施“小班化教育”是满足南京市民子女接受优质教育的迫切需要

随着社会的进步，人们生育观念的转变和计划生育措施的落实，南京市对人口出生进行了有效的控制，人口出生率呈逐年下降趋势。近些年来，随着南京市民物质生活水平的不断提高，其要求子女接受优质教育的愿望也越来越强烈，个性化服务的理念唤醒了家长对个性化教育的需求。他们希望子女的学校生活有更大的活动空间，有更多的机会处于活动的中心地位，有更多的时间与教师交往，得到教师更多的个别化指导。教育的个性化服务体现在哪里？当然是基于因材施教、倡导个性化、确立学生主体地位的小班化教学。因此，实施小班化教育，提高每个学生接受教育的充分程度，让广大市民的子女接受更高质量的小学教育，已经成为进一步提高市民生活质量的新的增长点。

3. 实施“小班化教育”是南京基础教育改革与发展的迫切需要

近几年来，国内经济发达的一些地区（北京、上海等），也都开展了小学小班化试验，并已在面上推开。从教育内容上讲，一方面重视认知与情感、意志的结合，以塑造教育对象完整的人格，另一方面又强调针对每一个个体的差异，提供最适当的教育，为了适应这种要求，对学校教育的时空作了很大的调整，班级的规模也逐步趋向小型化，南京市教育界敏锐地捕捉到了这种趋势。

4. 实施“小班化教育”是南京深化教育改革，推进素质教育，提高教育质量的迫切需要

南京的基础教育有着深厚的底蕴，小班化教育为素质教育的高位均衡发展提供了有利的平台。小班化教育是对传统教育组织的空间形式、教育活动的组织方式，及传统教育的观念与理念的一种突破与发展，一种在时代背景下的创新。但小班化教育并没有摒弃过去教育中成功的做法和经验，在充分发挥班级授课制群体教育优势的同时，它全面渗透分组教学、个别教学等教育理论，从教育组织安排的角度，对教育的时间、空间和人数等进行有效的控制和利用，力争实现全班教学、分组教学和个别教学的最佳结合，变传统“一刀切”教育模式为因材施教，变教学“填鸭式”为启发式、讨论式，变学生“背手听课”为自由主动地学习，变教学的呆板僵化为学习的生动活泼。

第二节　小班化教育的价值追求

一、小班化教育追求“公平”

现代教育公平理论是现代教育民主化运动的产物，也是教育民主精神的体现。教育公平包含教育资源配置的三种合理性原则，即平等原则、差异原则和补偿原则。教育资源配置的平等原则包括受教育权平等和教育机会平等两个方面，它主要强调教育起点平等和教育过程平等。教育资源配置的差异原则，是指根据受教育者个人存在的禀赋、兴趣和能力差异，差异性地配置教育资源，以满足其个性充分发展的需要。教育资源配置的补偿原则关注受教育者的社会经济地位的差距，并对社会经济地位处境不利的受教育者在教育资源配置上予以补偿。

教育公平理论具有四个层面的含义：（1）观念层面。指不分种族、性别，

人人平等地接受高质量教育的观念，这是一种教育人道主义观念。(2) 目标层面。教育公平的目标包括两方面，一是教育机会的均等，即“每一个人都应能获得旨在满足其基本学习需要的受教育机会”。二是教育质量的公平，即人人都应享受到较高质量的教育，这是“教育公平目标的真谛所在”。(3) 制度层面。指教育制度、教育政策的公平，教育资源配置、师资力量分配的公平。(4) 微观的教育过程层面。指在教育过程中应公平地满足所有儿童的发展需要，使每个儿童都获得充分的发展，即“每个人都受到适当的(而不是完全一样的)教育，这种教育的进度和方法要适合个人的特点”。当教育公平的原则在观念层面、目标层面、制度层面上逐步实现之后，再追求微观的教育过程层面。“关注每一个孩子”，使每一个受教育对象都有平等参与各种教学活动和平等共享各种教育资源的权利。小班化教育为每一个学生的充分发展，为他们在课堂上动脑、动口、动手提供了更为广阔的空间。

南京的“小班化教育”对课堂教学的评价有一个明确的要求，就是课堂参与率百分百，课堂互动率百分百，教学关注率百分百。在深入实施的过程中，南京的部分小学提出了自己课堂教学环节的“四个百分百”：

上课发言“百分百”：小班课堂每一节课每一个孩子都应该得到发言的机会，发言面要达到100%；

课堂互动“百分百”：小班课堂每一节课都应该设计师生互动、生生互动的环节，让100%的孩子参与到学习互动中来，更好地掌握知识和技能；

作业面批“百分百”：针对小班的特点，老师一对一地、面对面地和孩子进行作业批改，面批率要达到100%，发现错题，马上讲解、当场订正过关，使小班孩子的知识学得更扎实；

展示自己“百分百”：写好的作业、收集的资料、画好的图画、做好的手工，孩子们可以自由贴在教室的墙壁上，让“周周新展示”成为小班教室最亮丽的风景。同时开展各种小班主题活动让孩子展示自我的风采，要做到人人有展示，展示率达到100%。

这几个“百分百”的提出，是南京市小班孩子接受公平教育的最好保障。

二、小班化教育追求"优质"

"优质"是一个相对的、动态的概念,是与时俱进的。优质教育不是天才教育,不是示范教育,也不是贵族教育。它是符合社会发展需要,符合青少年成长规律,符合国家的教育方针,能够促进每一个学生充分发展的教育。它是人类在教育科学领域中,力求要达到的理想境界。

我们这里所说的优质教育是一种高质量、高水平、高效益的教育。它是指充分利用各种人力、物力资源,最大限度地发挥教育的作用,促使学生获得最充分的教育。小班化教育既可以最大限度地利用与优化组合教育资源,又可以使学生在活动中的密度、强度、效度获得大幅度的提高,同时,对时间与空间的利用率和效益也同步提升。这就使学生不但扩大了活动的范围,而且获得更多的作为活动主角的机会,又由于班级人数的减少,教师有条件做到"面向全体学生",对每一位学生实施"等距离教育",让教师的"阳光"普照到每一个孩子的身上。避免了过去教育中教师容易出现"重视两头,忽略中间"的倾向,保障了每个教育对象受优质教育的权利。

"小班化教育"是在先进教育理论指导下的一种教育组织形式。任何教育教学活动的进行都需要一定的组织形式,小班化教育是其中的一种。小班化教育不同于小班教育。小班化教育产生以前,在一些客观条件限制下的地区实际上也存在着小班教育,但这种小班教育在教学形式上与大班教学没有什么不同。这种小班教育是不能称之为小班化教育的。小班化教育是在小班额班级中进行的教育,但不是说小班额的班级教学就是小班化教育。有关研究表明,班额人数减少后,教育活动可以发生如下变化:(1) 教育活动在时间与空间上会得到重组;(2) 教育活动参与者(主要是教师与学生)的活动密度、强度和效度等,以及师生互动关系,会得到增加或增强;(3) 教育教学内容的方式、技术、评价会发生全新的变化,并促进或推动教育理念的进步。小班化教育是以先进的教育理念为指导,如科学的学生观、教学观、师生观、课程观、过程观、评价观、管理观等。在这些先进的教育理念指导下,教育的内容、方式、技术、组织形式、教学过程将会发生全新的变化，教育资源将进行全新组合。这种全新组合也是在先进教育理念指导下进行的。小班化教育是一种优质教育。班额度大小影响到学生的学业成绩及个性、创造性等方面的发展。有研究认为，班级规模影响到教师的教育关照度，影响到课堂教学管理，也影响着教学效果，还影响到课堂教学中的人际关系和情感交流。还有的研究表明，班级规模影响学生参与课堂活动的机会和程度，影响学生获得个别指导的机会，影响学生获得教师期望的水平和程度，影响学生学习的课堂纪律环境。班级规模是一个十分重要的学习资源，规模过大对学生身心健康不利。我国近年来开展小班化教育的实践证明小班化教育的确提高了教育质量。第一，小班化教育可以使教师的教学设计与实际教学现实条件相契合，从而大大提高教学的计划性和有效性。第二，小班化教育给师生提供了更为富裕的时间和空间，为教学过程的活动组织与开展创造了条件，学生有更多的时间进行实际操作，有更多的时空体验知识与教学内容产生、形成与发展的过程，教师可以及时了解学生的学习态度和对所学知识的掌握、运用情况，从而有效地指导和启发学生思想的升华，使学生的创造得到发展。第三，小班化教育可以关注学生的个体差异，为学生的个性发展创造条件。由于小班化教育照顾到了每个学生的特点，因而能使每个学生都得到适合自己的发展。小班化教育可以说是优质教育的一种途径，可以满足广大家长对子女受高质量教育的需求。由于小班化教育有较好的投入，教育资源进行了重新组合，发挥了新的优势，因而是一种优质教育。

三、小班化教育追求“精致”

事实上精致教育并不是一种独特的教育类型，而是展现较高精致性的教育。凡是用心构思或安排的事物或活动，就具有一定程度的精致性。从这个角度来说，精致教育并非一定需要大量的经费和资源，这是一个需要正视的观点。

就精致教育的取向而言，它旨在追求一种“更为美好”的教育发展结果。有关精致教育的特征，主要为“卓越性”、“绩效性”、“科技性”、“创造性”。从时代与社会的大背景下看，探索精致教育是时代进步与社会发展对教育提出的需要。假如说精致生活和精致人生是现代人对生活品位的一种向往，那么，精致教育应该是现代人对教育品质的一种追求。“精致教育”就是追求教育的精致化和完美。其基本内涵是指：教育态度上的精心，教学方法上的精巧，教育管理上的精细，教育环境上的精美等。

“精致教育”树立为学生生命成长精心服务的理念，它把教育关怀更深入、更细致地落实到每一个学生，关切到每一个学生的精神内需。

“精致教育”追求让学生课堂学习更精彩，让学生校园生活更精彩，让学生童年成长更精彩。

精致化的教育过程。包括营造自信激励的学习和生活环境，实施深度的人文关怀，创设丰富多彩的校园生活。

新课改倡导教育是一种服务的理念，呼唤教育要为学生生命成长服务，为其终身学习、终身发展服务。既然是服务，我们就要关注服务态度是不是精心；就要关注服务方式是不是精当细腻；就要关注服务的品格，是不是精致完美。因此，实践“精致教育”是我们对新课改召唤的一种积极回应。

一直以来南京小班化教育实验学校长阳小学坚持践行“文化办校”的方略，积淀了比较丰厚的“校本文化”，其中“精致”就是核心的文化元素。“精致”成了一种长阳精神，一种长阳态度，流淌在各位老师的心中。“精致教育”是长阳校本文化积淀之后的一种思想的迸发。它既是对小班化教育的深入发展，又是对“精致教育”在小班优势条件下的实践探索。它系统地从实践层面上去研究精致教育的操作范式。它的研究可以有效地克服粗放、随意教育的现象，可以把老师的教育视野引向对教育内涵、教育本质的追寻，把老师们的教学行为引向更注重教育的智慧和精致完美。“精致教育”是一种充分为学生服务的高品质教育，是与素质教育一脉相承的教育理念，是对教育卓越品质的追求，是关注差异、关注过程、关注细节、关注个体生命成长需要、尊重生命的一种原则与态度。“精致教育”强调的是通过提供优质的教育服务，追求更为美好的教育发展过程和结果。

四、小班化教育追求“全纳”

什么是全纳教育呢？代表性的观点认为：“全纳教育是一种新的教育理念和教育过程，它不仅从物理空间，更从心理空间容纳所有学生，反对歧视排斥，以促进学生积极参与集体活动、在教育过程中注重集体合作，满足不同学生不同层次的需求。”

小班化教育为全纳教育思想的践行提供了更加适宜的先决条件。全纳教育中很重要的一点是满足学生的不同需求。近来，南京的小班化教育更是将研究的点聚焦到关注“每一个”，了解“每一个”，激励“每一个”，成就“每一个”上来。

仅有观点是不够的，仅有理论是不够的，仅有热情是不够的。为了这“每一个”，为了这“全纳”的教育，小班化教育的践行者们孜孜以求。

每一个学生都有自己与众不同的个性、兴趣、能力，如何让“每一个”学生都有发展，南京的小班化教育实验学校从课程、评价、环境、特色活动等方面着手，组成了小班化教育中“每一个”的星空，这星空里的每一颗星星都是灿烂的。

白云园小学从小组教育的角度，发掘出了“活跃每一组亮丽每一个”；小营小学常年坚持研究“童心文化”，他们的追求是“让每一个”童心闪耀“优质”光芒；善于利用环境育人的秣陵路小学和府西街小学认为：环境是激活“每一个”的重要途径；武定新村小学在有效备课中体现了与“每一个”学生的零距离；长阳小学运用科学的评价，让“每一个”学生快乐成长；建宁小学梳理出“善小语丝”，促进“每一位”学生个性化发展；南湖二小的老师用“聆听每一朵花开的声音”的情怀，珍视小班化班集体建设中的“每一个”；凤游寺小学发现“每一个”学生的聪明；南昌路小学以“每一个”学生走上希望之旅为己任；五所村小学让“每一个”学生成为校本课程的研发者、实施者、受益者；扬子二小推崇生命化教育，“让每一个生命在课外更精彩”是他们的追求；秦淮一中心小学关爱每一个学生的健康成长；珠江路小学的写字教学一直卓有成效，他们的现阶段努力目标是让“每一个”学生拥有一本精致的作业本……关注“每一个”学生的发展，是南京小班化教育的本意、真意，是将面向全体学生的"全纳"教育落到了实处，标志着南京市小班化教育具有了自己的个性色彩，它的内涵发展正走向深入。

全纳教育强调教育要有平等观，这里的平等是一种相对的、动态的平等，是强调我们的教育要关注每一个学生的发展，不要只关注一部分学生，尤其是只关注一部分学习成绩优秀的学生，而歧视或排斥另一部分学生。

如何平等地对待每一个学生呢？这里面的杠杆就是对学生的看法和评价。《萨拉曼卡宣言》申明：每一个儿童都是不同的，都有各自独特的特性、兴趣、能力和学习需求。这些不同性，不应该成为歧视和排斥学习或行为有问题的学生的理由。相反，我们更应该关注他们，提供适合他们的学习条件。

小班化教育在为随班就读学生提供更好发展空间上做出了富有成效的努力。对特殊学生的教育需要更强调集体合作，依靠集体的力量来解决问题。全纳教育主张在教师与教师之间、学生与学生之间、教师与学生之间、教师与家长之间、家长与学生之间以及教师与社区之间都应该建立一种合作的关系，共同创建一种全纳的氛围。几乎每一所小班化学校都有大量的案例来证明，学生得到的关爱更多了，展示机会更多了，师生互助更多了，同伴交往更多了。虽然奇迹很少会出现，但是能够见证一个又一个生命的成长，老师们也感受到了另一种幸福。

第三节　南京市"小班化教育"的优势呈现

小班化教育优势体现为基础教育的均衡推进。在教育政策的制定、教育资金的流向、教育资源的匹配方面，小班化已经占有重要分量。小班化教育试验学校办学水平明显提高，社会美誉度大幅提升，生源基本得到稳定。

小班化教育优势体现为基础教育的公平服务。为了每一位学生的发展，为了每一位学生的优质发展，正在成为小班化教育的基本教育理念，并正在转化为教育教学行为，反映在课堂的建构上，反映在课程的设置上，反映在生活的辅导上，反映在特色的创建上。

小班化教育优势体现为基础教育的优质发展。小班化学生个性的健康发展，小班化学生学习质量的稳定提升，是小班化优质发展重要的反映。

一、小班化教育的校本发展

小班化教育优势体现为校本化的学校发展机制开始生长。校本发展是现代学校发展的重要标志，也是学校可持续发展的重要基石。小班化教育试验学校努力根据学校自身的特点，开掘、培育、利用各种教育资源，促进学校自身的成长。

校本化的课程：几乎每一所学校都有了自己的校本课程，这些课程与国家课程、地方课程不仅互为补充，而且激活了国家课程、地方课程，使国家课程、地方课程更具有鲜活的生命。

校本化的活动：几乎每一所学校都有特色明显的教育教学活动。学生在活动中成长，教师在活动中提升，由于活动，使学校充满了生机。

校本化的品牌：如“大单元教学”、“伙伴教育”、“生态课堂”、“小先生制”、“开心教育”，一批学校已经初步创出个性化的教育品牌。教育品牌是学校的形象，是学校的标识，是学校的品质，是学校的口碑。

小班化教育的优势体现为学校文化逐步生成。彰显小班特色，体现小班优势，具有各校个性的学校文化逐步生成。从全市的角度看，一系列小班教育理念，一大批小班教育的课程，一个个小班精彩课堂，一项项小班化发展措施，一个个小班教育品牌，构成了具有南京地方色彩的小班教育文化。从各个试验学校的角度看，许多学校的学校文化也在逐步生成。

二、小班化教育的优质课堂

教学是小班化教育的主要工作，课堂是小班化教育的主要阵地。小班化成长为优质教育最突出的任务就是建构小班化的优质课堂。

小班化的优质课堂体现三个百分百。课堂参与率百分之百，即百分之百的学生参与课堂教学；课堂互动率百分之百，即百分之百的学生进行师生互动、生生互动；教育关注率百分之百，即教师对学生的教育关注达到百分之百。

小班化的优质课堂追求有效和高效。小班化为提高教学质量提供了客观的条件和理论的优势，课堂教学就可发挥这些优势，使课堂教学保持高效的状态。

小班化的优质课堂重视小组教学。小组教学是小班课堂教学的基本组织形式。在小组中，学生可以有更多的交流，更多的展示，更多的合作，更多的分享。教师恰当地运用小组教学的方式，面向学生，面向小组，提高小组学习质量，提高小组中每一位学生的学习质量。白云园小学坚持多年，系统地探索了小组教学的规律，构成高效的小组教学运作模式，比较典型地反映了南京小班化课堂小组教学的经验。

小班化的优质课堂突出生命的灵动。“让小班课堂动起来”，已经成为南京小班老师教学实践的追求。走进小班课堂，不仅可以看到形式上的“动”，每一位学生都“动”了起来，而且可以感受到学生智力的“动”，情感的“动”。

三、小班化教育的课程探索

南京小班化教育试验在课程方面主要围绕校本课程的建设而展开。我们努力在执行国家课程、地方课程的同时，建设自己的校本课程，以校本课程丰富国家和地方课程，以校本课程拓展国家和地方课程。

小班化的校本课程是以生为本的课程。我们的基本理念是：“为每一位学生设置最适合的课程。”一方面设计若干课程让学生去选择；另一方面，则根据学生的成长需求，研制相应的课程。太阳城小学的校本课程有30多种，学生走进“课程超市”因需而择。更重要的是还让学生、家长一起成为课程开发的参与者或主持人。凤游寺小学的“大单元整合”，将各学科的相关知识进行有机的整理，通过整合教师的教学打破了学科的壁垒，让单个的教学走向合作、共享，显著提升了学生的学习效益。建宁小学的“善小教育”，引导学生在生活中领悟、实践“莫以善小而不为”。

小班化的校本课程是多元化的课程。有学科性的活动课程，有以兴趣小组为活动形式的活动课程，有以学校及社区实践为主的活动课程。工人新村小学、南京炼油厂小学从学生学习、生活的各个方面去建设校本课程，令人目不暇接。

小班化的校本课程是开放性的课程。不仅包括内容的开放，形式的开放，时间空间的开放，而且包括课程的动态生成，不断地生成新的课程。浦口小学的“小课题，大世界”，郑和小学的“小小航海家”，南昌路小学的“民乐进课堂”，半山园小学的“金陵第一鼓”，府西街小学的“民俗文化”等，形成校本课程的灿烂群星。

四、小班化教育的特色建设

小班学生的生活状态，生活质量，一直是我们的关注的重点。让小班教育惠及每一位学生，让小班教育提升学生的生活质量，一直是我们的期待。

创设和谐的心理环境。光华东街小学的“校园生态日”，莫愁湖小学的“展示自我”，“欣赏我自己”，诸如此类的创意措施，都为学生生活和成长提供了和谐、宽松的心理环境。

开展丰富多彩的校园生活。如长阳小学的“顽皮猴”，山西路小学的“唱响童年”等，许多学校都设计了新鲜、活泼、多姿多彩的活动，同学们快乐地参与活动，享受活动。汉中门小学则直接将“开心教育”作为学校的品牌，“开心超市”、“开心课堂”一系列开心教育的措施，让每一位学生都生活在幸福快乐的小班生活之中。

提高学校生活的品位。许多学校追求小班学生学校生活的品位。同仁小学、察哈尔路小学、五所村小学不约而同地把建设学生的阅读生活，培养学生阅读的生活习惯，作为提升学生生活品位的重要举措。不仅提高学生的生活情趣，而且丰富学生的精神内涵。

南京许多小班化试验学校以“特色名校”为试验重点，以特色使学校出名，把学校建成“特色名校”。有些学校的特色已经成为学校办学的品牌。镇江路小学是一所普通的学校，他们实施小班化教育试验之后，以“自信教育”来培育学校特色，丰富学校内涵，提升学校质量，打造学校品牌，经过二三年的努力，形成了比较鲜明的小班教育品牌，成为南京市实验小学。

在特色方面的探索，我们积累了一些经验：

立足学校实际创特色。不是从外面找一个什么口号，一个什么理念，一个什么活动，强加到学校头上，而是在学校的土壤中去培植，去孕育。

开发社区资源创特色。社区资源是学校发展的丰富资源，而且也是学校特色建设的丰富资源。

体现校长思想创特色。校长是学校的灵魂，校长的办学思想引领着学校的发展方向。从校长的办学思想出发，去创建学校的特色。

适应时代发展创特色。从时代的发展、社会的发展、教育的发展方面，高瞻远瞩，领先一步，去思索和建设学校的特色。

五、小班化教育的学生发展

学校实施小班化教育后，学区还是原来的学区，生源还是原有的生源，但小班化班级的学生就是不一样。同仁小学校长这样说过：全校集会或活动，最文明的是小班学生，最活跃的是小班学生，最热情的也是小班学生。灵动的课堂犹如一曲跳跃的旋律，激荡着学生的心灵，使他们变得鲜活、能动，从而享受学习的乐趣。光华东街的学生们徜徉在“生态校园”里，通过植物了解自然，通过科技激发想象；风游寺的“千年百尺凤凰台”，使学生们找到了一个心灵栖居的家园；宇花小学的孩子快乐地挥洒着他们的粉彩画，南昌路小学的学生在琴韵悠悠中舒展自己的活力……

小班化教育中，教师关注每一个学生，较好地体现教育的平等性、公平性和均衡性，教学中提供学生充分看的机会，充分想的机会，充分说的机会，充分做的机会。珠江路小学的老师在实践中研究学生。如针对一年级新生中听课习惯十分不好的孩子，如何提高其注意力；针对外来务工人员的孩子，如何使其尽快适应新的环境。小营小学的老师手里有个双向细目表，表的纵向是学习内容，与教学双向细目标相同，表的横向是题型，根据不同的学习水平，运用不同的题型进行考察。对小班优生以“放”为主，“放”中有“扶”，重在指导学生自学；对中等生和后进生以“扶”为主，“扶”中有“放”，重在带领学生学习。

教师和家长一致反映，小班化班级的学生表现欲、求知欲特别强；敢说能说，表达能力强；学生的自主学习能力、自我管理能力、合作交往能力、质疑问题能力得到较好的培养；学生的自信心普遍性强。长期以来，大家关心的幼小衔接问题得到较好解决。

六、小班化教育的教师成长

教师，是将小班化理论优势转化为事件优势的最根本的执行者，是将小班化教育真正纳入优质教育范畴的灵魂人物。小组优势的发挥，育人环境的创设，个性化作业的设计，激励性评价语言的运用……这些问题的探寻，让我们的老师成了小班化教育理念的践行者，小班化教育优势的发掘者。小班化教育的发展，推动着教师队伍素质的优化；教师队伍素质的优化，不断丰富着小班化教育的内涵，不断提升着小班化教育的水平。学校发展了，学生发展了，教师发展了。最让我们欣喜的是一大批小班化教师成长起来了，一批骨干教师崭露头角了，一些名牌教师正在诞生。

小班化教师的优质发展，首先是全面发展，所有小班化教育教学的教师都得到发展。“上岗培训”就是一着硬招。全市所有拟实施小班化教育学校的所有教师，在上岗前，都要接受由市、区统一组织的小班化教育培训。培训合格，才能参与小班教育教学。培训经费全部由市教育局承担。小班化教师由此走上小班化教育实践和自我发展之路。

小班化教师的优质发展，重在小班化专业能力的发展。小班化教师理所当然地是符合规范的教师，在一般教师各项规范要求和技能发展的基础上，突出小班化专业能力的提升。小班化专业能力，我们侧重于八项基本能力的建设：小班化教育环境的创设能力，小班化教育资源的整合能力，小班化教育课程的开发能力，小班化教育方案的设计能力，小班化教育小组教学的实施能力，小班化教育的个别辅导能力，小班化教育学生发展的评价能力以及小班化教育的自我反思能力。

小班化教师的优质发展，是一项系统工程。我们关注：

改善小班教师专业发展的生存环境；

提供小班教师专业发展的条件性支持；

彰显小班教师专业发展的个性特点；

激发小班教师专业发展的内在自觉；

帮助小班教师体验教育创造的愉悦。

“小班化教育培养了一批年轻人”，“小班化教育促进了教师的成长”是“小班化”学校校长、老师们的一致反映。

小班化教育促进了教师的转变，教师变得更勤于学习，更关爱学生，更潜心教学，更富于创意，更乐于进取。2003 年我市一份小班化任课教师专题调查资料反映：一年中 103 位教师平均每人读过 7 本教育教学类书籍，平均每人读过 28 篇教育教学类专题文章。有的还积极学外语、学计算机，以适应教学的需要。

小班化教育促进了教师学生观的转变，教师有更多的时间接触学生，是学生学习的朋友、活动的伙伴。

小班化教育为教师提供了改革和探索教学的空间，使自己的教研科研能力得到提高，教育行为发生了很大的变化。

我们逐页翻阅 103 份教师的问卷，不加调整，一一罗列出教师行为的 23 项变化：

1）设计每堂课的教学方式时，总是先考虑让学生有更多的机会处于活动的中心；

2）有更多的时间对学生作业进行面批；

3）与学生接触多，进行深入细致的分析研究；

4）与学生的互动行为增多；

5）对学生个别辅导的机会增多；

6）分层次备课；

7）鼓励学生提出不同的看法；

8）让学生展现自己的才能；

9）加强了与家长的联系与交流（对每一位学生都进行过家访的占 69.5%，对全班每位学生进行过 3 次以上家访的占 30.5%）；

10）现代化的教学仪器使用得很多；

11）课内外结合，开展多种形式的活动；

12）教学中，关注到每一位学生的学习情况；

13）接受新的教育教学观念，并运用到教学中去；

14）更加有效及时地形式多样地进行教学反馈；

15）更细致地关注每位学生情感态度的变化；

16）运用体态语言向学生传递关爱的情感；

17）感到自己年轻了好几岁，行为也“青春”了；

18）对学生的发展有记录；

19）对于在学生身上发生的问题能及时记录下来，并进行反馈；

20）逼着自己多读一些教育教学方面的文章；

21）更加渴望向有经验的老师学习；

22）更加乐意展示自己的教学成果；

23）更乐意进行教研与教育教学研究。

从中我们不难体会到教师对自我发展、自我成长的喜悦之情，成就之感，进取之心。

七、小班化教育的教育资源优化

小班化教育促进了教师观念的转变、环境的优化、办学条件的改善、教学模式的变化，使学校以全新的面貌展现在人们的面前。

过去听也没听过的学校现在全区、甚至全市闻名了；过去教师调出的学校现在成了教师调动向往的热点学校；过去学生家长开后门要转走的学校，现在成了家长托关系走后门千方百计要挤进来的学校，有的学校还吸引了省外、国外的孩子来就读。

小班化学校的教师也频频出现在区级、市级的研究课、示范课讲坛上，有的教师还获得一、二等奖。建邺、秦淮、白下、栖霞、鼓楼、玄武、下关等区都先后在小班化教育试点学校开现场会、研讨会，把小班化教育学校作为推进素质教育的示范、实验新课程的示范。小班化教育学校的办学档次和知名度有了较大的提高。

我们曾经对小班化教育进行过家长满意度的调查，2 000 多份问卷显示，对小班化教育很满意的占 63.5%，比较满意的占 34.3%，满意率为 97.8%；表示积极支持开展小班化教育的占 73.8%，比较支持小班化教育的占 23.6%，支持率为 97.4%。家长的认可从一个方面表明小班化已经成为老百姓心中的优质教育。

选择一种教育是选择一种未来，南京小班化的个中三昧，弥久而醇香，她孕育的是具有南京地域特点的小班化教育。我们追寻优质教育，践行优质教育，丰富优质教育。小班化教育之路，就是这样走出来的。

第二章 小班化教育的环境优化

环境，是指我们周围的地方和事物以及周围所处情况和条件的总和。小班化教育环境是指小班化教育学校物、事、人的状态。它包括学校校园、教室设施、文化等所构成的硬件环境，也包括在教育教学中，通过师生交流、学生之间交往所形成的教育氛围及人际关系等软件教学环境。

小班化教育的环境既是小班化教育的外显特征，也是小班化教育的内涵因素。

第一节 物质环境的优化

校园和课堂是学生学习、生活和成长的主要场所。整洁的校舍建筑、绚烂的环境布置、丰富的文化空间、和谐的人际氛围，是促进学生个性发展、健康成长的外部条件，是学校办学思想、小班化教育理念的直观反映，具有润物细无声的教育作用。

一、物质环境优化的策略

校园环境

(一) 环境与办学理念的融合

学校的自然环境是无声的教育资源。环境与儿童发展关系密切,环境的优劣,直接影响到儿童的健康成长。人文的、优美的、内秀的、情趣的学习环境,不但能激发孩子对学校的向往,更能诱发学生积极向上的精神,即所谓“蓬生麻中,不扶自直,白沙在涅,与之俱黑(《荀子・劝学》)”。

小班化教育的理念是“面向全体,尊重个性,使每个儿童都获得充分的发展”。由于学生人数的减少,学生活动空间的相对增加,由此使小班化教育学校环境的创设与小班化教育理念的融合成为可能。

1. 温馨家园——利用建筑风格突显教育理念

杭州崇文实验学校是一所专门为“小班化教育”而设计的学校。她以“校园是教师与学生活动和交往的乐园,学习是教师与学生共同成长的阶梯”为宗旨构思校园环境设计。

来到崇文实验学校,首先映入眼帘的是大堂式的校门。它一改传统露天的、敞开的大门通道,采用封闭的、宽敞又明亮的大厅作为走进校园的入口。在这里,有宽大的电子屏幕,家长和学生可以通过这扇窗口了解学校一天的大事;有彩色的休息坐椅,家长和学生可以在此等候而不必担心风雨;还有舒适的沙发、精美的绘画。这一切都让人感受到学校是一个充满温馨的家。

大厅和教学区域相连的是一个开放式的科技长廊。这里有科学家的介绍,有科技作品,有学生动手制作的材料。徜徉其间,不禁让人涌动出创作的欲望和跃跃欲试的冲动。

操场周围的“五彩滑梯”、“双簧管坐椅”,是孩子们课余活动的快乐驿站;“诗语绿化景观”之“碧江红霞”、“山茶探幽”、“蕉石听雨”、“翡翠长廊”、“紫藤广场”等将学校装扮成美丽的花园。

教学区生活化,生活区教学化……在崇文实验学校,你感受到的不仅仅是景物的美、建筑的美,还有文化的美、内涵的美,以及生命与自然和谐的美。

2. 开心校园——利用环境创设渲染教育理念

南京汉中门小学是2002年开始实施小班化教育的学校。学校以全面实施素质教育为最终目的，探索在小班化教育环境下，面向全体学生的“开心教育”，建构以“情、智、诚”为核心的“学会认知，学会做事，学会共存，学会做人”的开心教育实践模式。

结合学校 “开心教育”理念，汉中门小学在校园环境创设上独具匠心。

走进汉中门小学，镶嵌在教学楼墙上的校训“开心”两个鲜红的大字十分引人注目；教学楼北面墙上是“乐学、会学、乐观、向上”的校风；教辅楼的右面墙上是“学做人、善学习、勤动脑、重体验”的学风；在校园教辅楼一楼走廊的花坛外墙上“开心度过每一天”七个彩色亚克力大字分外醒目。这一切都体现了汉中门小学开心教育的基本理念。“开心体验，体验开心”；“开心学习，开心生活，开心交往”，这些开心教育的主题口号与学校的绿化景观有机融合。

为营造开心的校园环境氛围，学校在教学楼的后面开辟了一条开心通道。通道中设置了“开心园”、“开智园”。当孩子们在生活中遇到不顺心的事时，就会自己来到开心通道，寻找开心或读一读“开心娃娃”的话。开心通道的墙上贴有“开心娃娃”真挚的话语：“在快乐的情绪中生活，人会感到心情舒畅；在快乐的情绪中，人的才能会得到充分发挥，让我们天天快乐吧！”。当孩子们在学习上遇到困难的时候，“开智园”里的“开心娃娃”又会告诉他们“有意识地磨炼自己的意志，成功会离你越来越近”……读着一句句真挚的话语，看着一张张“开心娃娃”的笑脸，就好似一位开心快乐的孩子用自己的“心”去开启智慧的大门和心灵的情感，自己去体验开心，开心体验。

教学楼每间教室外墙上，挂着用卡通形象做标志的小学生应具备的五大类二十条心理品质，图文并茂，寓教于乐。学校在教学辅助楼四楼设置了开心长廊，“开心长廊”分为开心区、功能区和展示区，引导学生寻找开心的方法。

开心区分“开智” “开怀”、“开诚”三大板块，主要布置在走廊的顶上和墙面上，以展板的形式出现。“开智”板块介绍了中国古代一些开发智力的玩具如环类、板类、棋类、套绳和华容道等；“开怀”版面配上一些富有幽默感、想象力的动物图片令人捧腹;“开诚”版面用故事续接的形式和学生交流诚实守信的故事。开心区用直观形象的画面,引导学生“开心”,达到培育学生良好的心理品质的目的。

功能区包括“开心健康会所”、“开心小屋” 和 “开心天地”。学校将卫生室改建成健康会所,走进“开心健康会所”,一进门就能看见迎面的墙上写着“生活要微笑、学习要开窍”,提示学生要开心学习,开心生活。室内还展示了学校各年级学生开心微笑的照片以及各年级学生中开心学习取得成绩的典型代表照片和说明。除此还有小学阶段学生要具备的良好心理品质和“八荣八耻”内容都布置在墙上。“开心小屋”(心理咨询室)布置得舒适、温馨,有“活动区”和“谈话区”。从桌椅摆放、绒毛玩具、书籍的选择乃至沙发、靠垫的款式,无一不营造着轻松快乐自在的氛围。学校还有一棵百年的银杏树,它不仅见证了汉中门小学的发展,现在更是汉小学生的“开心树”。学生把自己学习和生活中开心的事写在红树叶上,把不开心的事写在黄树叶上,老师则会把祝福写在绿树叶上。“开心树”提供给队员一个敞开自己心扉的天地,引导队员“健康开怀,快乐生活”。“开心天地”里配置了一些感统器材,以训练学生的感觉统合系统。

展示区包括“开心苑” 和“开心基地”。推开“开心苑”的门,左边墙上写着“生活从这里起航”,展示了汉小开心体验活动中“开心小社团”活动的一些照片。右边墙上写着“开心从这里开始”,展示了“开心教育”的课题研究情况以及开设“开心晨会”、“开心超市”、“开心活动课”的详细介绍。

“开心长廊”将开心教育的理念引发到具体形象上:活泼可爱的皮卡丘、聪明顽皮的一休和知错就改的皮诺曹。让学生从自己喜爱的动画人物身上感悟情、智、诚。

南京汉中门小学开心校园处处见开心,事事现开心,人人可开心。

(二) 环境与校园文化的结合

校园文化是学校办学理念、办学思想、办学内涵的体现,它的作用不仅是教育思想的潜移默化,更是教育品质的彰显。因此,小班化教育环境与校园文化的有机结合，不仅可以强化教育的功能，还可以丰富学生的精神世界。

1. 书香校园——利用个性化布置彰显校园文化

同仁小学是南京市首批小班化教育试点学校。试点伊始，学校就立足小班，将传统的课外阅读与小班化教育有机结合起来，营造浓郁的书香氛围。

读书长廊——走进同仁小学，一股浓浓的书香扑面而来。通往校园的宽6米、长100米的长廊布置了设计别致、造型精美、色彩醒目的橱窗。橱窗里有每月新书推荐，有学生制作的电子和手抄读书小报，有宣传学校近期读书活动的海报，有张贴每月“读书之星”的照片和简介……长廊的尽头还设有鼓励学生奋进努力的“攀岩”，让学生喻读喻学，乐在其中。这成了学校一道亮丽的风景线。

快乐读书吧——在连接教学楼和综合楼的风雨走廊一角，翠绿的竹林，舒适的地板，错落有致的书橱、书柜、书架勾勒出一幅恬静、安逸的景象，这儿就是同仁小学的“快乐读书吧”。同学们在这里随意挑选心仪的图书。或课间、或午休；或坐、或靠；或独自欣赏、或伙伴交流；或默读、或静思……这儿成了学生放飞心情的净土。

学校教学楼常年悬挂着两条条幅：“把书读薄，把人读厚”；“把书读旧，把人读新”。同仁小学精心建设校园文化，让书香弥漫校园已成为学校办学的亮点和特色。

2. 凤凰台文化——利用环境优势丰富校园文化

凤游寺小学也是南京市2001年首批小班化教育试点学校，学校坐落在古凤凰台遗址。在改建和扩建过程中，学校充分开发和利用丰厚的区域历史文化资源，将其精心打造成具有浓厚文化底蕴的“绿色凤凰台、文化凤凰台、教育凤凰台”的小班化教育特色学校。

绿色凤凰台——校园改建中，学校千方百计将园内的大树全部保存下来，特别是已有几十年树龄的楝树，学校结合留存的树形，设计、建设了校园中心花圃。如今，在酷热的夏天，无论艳阳高照，还是日落西山，绿荫覆盖的操场上，学生们都能愉快活动，尽情玩耍。校园葱茏繁茂的梧桐树上，六个喜鹊家庭筑巢繁殖,并时常悠然漫步园中草地,和学生们和睦共处。

六足园,是学校绿色环境的又一个亮点。2005 年,学校继建设江苏省第一家校园昆虫生态馆后,又建设了一个蝴蝶活体养殖保育活动基地。园内饲养了包括国家二级珍稀保护蝶种——中华虎凤蝶、丝带凤蝶、玉带凤蝶等五种蝴蝶;园内还种植了杜衡、马兜铃、柑橘等蝴蝶的寄生植物。如今,在 3～9 月的七个月份里,六足园内,彩蝶翩翩起舞,学生可以随时入园观察蝴蝶的成长过程,与蝶同乐。这里是灵动的校园景观。

文化凤凰台——学校校园文化紧密联系凤凰台文化底蕴,挖掘凤凰台文化资源,凸现凤凰台文化特色。学校先后建设了凤字铭、"千年百尺凤凰台"文化墙和中华传统美德文化走廊等校园文化环境景点。

凤字铭:取 27 位古今书法家所书写的"凤"字,镌刻成碑刻。

"千年百尺凤凰台"文化墙:全石刻文化墙,其内容涵盖了历史、人物、掌故、诗词、书法和凤凰的精神等多个层面。它既像一本历史书,娓娓叙述凤凰台 1 600 年的兴废;又像一部诗词集,无声地诵读凤凰台自魏晋以来的不朽诗篇。

中华传统美德文化走廊:将凤凰"仁"的精神,按孔子所说的"恭、宽、信、敏、惠"五个方面通过儿歌、故事、格言、论语等形式进一步加以阐述,呈现"恭敬、宽恕、诚信、勤敏、慈惠"的道理。

教育凤凰台——学校在进行环境文化建设时将其和学校校本课程紧密结合起来,使之成为校本课程的物化显现。学校的校园环境所蕴含的课程资源有绿色环保、科学探究、历史文化、诗词歌赋、传统美德、社区实践等。每一处景点,都有相应的教育活动,让学生在六年的学习生活中,初步形成具有科学精神、人文素养、优良品质、文化基础的良好素质。

(三) 环境与学校特色的整合

特色是格外突出的风格或特点。学校特色是相对于其他学校没有或较弱而具有的鲜明特点和特质的诸多元素。学校特色是学校对外宣传的亮点,是学校发展的增长点,是享誉社会的着力点。营造独特的、个性的环境风格对张扬学校特色有着积极的影响作用。

1. 敲响金陵第一鼓——利用鲜明的装饰呈现学校特色

半山园小学是一所以“敲响金陵第一鼓”而闻名的小班化教育学校。2005年在南京召开的第十届全国运动会上，学校300多名学生敲着欢快的鼓点参加了开幕式中有关全民健身的演出。为了让民族文化潜移默化地影响小班学生，感染小班学生，学校积极营造出一种浓郁的腰鼓文化气息。

正对着校门，矗立着一个大鼓模型，红黄相配的喜庆色彩给一进校门的学生带来一种宽松、愉悦的心情。校园里，人行道两边每隔几米就有一个小腰鼓模型，一直延伸到教学大楼。同学们在小腰鼓间穿行、嬉戏，偶尔休息时也坐在小腰鼓上，悠然自得。教学楼走道的墙壁上一群少年正在挥棒击鼓，那欢乐的神情，那飞舞的红绸正是孩子们快乐童年的写照。

在半山园小学，每一个学生都喜爱腰鼓，每一个学生都会打腰鼓，腰鼓和孩子们的校园生活息息相关。

2. 琴韵怡情，润物无声——利用浓烈的氛围烘托学校特色

南昌路小学实施民乐教育已走过二十多年的风雨历程，培养了大批音乐方面的优秀人才。当2002年学校成为南京市小班化教育试点学校后，提出了让南小每一位学生都能吹一吹笛子，弹一弹琵琶，敲一敲扬琴，对民乐“略知一二，能说一二，会弹一二”的培养目标，更加彰显了学校的民乐教育特色。

走进学校，首先映入眼帘的是教学楼镶嵌着的金色校徽：它是由一把琵琶加五线谱和音符的图案组成的，中间一道优美流畅的波浪弧线将琵琶分为两半，好似一位开心快乐的孩子依偎在母亲的身旁，它寓意着学校就是孩子快乐成长的摇篮，在民族音乐文化的熏陶下茁壮成长，明明白白凸现了学校标志性的元素。

结合特色，学校在教学楼的走廊展示了各种乐器的图片以及说明，让学生耳闻目染，走进音乐天地；校园里还铺设了音乐小径，让学生踏歌而行；学校在花坛一周设置了音乐坐凳，上面绘制了《欢乐颂》乐谱。更与众不同的是，学校用激情奔放的二胡曲《赛马》取代了上课的铃声，让孩子们快速走进教室，平复心情；用舒展悠扬的笛子独奏《天地行》提醒孩子们走出教室，放飞心情；用古朴

深情的筝曲《渔舟唱晚》给学生营造了一个祥和安宁的习字气氛……处处渗透民乐文化，点点培育音乐素养，南昌路小学的孩子们在琴韵中怡情，在快乐中成长。

教室环境

教室，既是师生进行教与学的主要场所，也是重要的教育资源。以往，我们看到的教室布置多是窗明几亮，门洁壁净，标语、谚语悬挂得非常有序，教室环境的布置注重的是简约、整齐。

小班化教育的价值体现的是人本化、个性化和发展最大化。随着小班班级人数的减少，学生学习、活动空间的增大，小班化教育学校对教室这个教育资源作用的发挥有了更加清晰的认识和较高的要求，创设一个优美、舒适、温馨的学习环境已成为小班化教育的追求。营造一个“学习的家”，让师生在“家”里和睦相处，共同成长。

(一) 走进儿童——教育性与童趣化的统一

儿童的世界是绚烂多彩的，特别是一年级的孩子，刚刚从幼儿园步入小学，对环境的适应无论从情感还是认知上都需要有一个过渡期。因此，教室布置得温馨些、可爱些，既蕴含教育性又富有童趣化是符合儿童心智发展规律的。

龙江小学一年级 3 个小班教室的墙壁上栏目众多，色彩缤纷，美不胜收：

一(1)班“配诗画”、“我真棒”、“小小旅行家”、“聪明屋”等；

一(2)班“走进大自然”、“知识园”、“智慧林”等；

一(3)班“艺海拾贝”、“家长风采”、“瞧，我们小组最棒”、“丰收果”、“露一手”等等。

教师和孩子们共同设计、布置的教室，既展现了他们的智慧，又充分将环境转变为教育资源。“我真棒”、“小小旅行家”、“露一手”等展现了富有个性的我，“走进大自然”、“知识园”、“智慧林”等带领孩子走向更加广阔的知识的王国，教室充满童真、童趣，学生在潜移默化中学到了知识，受到了教育，培养了情趣，塑造了人格，促进了身心的发展。

让教室四角和墙壁会说话。在每一间教室里，都设置着四个角：“荣誉角”

悬挂着班级参加各种比赛活动得到的奖状以及用金纸制成的小金牌；“卫生角”的壁橱里，挂着抹布，摆着扫帚、簸箕，放着脸盆和洒水壶；“益智角”上贴着名言佳句、优美词语、动动脑、趣味问答、文字游戏、猜谜语等；“展示角”上随时有“我”的作品，包括作文、写字、数学、美术、制作、心得感想等。

教室墙壁上，“好儿童评比表”中一张张活泼可爱的笑脸被闪烁的星星（受奖励所获）簇拥着；“小作家”专栏里刊登着赞美同学和老师的儿歌；“小小看新闻”留下了学生用彩笔记录下的一周重大新闻；“生活园地”里记载着同学们助人为乐、关心集体的件件好事。

小班教室的四角和墙壁文化与孩子们互动、互融、互进着。

（二）彰显个性——普遍性与个性化的统一

小班教室的硬件设施、设备通常是相同的：教学展示台、学生书包柜、书架、电脑桌、磁性黑板、软面壁板、墙饰等，但小班的教室文化创设应该是不同的，是富有个性的：

柳枝飘逸、椰树摇曳、碧水蓝天、海鸥低翔、白帆点点、鱼儿欢畅……南昌路小学在布置小班教室时，将墙壁装饰成生态墙，赋予墙壁以生命，学生走进教室就仿佛置身于大自然，有一种清风拂面、身临其境的感觉。各教室还随着季节的变化，相应地更换壁画：或沐浴在春天里，或徜徉在沙滩上，或沉浸在果园中，或漫步在小溪间，创造了人与自然共存、共享的和谐境界。

南京火瓦巷小学在环境创设中努力实现生活环境乐（家的温馨）、人际关系谐（平等、民主、合作）、育人环境优（优良的物质文化、丰厚的人文环境）、心理环境健（宽松、自由）的氛围。在小班化教育环境的布置中，他们大胆使用各种色彩和图景，营造出儿童化的彩色世界。他们把教室的墙壁粉刷成天空一样的浅蓝色、草地一样的嫩绿色，还有粉紫色、沙滩黄……；书包柜漆成孩子们喜欢的各种色彩，把小树、小草、各种小动物请进教室四周的墙壁上。让“窗户”变成了“窗口”，让“绒布板”变成了“展台”，让“小书柜”变成了“自我管理的小天地”。

（三）注重效能——动态性与功效化的统一

教室空间是一定的、静止的，但教室布置应该是不定的、变化的，而且是和教育教学相辅相成的。

1. 教室桌椅的变化

不同的教学空间组织形式对教学活动的效果会产生不同的影响。上海杨浦小学周老师在新授课上，通常采用集中型的摆放方式，便于小组合作学习；在考察课上，通常采用分散型的摆放方式，便于学生独立思考，独立完成考察内容；而小组合作学习形式也是因课的不同而异的，有四人学习、有六人小组、有二人结对等。她在进行《冬瓜和西瓜》教学时，为使学生理解"院子"一词的概念，周老师利用小班优势，借用一面墙，让学生把课桌围成了方形或圆形，创设了"院子"意境，并将叶子、西瓜、冬瓜等教具放在"院子"当中，进行课文学习。

建议：

新授课可采用秧田型、马鞍型、对称型等形式，以便学生集中思想接受新知识；练习课、复习课可采用小组型、周边型、月牙型等形式，以便学生展开讨论和进行练习。课桌椅的摆放是为教育、教学服务的，教师要结合所教学科，所教内容以及学生的学习特点加以调整，切忌机械照搬。

2. 教室布置的变化

教室的环境布置既可以传达一个班级的文化，也可以表现一个集体的智慧。和教育、教学紧密结合的教室布置，可以怡情，亦可以益智。

案例 1：结合《台湾的蝴蝶谷》教学的环境布置

南京白云园小学的一位老师在进行《台湾的蝴蝶谷》教学前，带领学生制作了大量的、色彩斑斓的、品种各异的蝴蝶，并让蝴蝶栖息在教室的各个角落，将教室布置得非常美丽。这样，在进行该课教学时，学生的手工作品不仅使教室有了春的气息，也使教室环境成了有效的教学资源。

案例 2：秋天的环境布置

上海万裕街小学冯老师，是这样组织“秋天在哪里”活动的：

(1) 在校园里找秋天——采集标本：树叶、小草、小昆虫；

(2) 班级交流，将标本粘贴在教室四周——大树下有一片片落叶，花坛里有盛开的菊花；

(3) 秋天是丰收的季节，画水果——墙上的果篮里装满了“苹果”、“香蕉”、“桔子”、“柿子”等；

(4) 课外作业，寻找秋天的动物、农作物——墙上又多出南飞的“大雁”、鼓眼的“青蛙”、颗粒饱满的“大豆”、雪白的“棉花”、金黄的“高粱”……

教室充满了秋天的气息。在金色的秋天里，孩子们通过观察，不仅获得了不少自然知识，开阔了眼界，也用自己的双手将教室装扮得秋意浓浓。

教室环境布置内容与形式的多种多样，色彩的协调，画面的导向，知识的涵盖等都会使置身于其中的学生产生不同的情感，摄取无声的信息，获取课堂以外的资源。

二、物质环境优化的原则

如果说教室是“家”，那么校园就是庭院。“家”是那么和谐温馨，“庭院”也应该反映主人的格调和品味。

1. 校园环境建设要体现一个“魂”字。学校要将对小班化教育的深刻理解和学校的办学理念用精练的话语表现出来，并通过和校园文化建设的有机结合，凸显出学校的办学特色。如长阳小学迎门墙壁上醒目的“长江边的长阳，阳光下的乐园”，各层走道上能找到每一个孩子的身影——或照片，或作品，都反映了学校践行“关注每一个”、“关注每一天”、“让教育更精细，让生活更阳光”的教育理想。

2. 校园环境建设要体现一个“育”字。环境的教育功能其实是潜移默化的，草木有“情”，景物有“意”。比如建宁小学围绕“善小教育”，校园里有绘制的

"善小伴我行"主体壁画,有"善小"格言橱窗、"善小石"、"开心天地"、"谈心长廊"等,将环境作为教育资源,并赋予生命。

3. 校园环境建设要体现一个"人"字。学校的环境建设要"以人为本",要创造孩子易动、益智、怡情的最大空间和功效。在环境建设中,要做到物中见人,比如小营小学的"残疾人通道",为有特殊需要孩子创造的"无障碍"通道;长阳小学的攀岩壁,为孩子快乐生活提供的活动设施;半山园小学操场周围的腰鼓凳,为孩子课间活动休息提供的方便等等。校园环境建设在充分考虑教育功能的同时,还要顺应孩子天性,适应孩子需求。

小班化物质环境建设要尽量做到:

1. 教育性:无论是小班化的校园,还是小班化的教室,其设计都要体现多元化的教育功能。既要有浓郁的书香气息,人文元素,又要是充满童趣的;既要像家一般的温馨,又要像社会一般资源丰富;既能充实师生的生活内容,又能为学生广泛吸收、应用,为教师教学及学生学习提供有力的辅助效能,从而让校园、教室成为师生互动的共做、共学、共享、共赏的乐园。

2. 整体性:小班化校园、教室布置的格局、造型和色彩,会影响学生对学校的向往、喜好和学生学习的气氛、情绪等各种不同的心理反应。要让学校文化与理念、目标交融,校园绿化和道路、建筑辉映,让每一个角落都透出美丽、大气、宽松与和谐。

3. 主体性:小班化教室布置要符合学生的情趣,要让学生成为创设教育环境的主人。在这里,我们老师在教室布置中要注意的是引导、指导而不是主导;是合作、参与而不是给予。学生是教室环境布置的主角、主人。

4. 动态性:学生在不断成长发展,教室环境作为教学活动的一个教育因素,应有助于学生的成长发展。这就要求教师能突破传统的、封闭式的、一劳永逸的教室布置理念,而用一种开放的、动态的、有生命力的、有延续的、可迁移的、可经常更换的布置方式。教室环境布置设计的一个重要立意,就是要使教室呈现出生动活泼、富有变化的教学情景,以引起学生的好奇、吸引学生的注意,引发学生的学习动机,促进师生间、同学间的互动,使教室环境始终保持生生不息的生命感。

5. 独特性：每个班一般都由一位或两位(语、数)老师和一定数量的学生群体所组成。由于教师的人格特质、教学专长及个人风格不尽相同，往往使学生团体的价值观念和兴趣趋向各异。因此，教室的设计与布置应考虑和发挥师生的兴趣爱好以及实际需要而建立，比如文艺、科技、手工、书画等等。环境布置针对班级特点，具有独特风格，发展班级特色，不仅可以体现出师生的创意，而且对发展学生的个性具有实际意义。

第二节 精神环境的优化

小班化教育的精神环境主要指师生、生生间在接触中、在交流中、在互动中、在一切学校活动中所形成的教学氛围和人际关系。通过师生的共同努力，建立起平等和谐的精神家园。

一、基本理念

(一) 新的师生观

"等高、等距、等爱"是杭州市长江小学实施小班化教育的办学理念。小班化教育中很重要的一点就是要建立一种平等、民主、和谐、宽松的师生关系。小班的组织形式有别于大班，小班给师生彼此的认识提供了更多时空。教师在单位时间内可以关心更多学生的学习情况，学生受教师辅导的机会也会大大增加，教师和学生之间的情感交流及教学信息的传递会得到进一步加强。教师要充分利用小班的时空优势，降低教师与学生之间的陌生感、距离感和不信任感，增进平等、民主、理解、相容、和睦的情感，建立朋友与伙伴式的师生关系。

案例：“29 个星座……”

南京市第二十四中学的黄蓉老师在她的随笔中描述了这样一件事“29 个星座 29 朵花，29 种心情构成一句话：爱我五班，爱我五班。”在策划《我爱我班》的主题班会前，班委组织同学们谈谈对班级的感受，C 同学改写的这句歌词，一下子引起我的注意。（班上只有 28 个学生）问之，答曰：“你不是常说我们是一个整体，我们是一个大家庭吗？你是我们的家长，是我们中的一份子，所以我就想这样编歌了。”由此黄老师感叹：孩子们对我的言行、对我的眼神，使我知道他们从心里正逐渐认可，接受我这个老师朋友！

“教师是派往儿童世界的天使”这是常挂在秣陵路小学教师嘴边的一句话。

做孩子们的朋友，和孩子们共同成长是孩子们的渴望与快乐，也是教师的追求与幸福。

（二）新的人才观

个体各有其个性差异，正是这种差异构成了人类精神的多样性和丰富性。难以设想天下的人都是同一种感受，具有同样的态度，同样的行为。各个个体按自己固有的个性倾向发展，实现充分个性化，是有助于智力和创造力的发挥的。

美国哈佛大学发展心理学教授霍华德·加德纳（Howard Gardner）博士认为人的智能是多元的，它包括：

（1）语言智能：用文字思考、用语言表达和欣赏语言深奥意义的能力。如作家、诗人、记者、演说家、新闻播报员。

（2）逻辑——数学智能：使人能够计算、量化及考虑命题和假设，而且能够进行复杂的数学运算。如科学家、数学家、会计师、工程师和电脑程序设计师。

（3）空间智能：让人有能力以三维空间的方式来思考，这种智能使人知觉到外在和内在的影像，也能重现、转变或修饰心像，不但自己的意识可以在空间中从容游走，还可以随心所欲地操弄物件的位置，以产生或解读图形信息。如航海家、飞行员、雕塑家、画家和建筑师。

(4) 肢体——运动智能：使人能巧妙处理物体和调整身体的技能。如运动员、舞蹈者、外科医生和手工业者。

(5) 音乐智能：对音准、旋律、节奏和音质等很敏感的人。如作曲家、指挥、乐师、乐评人、制造乐器者以及乐感较强的观众。

(6) 人际智能：能够善解人意、与人有效交往的才能。如优秀的教师、社会工作者、政治家。

(7) 内省智能：构建正确自我知觉的能力，并能善用这些知识来计划和导引自己的人生，如心理学家和哲学家等。

(8) 自然观察者智能：能够高度辨别动植物，对自然界能分门别类，并能运用这些能力从事生产者。如农业人员、植物学家、猎人、生态学家、庭院设计师等。

每个人在这八种智能上所拥有的量参差不齐，组合和运用的方式亦各有特色，所以每个人都各有所长。高尔基说过："世界上最好的职位是做一个人，做一个有个性的人。"小班化教育的任务就是创设一种有利于学生个体学习潜能发挥的情景，帮助每一个学生去发现自己的价值，发挥自己的潜能。基于此，小班学校的教师更要尊重每一个学生，让他们感悟到"天生我才必有用"、"行行出状元"，使每个学生都能获得成功的喜悦。

案例："我们都是好孩子"

在风游寺小学，无论你问到哪一个学生"你们班上谁是好学生，谁是差学生?"他们都会给你一个答案："我们都是好孩子!"每逢学期结束，家长会上，每一位家长都能拿到属于自己孩子的奖状。褒奖内容有文化学习方面的、有体育锻炼方面的、有艺术特长方面的、有卫生劳动方面的、有乐于助人方面的、有阶段进步方面的等等，每一个孩子在老师和同学们的眼中不乏闪光之处。渐渐地，每一个孩子的优点得到放大，缺点不断缩小，从而成了一个个各有特点、各有所长、有个性的"好孩子"。

二、基本要求

(一) 新的教学语言

(1) 口头语言：在小班教学中，随着教师观念的转变，师生交往密度的增加，教师的教学语言也在悄然发生着变化：

如商量和征求的口吻：“愿不愿意？想不想啊？”；赞赏的口吻：“你真行！”、“你真棒！”、“真聪明啊！”；或“告诉大家，你是怎样想出来的？”、“你算得真快，快要成为小电脑了！”、“你唱得多动听，好像一只小百灵”；鼓励性的话语：“再努力！加油啊！”、“别着急，慢慢来。”、“再试一试，一定会成功的！”等等。

言为心声，老师关心、赞赏或鼓励的教学语言，能让学生真切地感受到教师对他们的一片温情，能极大地满足学生的成就感，提高学生学习的自信心。符合学生心理需求的教学语言，会成为师生情感联系的有力纽带。

(2) 体态语言：在小班教学中，由于学生人数的减少，教学空间活动余地的拓宽，教师有条件运用体态语言向学生传递关爱的情意。如一个蹲下的动作、一个赞许的手势、一个鼓励的眼神、一下轻轻的点头、一个和蔼的微笑、一次温柔的抚摸等等都会引发学生的求知兴趣，调节课堂教学气氛，创设温馨的人际环境，并对教学起到积极的辅助作用。

(二) 新的教育评价

《基础教育课程改革纲要》明确指出：评价不仅要关注学生的学业成绩，而且要发现和发展学生多方面的潜能，了解学生发展中的需求，帮助学生认识自我，建立自信，发挥评价的教育功能，促进学生在原有水平上的和谐发展。这就要求学校对学生的评价要一改过去“一张考卷定优劣”的单一鉴定方式。

在践行这种新的教育评价上，小班化教育相对于大班有着得天独厚的条件和优势。

1. 以生为本，多元评价

火瓦巷小学 2001 年实施小班化教育以来，一直坚持“以生为本，多元评价”的研究。学校依据教育目的、教育目标的达成度和学生在校的常规行为、学习习惯、能力的要求，制定了《一年级教学评价标准实验方案》、《非认知因素评价方案》、《一周评价表》、《自我认知评价表》、《组内评价表》等一系列关注学生发展水平、关注学生自信与自我教育能力、关注学生自我完善、参与意识和发展能力的评价指标。

通过学习档案评价、阶段性评价、展示性评价、质量评价、特色成果评价五个方面内容较全面地实事求是地反映出学生的基本面貌，较真实地客观地记录了学生的成长轨迹，为学生全面、自主而富有个性的发展提供了宽松的空间。

2. 多元评价与评价多元

在评价孩子的多方面综合素质的同时，也强调评价主体的多元。评价者可以是教师，或是学生，还可以是家长或者是学生本人，很多时候是多方结合。以下是白云园小学制订的学生多元评价表：

序号	内容	自我评价	家长评价	教师评价	综合
1	诚实守信				
2	关心集体				
3	热心公益				
4	奉献爱心				
5	勤俭节约				
6	遵纪守法				
7	增长才艺				
8	勤于思考				
9	敢于提问				
10	善于合作				
11	乐于倾听				
12	积极实践				
13	热心探索				
14	细心观察				
15	积极健身				
16	乐观自信				

综合评价有 16 个方面，评价主体有学生自己、学生家长，还有教师的评价，

最后再综合得出一个较为客观的分值。下图(图 1、图 2)是两个学生在 16 个方面的综合发展评价：

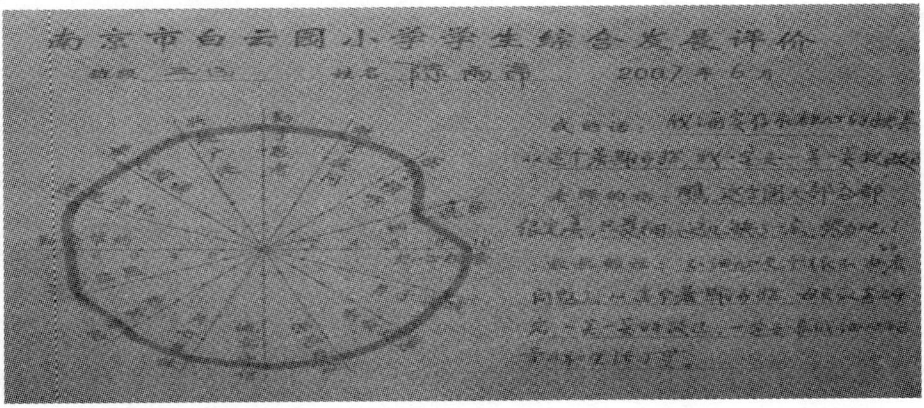

图 1

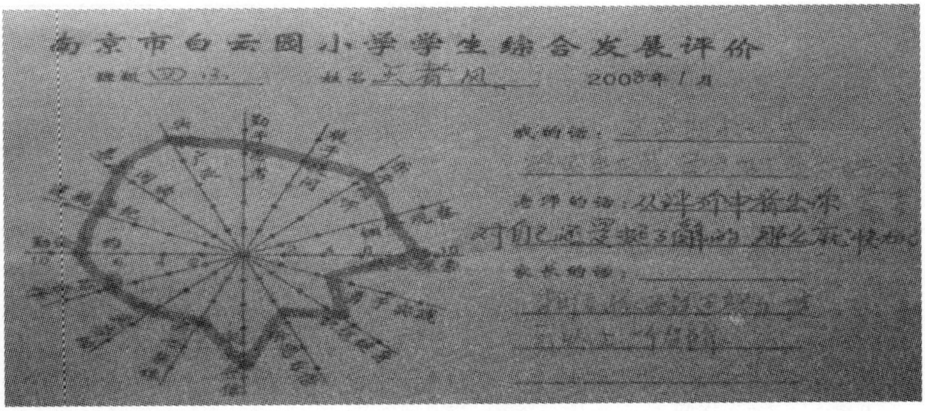

图 2

如果最终的各项指标形成的圆最饱满，则该生的综合素质发展最均衡；如果某方面有缺失，从绘图中就可以一目了然。实施多元评价，可以使我们更清楚学生存在的差异，做到家校教育有的放矢。这种从不同角度、不同层面对学生成长过程中各个阶段的全方位的评价，将对学生全面发展、健康成长起到积极的作用。

三、主要原则

（一）尊重学生主体

1. 尊重每个学生。小班化教育的学校和教师一定要牢固树立尊重每个学生的教育理念，把每一个学生都当作一个有血有肉、有感性、有理性、有独立人格、独特价值和无限潜能的人。教师要以学生的发展为本，尊重、关心、理解与信任每一个学生，要相信每个学生都有追求成功的心理倾向。以前用常规的标准看来并不优秀的学生，也是有独特智慧的，学生的智力也应该是多种多样的，学校对每一个学生的认知特点都应该给予充分的理解并使之得到最好的发展，开发学生的各方面能力，并帮助学生发现适合自己特点和天分的兴趣和爱好。尊重每个学生，在课堂教学中必须从学生需求出发，并以此为前提，努力创设良好的教学气氛，营造温馨的人文气氛，让爱充满小班教室，充满学生学习生活的每个角落，使每个学生都能获得成功的喜悦感。

2. 生动活泼快乐。小班化教育的学校和教师一定要不懈追求让每个学生生动活泼快乐地发展的教育目标。要营造一种生动活泼快乐的教学氛围。学习是艰苦的，但是，教学过程未必就是那么严肃，尤其是小学生的学习活动，完全可以让他们在学习中不断追求新知，抒发情感，在活泼愉快中发挥潜能与创造力。要使学习愉快而富有吸引力，使教室成为学生喜爱学习的乐园。教师在设计教学活动时，应顺应儿童好奇的天性，不断求新求变，以激发学生的学习的兴趣和动机。把教学看成满足学生生活的生命的健康需求的过程；把教育活动看成师生间进行生命与生命的交往与沟通。

教育是人的教育，是活的人的教育，是人的活的生命的教育。

（二）激励个性发展

我们正处在一个多元化的时代。科技的发展，使个体独立地面对社会、面对世界的机会越来越多，人们更强调差异而不是统一。多元的发展最根本的动力是人的自由天性的存在与发展。有个性才有创新。教育应该为培养“自我实现的人”而努力。马斯洛认为，自我实现的教育最重要的是创造人格的教育。

他说：“自我实现的创造性首先强调的是人格，而不是成就”，并且强调，创造性并非只有少数天才所固有，而是每个人生来就有的特质，是所有人或大多数人的固有潜能。所以保持孩子生活在一种欢乐、冲动的氛围中，保持健康开放的心态，是保持旺盛创造力的心理条件。

苏霍姆林斯基说过：最主要的是在每个孩子身上发现他最强的一面，找出他作为发展根源的“机灵点”，做到使孩子在能够充分地展示和发挥他的天赋素质的事情上，达到他的年龄可能达到的卓越成绩。

因此，教师的任务不再是单纯的为学生求知、开发智力，更重要的是通过教育使学生在自身发展过程中，认识自我，认识自我的天赋素质，从而发展天性，发展个性，发展潜能。使我们的教育成为不拘一格“育”人才的真正的“人本”教育。

现代教学理论认为，良好的课堂教学气氛是教师教好、学生学好的基本条件。小班化教育实践中，教师要积极营造愉悦和谐的教学气氛。它是调动学生积极性、主动性的必要手段。它有利于学生主体性和自主性的发挥，有利于学生学习潜能的发挥，有利于学生个体的发展。

第三章　小班化教育的课程改革

课程这个概念被赋予了很多不同的意思，至今仍没有统一的界定。综合专家、学者对“课程”概念的解读，我们认为可以从两个方面去理解：狭义上，课程是指学校学生所应学习的学科总和及其进程和安排，甚至就是一门学科。广义上，课程是指学生在学校获得的全部经验，其中包括有目的、有计划的学科设置、教学活动、教学进程、课外活动以及学校环境和氛围的影响。也就是说，课程不仅包括学校课程表所标示的正式课程，还包括学生的课外活动以及整个学校生活中对学生各种潜移默化的影响。

在学校里实施的课程即为学校课程。在我国，学校课程由三部分组成，即国家课程、地方课程和校本课程。

为了体现不同地区、不同学校、不同教师、不同学生的需求，在课程政策上，国家鼓励学校对国家课程进行校本化的实施，鼓励学校开发基于学校资源条件和学生需求的校本课程，学校课程开发的问题由此产生。学校课程开发包括学科课程的校本化实施、校本课程开发、综合实践活动课程开发（图 1）等，

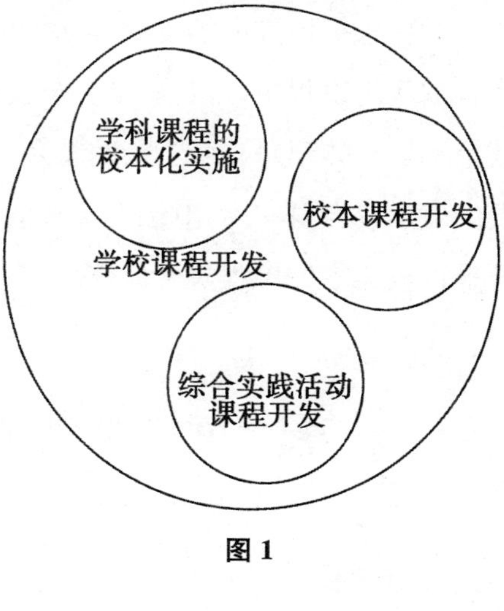

图 1

小班化教育学校的课程开发工作亦是从这三方面展开。

学科课程的校本化实施，是指学校根据自身实际情况创造性地执行学科课程计划的过程，具体来讲，就是学校根据学校的特点和条件，对课程资源、单元进度、授课顺序、教学内容、教学方法、评估方法、教学研究的开展等课程议题进行自主决策。简而言之，就是一个学校怎么去实施学科课程教学的问题。它一方面关涉到学校的教学理念、教学管理、课堂管理等问题。另一方面，学校在国家课程标准允许的范围内进行学科课程的调整，使之更加适应本校的特点，如本章里将要介绍的学科整合教学，就属于这一层次的学校课程开发范畴。

校本课程的开发，是在中小学多年来实施活动课、选修课和兴趣小组活动的基础上继承和发展而来的课程开发策略。国家课程因其自身的特点而存在局限性，所以不可能充分考虑各地方、各学校的实际；更不可能照顾众多学习者的认知背景及其学习特点。因此，学校根据自己的办学理念和实际情况自主开发一部分课程，目的是为了更好地满足学生的实际发展需要。校本课程开发的另一个重要目标是形成学校的办学特色，体现学校的文化追求，因此没有特色的校本课程严格地说是不够好的。

综合实践活动课程开发基于这门课程的特点。它是国家规定的必修课程，但是国家又只规定了相应的课时比例和四个内容指向，具体怎么开设，则由地方和学校根据地方和学校的实际情况来确定。因此，在综合实践活动这门国家课程的实施过程中，一定要结合学校资源环境特色来实施校本化。要使综合实践活动课程体现每一所学校的特色，反映每一所学校所在社区的特色，就必定要结合学校自身实际，对综合实践活动从计划、实施到评价管理进行统筹规划，开展以校为本的课程实施研究。

第一节　小班化教育学校的课程观

一所学校如何去开发并实施课程，当然受其拥有的资源、其所处的地理位置、其业已形成的特色的影响，但我们更需要关注这所学校中的教育者抱有什么样的理念，即便这种理念有可能现在还不清晰，但它往往真实地存在于校长和教师的心中。理念往往决定着学校在教育工作中的各种取向，当然也影响着课程开发和实施的取向。这些取向包括对学习者的需要和特性的假设，对教师角色和教学作用的假设，以及对学科标准、学习环境、课程规划和课程评价等方面的假设。这种种假设，形成了学校课程理念的主要部分。

一、新课程倡导的课程观

新课程实施以来，一些重要的理念已经成为我们在教育教学中恪守的信条，如：

① 强调“知识与技能、过程与方法、情感态度与价值观”三位一体的课程功能。

② 倡导“自主、合作、探究”的新的学习方式。

③ 倡导“民主、平等、合作”的新型的师生关系。

④ 教育是人的灵魂的教育，不是简单的知识的堆砌，教育者在传授知识、培养能力的同时，更应该关注被教育者精神世界的成长。

⑤ 强调教育必须着眼于学生一生的发展，必须要为孩子的未来着想，给他终身学习的能力和动力，让孩子学会学习，学会生存。

⑥ 课程是教师、学生、教材、环境四大因素的整合，教学不只是忠实地实施教学计划，而是作为课程内容持续生成和转化的过程。

⑦ 教师不仅是课程的开发者和实施者，其自身就是一种重要的课程资源。教师应该和学生进行沟通和交流，使课堂和教学产生情境性和感召力，从而激发学生学习的热情和信心。

⑧ 教师要由传统意义上的知识的传播者和学生的管理者转变为学生发展的促进者，学生学习的指导者和帮助者，实现从“教会学生知识”到“教会学生学习”的转变。

⑨ 教师应该从单纯的教学实践者转变为教学的反思者和研究者。

这些理念对全国基础教育学校的课程改革工作具有重要的指导作用，对小班化教育的学校同样具有重要的指导意义。

二、小班化教育的课程观

作为小班化教育的学校，我们在开发与实施学校课程的过程中要进一步发掘小班化教育的班额优势，更好地关注每一个学生具有的个性特征的学习经验和生活体验，更好地让每一个学生积极、生动、快乐地在课程学习中培养品格、锻炼技能、发展特长、获取知识。在小班化教育的独特优势下，这种强调“每一个”、关切“每一个”的课程追求，更具操作性和可能性。

小班化教育的课程观尤为需要突出的方面有：

1. 多元化

我们认为，真正认识到小班化教育中课程的多元化理念，是把握其它理念的基础。什么是多元？费孝通先生曾经讲过这么四句话：“各美其美，美人之美，美美相容，人类大同”。我们也可以将之概括为“和而不同”。这简单的16个字有两方面意思，一方面是各不相同，一方面包容不同、成人之美。

放在学校教育领域来看，我们教师首先要认识到每个学生是不同的，他们的智能基础不同、家庭背景不同、个性心理不同，他们在学习过程中的表现也自然有着千差万别。但是，我们应当认识到不同学生有着各自的可爱之处，所谓“尺有所短、寸有所长”，理解和爱每一个学生是我们树立多元化理念的基础。小班的教师具有更加熟知每一个学生的条件，较大班教师而言，熟知每一个孩子是小班教师应尽而能尽的义务，也是搞好小班工作的先决条件。

正由于学生的不同，为了每一个学生的发展就需要实施多元化的教育策略。为学生设置多元的课程自然是其中最为重要的一部分，多元的课程内容，多元的教学方式，多元的课程评价，让每个学生在其中能得到“因材施教”、“共同发展”，是小班化学校应有的课程追求。

从小班化教育的多元化追求出发，南京市南昌路小学提出“每位学生不求一样发展，但都要发展”、“每位学生不是同步提高，但都要提高”、“每位学生不必相同规格，但都要合格”的办学理念，可谓彰显了小班化教育多元化理念的精髓。

南京市太阳城小学的“周末课程超市”是众多校本课程的汇集，内容涉及时政、人文历史、天文地理、艺术、体育、科技六方面，它向学生报导鲜活的时政，展现多彩的艺术，引导学生走进神奇的科学，探究神秘的宇宙，浏览国内名胜，欣赏异域风情。所有内容均以菜单的方式列出，以班级为单位供学生自由选择。该校又着力建设“五小”活动课程，即少儿合唱、少儿版画、少儿电脑、少儿科学院、少儿门球这五项校园特色活动课程，同时每年举办合唱节、科技节、体育节、读书节等活动，推动“五小”活动课程的建设，搭建展示学生特长的舞台。如此丰富的课程内容，使得每一个学生能够获得广泛的选择空间。

2. 适性化

课程的适性化，是指课程对每个个体不同学习需求的适应性。

在适性化的指引下，课程是在充分了解学生的个别差异的基础上，促使学生各展所长，都能获得快乐学习的经历。教育活动在设计、实施和评价的过程中首先要适应学生，力求配合学生的能力、经验、兴趣与需要。适性化的课程强调学生个性差异，让个性得到最好的发展。课程适性化的理论基础是建构主义认识论。这一理论告诉我们，在适性化课程中，学习者被看做是自己能做出选择并承担责任的人，教师力求提供一些机会或创造一种可以进行选择的环境，去教会学生应该学会为自己的选择承担责任。在小班化教育学校，课程是否与学生的需要相适应，取决于我们是否创设了丰富的可选择的机会，也取决于我们的教师对学生的了解和理解。南京市秣陵路小学在开发“娃娃办小报”课程时，就充分地考虑到该课程如何适应不同学生需要和特点的问题，根据每位学生的实际，促进他们的优势生长：写作比较好的学生，聘任为报社的小记者；对美术感兴趣的学生，成为报社的美术编辑；需要提升英语水平的，让他去办英语小报。在“娃娃办报”的过程中，每一位学生的优势都得到发挥，得以提升。

课程的适性化还表现在对国家课程的校本化实施上。虽然小班目前所使用的学科课程与大班并无二致，但基于小班条件下的课程实施却需要我们通过调适，去充分发挥小班效益。凤游寺小学进行的学科课程大单元整合教学研究，就是对现有学科课程进行校本化改造和实施，使之更加适应小班需要的一种做法。该校在同一年段，集中同一时间，把不同学科教材中具有关联性甚至重叠的学习内容，通过梳理，使它们在一个主题下，进行大单元教学。围绕着这个主题，学生不仅学习各科课本中的内容，还会开展与主题相关的多种活动，以激发学生的学习兴趣，丰富学习体验，拓展认知视野，加深对所学内容的理解。

课程适性化的另一方面是指课程对现实社会和科技变化的适应性。随着时代的变化和发展，不断会有新的知识出现，这就需要我们通过对课程的增删，来满足时代变化发展的需求。

3. 个别化

"个别化"的课程是小班学校给孩子最大的礼赠。所谓个别化，是指教师考虑每一个孩子的特点，根据他的需要来设计课程和实施课程。这在大班是"不可能完成的任务"。个别化课程与课程的多元化特征相区别在于：多元化课程是提供丰富的可选择性，让孩子去选择；个别化课程的理想是：当一个孩子需要(无论是他的发展需要还是兴趣等其他特点需要)，我们就为他去开发针对性的课程。当然，小班的个别化课程并不是说有多少个孩子就有多少种课程，这是不现实的。但是，对于那些个别的、特殊的学生而言，我们能够为他开发课程，正是小班的意义和价值所在。正如南京市太阳城小学所说："孩子感兴趣的就是他们想学的"，我们就是本着"为每一位学生设置课程"的理念，不断地探索、不断地开发孩子喜欢的、适合孩子发展需要的课程，将学生、也将老师领进更加广阔的天地，让我们的老师、学生、学校和我们的小班化一起成长！让学生在校本课程的实践中自主、快乐地成长。

第二节　小班化教育学校的校本课程开发

无论是校本课程或综合实践课程的开发，还是对国家课程进行校本化的实施，都应当是一个审慎的研究过程。这个过程应当包括对学校追求、课程理想、课程资源、课程内容、课程评价等方面进行全方位的思考。在小班化学校，我们尤其需要指出的是：让教师全程参与规范化开发课程的过程，是小班教师进一步理解和思考小班教学精神的过程；教师全程参与课程的开发工作，使得他们的课程实践能力得到长足发展。

本节重点说明小班化教育学校在校本课程开发中的问题与实务。

一、校本课程开发的主体

在课程开发实践中，校长（教导主任）、教师和学生都有着各自的重要作用，脱离哪一方都有可能导致课程开发和实施工作效率降低甚至失去其意义。因此，校长、教师和学生都是学校进行校本课程开发工作的主体。

1. 校长在课程开发中的作用

校长往往在学校的课程开发工作中占有决定权。校长对学校课程开发工作的态度决定着课程开发工作的走向。

首先，作为小班化教育的学校，校长要对小班化教育的课程理念具有清晰的认识，即：追求多元化、适性化和个别化的小班课程。他首先要明确几个基本问题：自己心目中的理想的小班化教育学校是什么样的？根据区域和学校教育资源的实际情况应该为自己的小班化教育确定什么样的特色追求和质量标准？也就是说，首先要有一个学校发展的总蓝图，明确学校小班化教育的远景追求和现实取向。校长有了自己鲜明的小班化教育主张，就可以避免在课程开发中漫无边际的探索。

其次，校长对小班课程的理解以及在理解基础上形成的办学理念需要让全体教师明确，并给予支持，使所有教师在课程开发工作上能朝着同一个方向努力。同样，对教师的课程开发能力进行培养和培训，并与教师不断就课程开发和实施问题进行沟通也十分必要。这种培训、沟通应当时常反映在教师在职教育的内容之中。

第三，校长应当成为教师课程开发的指导者和支持者。教师的课程开发往往从个人的特长、兴趣和爱好出发，难免缺乏整体的视角，同时由于我们的教师普遍缺乏课程论的学习背景，所以在课程开发的研究和实践中更需要校内外专家的及时指导。校长应当担负起校内专家的职责，及时为教师指路、解难、纠偏。

最后，校长还承担着对教师的课程开发和实践进行评价的任务。及时地采用表扬、激励等措施来对教师的课程开发和实施工作进行评价，可以有效地促进教师的进一步工作。

案例一

校本课程的管理注重抓好几个方面的质量监控

上海市上海中学校长　唐盛昌

为使校本课程及其与之相匹配的实验教材得到科学、有序的开发，使之做到“以学生发展为本”，保证校本课程实施的质量，我校着重抓好以下几个方面的质量监控：

第一，为避免校本课程开发的零散、片面，我校成立了校本课程开发指导小组，在对现代社会发展需要与学生资质、潜能进行整体分析的前提下，构建校本课程开发的体系框架。这既保证了学生所学知识领域的全面性并符合社会发展需要，又给予了学生个性、潜能发展的充分空间。

第二，在每一门校本课程开发之前，均要认真分析学生的潜能、需求，适当征求学生对内容安排的建议，兼顾教师开发能力与学校资源的可提供性。

第三，每一门校本课程的建立都有明确的课程目标、要求、内容安排、课时、教育适宜对象分析及评估要求。

第四，校本课程实施分两类，有些作为学生必学的模块与科目，有些作为学生选学的内容。选学的校本课程要求选学人数不少于 5 人，有教材（选用现成教材或自编实验教材）方能开课。自编校本实验教材，采用“借阅法”循环使用并不断修正、完善。学校定期做好学生对课程学习反馈的记录。

第五，注意在校本课程的开发与教材的编写中引入相关专家的力量，定期征求专家的意见。

第六，抓好校本课程开发的队伍建设，大力推进教师专业发展，开发教师的潜能。学校一方面搭设各类舞台（如开展教学研讨、带教）促进教师在实践中学习，另一方面明确规定每位任课教师在3年内必须开出2～3门校本课程，开设课时累计不少于100课时，计入教师工作量。激励每一位教师认真思考学生的需求，结合自身的优势，努力参与校本课程的开发。

第七，构建校本课程教学评价与奖励机制。学校对学生校本课程的学习情况进行评价，将结果列入学业成绩报告单，作为学生升留级、评选优秀学生、优秀干部、推荐保送大学的依据之一。教师校本课程教学的绩效则以学生满意率作为重要考核指标，以促进教师在教学中主动思考学生的需求。为鼓励教师编写高质量的校本教材，学校定期资助出版成熟的校本教材。

案例二

校本课程让这所农村小学特色鲜明

1998年，奚亚英调任常州湖塘桥中心小学校长。那时，湖塘桥中心小学是一所“生源一般、师资平凡”的农村中心小学，但在短短8年时间里，他实现了从普通学校到省级实验小学再到省特色学校的跨越。这到底是一条怎样的发展道路呢？

上任伊始，奚亚英校长清醒地认识到，要创特色学校没有特色课程是办不到的。2000年2月26日，经过学校领导班子和教师们共同协商，奚校长将《关于改革现行课程，构建办学特色》的报告送到了湖塘镇党委和政府及区教育局。报告中提出了这样的设想：开设艺术特色课程，一至四年级开设英语口语课程，同时也表明了决心：“在方案实施的过程中必将遇到许多问题和困难，我们会披荆斩棘，全力以赴诸之实践！”各级领导经过多次研究，终于批准了该报告。教育局的意见是：可以开展课程改革实验，但师资由学校自己解决，镇政府同意解决师资经费。

在一所农村小学实行课程改革谈何容易？首先面临的就是师资问题。

拿艺术课来说，当时全校就一位民办音乐教师和两位美术教师。全校17个教学班，从一年级就开设英语课，英语教师哪里来？那段时间，奚亚英的主要任务就是到处寻找教师，首先是一些艺术专业团体的人员成了她拜访的对象，江苏省歌舞剧院、刘海粟美术馆、区文化馆成了外援，这些专业团体的人员被聘为学校的兼职教师；同时，启动了学校教师的艺术培训，从各界招聘有英语特长的人员来校任教，校内英语基础水平较好的部分教师从其他学科转教英语……在寻师路上，最让奚校长得意的是：在她的感召下，扬州师范大学的高材生张大霖也来到这所农村小学任教。说起这事，张大霖老师非常感慨地说："我完全是被奚校长的求贤若渴之情感召来的。"他说毕业前夕，在母校开了自己的专场音乐会，当时还象征性地邀请了奚校长，本以为奚校长忙可能不会来，没想到在开音乐会的那一天，她专门从常州坐了3个小时的车赶到学校，下车的时候不小心摔伤了腿。她一瘸一拐地来到音乐会现场，并亲自上台为他献花。心诚则灵，还没毕业的张大霖当即决定来湖小工作。在广纳贤才的过程中，奚亚英跑上海，赶北京，访名学府，走艺术馆……经过努力，师资问题总算临时解决了。

除了教师，课程改革实验还面临课时问题。当时，新课程还没有推行，课程表上还没有校本课程的一席之地，要开课却没有课时。怎么办？学校又进行了课时改革，把每节课由40分钟缩短为每节课35分钟，试行长短课时，把节省出来的课时用于校本课程。教师问题解决了，课时问题解决了，校本课程改革实验终于可以扬帆启航了。

2001年秋季开学，学生惊奇地发现课表上增加了新的课程：艺术选修、足球、思维训练、英语口语。特别是艺术选修，孩子们可以根据自己的爱好自主选择。学校成立了管乐、弦乐、打击乐、民乐、美术、书法、舞蹈7个辅导中心。每周三下午，学生打破年龄、班级界限，分头到7个中心的60个选修班上课。

经过8年的努力，湖小的每一个学生都掌握了一门艺术技能或专长，“佳佳百人管弦乐团”频频亮相省、市舞台，学校先后在常州市刘海粟美术馆举行了三届学生书画展，多幅书画作品在全国、省、市各级各类活动中获奖，乡村娃的书画作品被送到香港、天津等地展出。

回想开设艺术课程，奚亚英的想法很朴素：“开艺术课不是想让学生成什么家，主要是让他们精神生活丰富一些。”当初开设艺术选修课的时候，全校只有30%的学生选修。8年过去了，学校90%以上的学生都选修了至少一门艺术课程。校本课程的开设使学校的特色凸显出来了，不少城区的家长也想方设法把孩子送到湖小来读书。

（据《中国教育报》2007年2月9日第5版）

2. 教师与校本课程开发

教师是学校课程开发内在的、并且是起着决定性作用的要素。在教育过程的推进中，教师最能了解学生的知识、能力、兴趣等，并按学生的需要设计教育活动。而在学生这一级，也最容易认可和接受那些由教师制定的课程决策。在校本课程方案形成之前，教师要先了解本校学生的能力形成趋势，还要把握学生的个性发展状况和发展需要，挖掘本地区、本学校的优势课程资源，收集整合相关资料，以兹开发备用。课程方案出台后，实施课程方案的具体内容，实现确定的可行性目标，更是教师的职责所在。教师的这种位置和所发挥的作用，是参与校本课程开发的其他角色无法代替也无法企及的。

傅建有先生认为，只有教师把自己看成是研究者，才可能在教学实践中关注课程开发问题，并在具体的实践过程中发展自己的课程意识和开发课程的能力。具体地说，教师参与课程开发对教师的专业发展具有如下作用：

① 改变自己的知识结构。教师参与课程开发，首先要具有相应的课程理论知识，为了使自己的工作更具有成效，教师就不得不认真学习一些课程理论，以完善自己的知识结构。这种为解决现实问题而进行的学习活动往往具有较高的成效，这种边学习边实践的过程对教师的知识结构的调整具有重要作用。

② 教师参与课程开发也可以提高教师的学科教学能力。一般而言，学科

教学都是站在一门学科的角度，只是看到整体课程的一个方面，不可能对课程有一个总体的把握。只有站在整个课程结构的高度，才能对所教学科有一个全面的、整体的认识，也只有站在整个课程发展与改革的高度，才能提高自己驾驭课程的能力，从而对所教学科作出符合学生实际的安排。

③ 教师参与课程开发对教师的精神世界有重大的影响。校本课程开发的实践给教师带来了一系列新的观念，如民主的观念、合作的观念、科学的观念、创新的观念等。

案例三

我在校本课程中成长

在我参加学校的校本课程建设之前，“校本课程”这个概念在我的头脑中很模糊，只知道校本课程是教师突破传统教材的内容和模式研发新的教材，为学生开辟第二课堂，丰富学生的学习生活。直到我真正走入校本课程才发现它并非我想象的那样简单。

我校因地制宜，把“生活工艺”作为我校的标志性校本课程来开发建设。在课程开发建设过程中，我们也面临迷惘和困惑，毕竟这也算是前无古人之举：其一，没有现成的模式可供参考，一切要靠自己摸索；其二，没有现成的教学用书，教材要“自产自销”；其三，校本课程具有学科倾向性，绝大多数教师需要进行教学技能培训。面对以上困难，我校领导拿出了有效举措，专门成立了一个校本课程开发小组进行研究和探讨，最终结合本校资源和已有经验将我校的校本课程定为《生活工艺》。为了拓宽大家的视野，提升老师们理论水平，校长多次将专家请进门对老师们进行理论培训。虽然做了多年的教师，大家都是根据现有教材来授课，从没想过有一天会用自己编写的教材来授课，这回校长让我们成为了第一批吃螃蟹的人，我被分到中年级校本教材编写组。在同事们的共同协作和努力下，我们的教材终于全部出炉了，中间的辛苦与欢乐自是不必说了。为了提高全体授课老师的技能，学校分批送老师出去拜师学艺，送培的老师回来后又对全体教师进行授课技能培训。

在全校老师们的努力下，我们学校终于在上学期期末迎来了面向全市的校本展示活动。这既是一次校本课程成果的展示，也是一次接受外界信息回馈的机会。我校的这次校本课程开发活动最终取得了圆满成功。我的一堂校本课《神奇的报纸》在这次活动中有幸代表学校进行展示。

3. 学生需求在校本课程开发中的意义

小班的课程开发，其目的就是要更好地促进学生的全面发展。学生是课程开发的主体之一。而当前的课程开发在重视学校和教师的同时，却忽视了学生的需求。学生一般很少有直接的机会向学校反映他们对开设的课程的看法，实际上，如果学校自主开发的课程无法满足或者脱离学生的兴趣和需求，他们通常就会以上课不注意听讲、走神、违反课堂纪律等方式来间接表明他们对课程的态度，甚至会发展为厌学、旷课等。只有在对学生的需求进行合理评估，开发出满足学生兴趣和需求的校本课程，才能促进学生形成新的学习动机和兴趣。学生可以根据自己的兴趣和需求，选择有利于自身发展的课程。因此，充分结合社会需求，尊重学生的选择，最大限度地满足学生的需求，使课程设计充分体现以人为本的价值观，是学校课程开发的前提。

小班化教育，使我们的学校和教师为每一个孩子设计课程成为一种可能，这也是小班个别化追求的必然。

案例四

让教育适合学生而非学生适合教育

我在澳大利亚南澳洲的私立学校圣·伊格纳萨斯学校小学部访问，对这所学校的“因材施教”计划留下了深刻的印象。他们的“因材施教”计划就是要使他们的教育适合每一个学生的发展。这个“因材施教”计划分为四个部分：一是特殊的教育，是专门针对学校里低智商儿童的教育，这些学生属于永久性的智力障碍，他们有的是语言障碍，有的是听力障碍等；二是补救的教育，是针对短时间内语言和数学有问题学生的教育，这些学生属于短时性的智力障碍；三是天才和特别才能的教育，是专门针对智力特别优秀学生的教育；四是高智力和大潜能的教育，是专门针对智力超常学生进行的教育。

这四类学生的课程都是由特殊教育老师与各班班主任一起研究设计开发的。课程实施是由一批专门的教师来负责，他们既教低智商的学生，又教高智商的学生。在课程实施的过程中，他们非常注意课程的衔接性，使得学生在这里学习的内容回到班上以后能够衔接上，这样就有利于学生更好地发展。这所学校还有一幢专门的“因材施教”楼，整个小楼全部用于特别教育，里面有很多不同的小教室。我惊叹于他们把教育做得这么精细。全校 450 个学生，有这么丰富的教育资源，可以很细致地关照到每一个学生的学业成绩、行为品质、心理健康等每一个方面的发展，使我深深体会到了“因材施教”所蕴涵的文化价值。

理想的课程应该向每一个学生开放，适合他们不同的发展需求。我们要使教育适合学生，而不是使学生适合我们的教育。因此，我们应该从适应学生多样化发展的需要出发，设置多元化的发展目标，使基础目标和发展目标处于一个开放的弹性管理的过程中，尽量创造最丰富的教育资源，提供多层次的教育需要，让不同的学生获得不同的发展。

另外，在校本课程教学中要因材施教，实现教育中的个体化。校本课程突出的不是统一性、一致性，而是基于学校的现实而展开的，是针对本校学生实际而设计的，教师最能了解学生不同的学习需求和学习情况，因此，应当在校本课程设计和实施中把这种了解体现出来。

（选自许新海：《澳洲教育故事》，《中国教育报》2006 年 6 月 20 日第 7 版）

案例五

契约学习

上海市杨浦区平凉路第三小学校长　丁利民

我校是一所小班化教育的实验校，多年来，在学生的个性化教育上作了许多的探索和实践。虽然在班级人数上，小班已具有很强的优势，一般在30人以内，但是我们仍然可以看见一些“特别”的学生。国家课程对于他们而言，或不能满足需要，或过于艰深，很难达到其要求。对于这部分学生，我们尝试了“契约学习”。其中，特别强调家长的参与。

“契约学习”，通俗地说就是指教师、学生、家长三方共同讨论，商量决定学什么、怎样学以及学得如何，或者说是师生、家长通过协商共同作出有关学习的决定，共同学习的权利。它的形式主要是由学生、家长与指导教师共同协商形成书面协议，内容涵盖了学生学习的目标、达到目标的方法、学习活动进行的时间、完成的形式及评价的方法和标准等。“契约学习”的具体内容因人而异，可以是长期协议，也可以是短期协议。“契约学习”的主体包括学生、家长和教师，突出强调学生的主体地位，学生享有充分的学习自主权。

探索“契约学习”将最大可能地满足学生个别化学习的需求，让教师切实关注每一位学生的发展，真正融入到个性化教学过程中去。

二、校本课程开发的程序

尽管不同形态、不同领域的学校课程开发有所偏重，各有特点，但是基本的思路是差不多的。我们以校本课程开发为例，来说明课程开发基本的程序和步骤。

从已有的课程实践来看，开发校本课程的操作模式主要应该包括六大步骤：组织建立；现状分析；目标拟定；方案编制；解释与实施；评价与修订。在这个操作流程中，学校在完成第一个步骤之后，可以从其余五个中的任何一个步骤入手，也可以几个步骤同时进行。即使是第一个步骤，也会随着校本课程开发的深入而同时进行某种程度的调整和改变。不同的步骤所涉及的参与人员及其所起的作用是不同的。

校本课程开发的操作流程表

步　骤	主要议题	参与人员	角色定位
组织建立	成立课程委员会或工作小组，确立参与成员及工作程序，进行校本课程开发准备	1. 教师、主任与校长	决策、讨论
		2. 学生	讨论、决策
		3. 校外咨询人员	咨询、建议
		4. 学校行政人员	协调、服务
现状分析	进行需求评估、问题反思、资源调查	1. 教师、主任与校长	决策、讨论
		2. 学生与家长	讨论
		3. 校外咨询人员	咨询、建议
		4. 学校行政人员	协调、服务
目标拟定	理清办学思路，确立一般目标与具体目标	1. 教师、主任与校长	决策
		2. 学生与家长	讨论
		3. 校外咨询人员	咨询、建议
		4. 学校行政人员	协调、服务
		5. 政府部门	咨询、督导
		6. 工作小组	支持、讨论咨询
方案编制	确立工具与方法，选择课程材料与组织形式	1. 教师、主任与校长	决策
		2. 学生和家长	讨论
		3. 校外咨询人员	咨询、建议
		4. 工作小组	支持、咨询讨论
解释与实施	强化教育哲学思想和特色意识，营造条件与氛围，统筹教育资源	1. 教师、主任与校长	决策
		2. 学生	讨论
		3. 学校行政人员	协调、服务
评价与修订	设计监控和交流系统，准备评价方案，追踪实施效果，收集反馈意见，修订课程与课程开发方案	1. 教师、主任与校长	决策
		2. 学生与家长	讨论
		3. 校外咨询人员	咨询、建议
		4. 学校行政人员	协调、服务
		5. 政府部门	支持、咨询督导

1. 组织建立

随着学校课程开发工作的兴起，很多学校十分重视学校层面的课程开发领导，成立了相应的组织，如学校课程开发委员会、校本课程开发领导小组，还有的学校就某一方面课程的开发工作成立教师工作坊，这一研究意味显得更为浓厚。学校课程开发委员会在这些组织中应当具有最为权威的地位，它的成员应包括学校行政人员代表、年级及学科教师代表、家长及小区代表等，必要时还可聘请学者专家列席咨询。课程开发委员会负责审查、决定全校各学习领域课程计划及相关实施内容，以确保教育质量，维护学生受教权益。而后两者所负责的领域则更为具体。

2. 现状分析

校本课程开发的现状分析包括需求评估、资源调查和问题反思等环节。其中，需求评估是要对学生的发展需求、家长的期望、社会和社区的要求以及学校发展规划等因素做出有说服力的判断。资源调查的目的是要弄清校本课程开发的条件和限制，比如教师的数量、知识经验和能力，教辅人员的情况，各种课程材料和设备及其相应的资金情况，办公设备和用品，课程计划的弹性空间，社区潜在资源，学校教师、学生和家长的可能反应等。问题反思则是要在想做什么和能做什么之间取得一种动态的平衡。

小班化教育学校在校本课程开发中，要关注小班的课程需求，将培养学生的个性，促进学生全面、全员发展等目标考虑进去。同时，要将小班的班额优势作为课程开发的资源条件之一充分加以利用。

3. 目标拟定

校本课程的目标拟定至少包括两个相互联系的工作，一个是针对教师的专业发展目标及其相应的开发成果，另一个是针对学生的课程目标。也就是说校本课程开发既要促进学生的个性发展，也要促进教师的专业发展。课程目标又可以分为两个部分，一个是一般目标，就是我们所说的教育目的，它与整个教育系统的哲学或价值观基础密切相关；另一个是具体目标，具体目标要尽可能把学生在学习结束时应该获得的能力与态度陈述清楚。小班化教育学校在拟定校本课程目标时，更多的是要考虑目标的适性化、个别化。

4. 方案编制

校本课程方案的编制是课程开发的重要环节。校本课程方案，就是在校本课程开发进程中，对校本课程的一种规划或设计。它规范了校本课程的目标、内容、资源建设、实施与评价等方面的内容，使得课程的落实得以保障。校本课程方案在学校实践中有两种形态：一种是学校对校本课程开发的整体规划，另一种是教师对某一门具体课程的设计。我们把前者称为校本课程规划方案，后者称为课程纲要（其主要内容、结构参见“案例六”）。

5. 解释与实施

校本课程初步设计完成后，首先需要对实施这门课程的教师进一步阐释本课程的相关问题，使有关教师能够准确把握该课程的实施目标和方式；同时，还要向学生介绍该课程，激发他们学习的愿望。教师还需要得到教学辅助部门等相关人员的帮助，以便更好地开展教学。

在取得一致的意见后，我们设计好的课程才可以进入课堂。

6. 评价与修订

校本课程的评价就是对其自身开发历程进行评价的过程，是对其自身开发过程的一种质量监控过程。校本课程评价的对象主要包括：对校本课程开发的资源、环境与目标定位的评价，对校本课程方案的可行性的评价，对校本课程实施过程（教学过程）的评价，对校本课程实施效果的评估。它不应该仅仅是总结性的，更多的是一种形成性、发展性的课程评价，最重要的意图不是为了证明，而是为了改进与修订我们的课程。

案例六

《千年百尺凤凰台》校本课程纲要

课程说明

传统文化的渗透可以让学生了解本地区的文化世界，让他们产生对传统文化的认同与尊重，追求传统文化存在的空间，可以培养学生热爱家乡的情怀，拓宽学生的文化视野，丰富学生的心智，完善学生的素质结构。我校编写的《千年百尺凤凰台》校本课程正是本着学生对传统文化的需要，基于我校所处的凤凰台区域历史文化资源与文化特色的优势，以人文素养培养为目标的课程。通过本课程的开发与实施，让学生接触我国古代诗词、建筑、雕塑、书法从而感受中华艺术的神韵，使学生在绘画、演讲、网络运用、摄影、社会实践等多方面的实践能力得到发展，让学生通过了解凤凰台区域丰富的历史文化资源感受祖国传统文化的魅力，使学生进一步了解南京的历史和文化发展，培养他们爱学校，爱家乡，爱祖国的情感，激发他们的民族自豪感和自信心，培养他们良好的文化修养和道德品质。

校本课程的需求分析

1. 基础教育课程改革的需要

基础教育课程改革纲要明确指出："实行国家、地方、学校三级课程管理。"而学校一级的课程管理就是由学校根据上级教育行政部门的规定，结合本校的实际情况自行决定的校本课程。作为在课改实验区的学校，理应积极参与课改，使学校的课改工作迅速适应教育的飞速发展。

2. 弘扬传统文化的需要

著名学者冯骥才在谈到传统文化时说到："传统文化代表着民族情感，我们所要做的就是不断强化我们的文化主体，保护滋养我们的传统文化，培育我们的民族精神。"我国是一个有几千年历史的文明古国，热爱和继承传统文化是每一个国人应当具有的品质。作为培养人、教育人的学校，应当首当其冲地扛起弘扬传统文化的大旗，让传统文化得到传承和弘扬。通过对凤凰台文化课程的学习和体验，可以用凤凰台的文化滋养学生，可以使他们加深对祖国文化的理解，从而激发他们对民族文化的喜爱，帮助他们将来成为伟大祖国复兴的优秀建设者。

3. 学生综合素质全面发展的需要

在开发校本课程之初，我们有针对性地通过对学生进行访谈调查及分析，总结出我校学生在以下几方面有自我发展的需要：

(1) 对传统文化具有浓厚兴趣和了解的愿望。

(2) 对提高道德品质和树立正确价值观的需要。

(3) 对更多地参与到社区社团活动，锻炼人与人交往能力的需要。

(4) 对动手动脑、活学活用等多方面技能的需要。

凤凰台校本课程正是基于这些需要，将有关内容较为合理地融入进去，从而从各方面满足学生全面发展的需求,培养既全面发展又具有个性特色的优秀学生。

4. 创建小班化教育特色的需要

校本课程一定要有利于学校形成自身的办学特色。我校作为一所飞速发展中的小班化特色学校,急需形成自己的办学特色,不仅仅是教学形式和教学方法上的特色,更有学校文化上的特色。因此,开发具有鲜明地域特色的《千年百尺凤凰台》这一校本课程,有助于充分发掘我校所蕴含的地域特色,从而形成我校的独特校园文化,进一步彰显我校的小班化教学特色。

校本课程的资源分析

校本课程的开发不一定需要雄厚的财力和物力,关键在于对学校及周边资源的充分发掘和利用,我校开发《千年百尺凤凰台》这一校本课程的课程资源极为丰富。

1. 凤凰台区域文化资源

唐代大诗人李白游金陵时曾留下"凤凰台上凤凰游"的经典诗句,诗中的"凤凰台"就在我校所处的城南花露岗上。学校周边还坐落有瓦官寺、金粟庵、谢公祠、刘芝田故居等十多处历史遗迹,这为校本课程的开发提供了天然的地域资源。

凤凰台还流传了众多的诗词歌赋,除了李白《登金陵凤凰台》之外,王安石、杜甫、王冕、白朴等历史上著名的文人骚客均作有与凤凰台有关的诗词。凤凰台还遗留有绘画、雕刻、民俗等众多传统艺术,这些都为校本课程的开发提供了充足的人文资源。

2. 校内资源

除了拥有丰富的地域资源和人文资源以外,我校也为校本课程的开发积累了充足的校内资源。在硬件方面,我校建有凤凰台文化长廊,集中体现凤凰台文化的精华,校园内还有凤字铭石刻,让凤凰台的文化深入人心,在教学楼里,悬挂以凤凰精神为主旨的优秀传统故事,在点滴中教育感化学生。在软件方面，学校领导班子高度重视校本课程的开发，成立了《千年百尺凤凰台》校本课程开发小组，并作为学校工作的一项重要内容。学校拥有一批对校本课程有热情、愿投入的优秀教师，积极参与到校本课程的开发中来，每周都安排专任教师教学校本课程，并组建校本课程的兴趣小组，为对凤凰台文化有浓厚兴趣的学生提供学习和锻炼的机会。

校本课程的总体目标

1. 校本课程的总目标

以课改为背景，在校本课程开发中，做到以师生为主体，以人的发展为核心；通过对凤凰台校本课程的学习，丰富学生对凤凰台历史文化的了解，增进他们对传统文化的理解，培养学生热爱祖国大好河山的爱国情感，增强学生继承和发扬祖国传统文化的意识，努力提高绘画、演讲、网络运用、摄影、社会实践等实践能力。

2. 学生发展目标

通过校本课程的学习，可以让学生在情感、知识、技能等方面得到比较和谐、全面、可持续的发展，使学生的发展有更广阔的空间。

(1) 增强学生继承和发扬祖国传统文化的意识。

引导学生热爱祖国的传统文化，积极投身到传承和弘扬祖国传统文化的活动中去。

通过祖国优秀传统文化的熏陶，培养学生良好的道德品质，树立正确的价值观。

(2) 加深学生对祖国传统文化的了解。

通过校本课程的学习，丰富学生对凤凰台历史的了解，从而进一步了解祖国的历史知识、历史事件和历史人物。

通过凤凰台诗词的学习，加深学生对祖国传统诗词的喜爱，并积极投入到对诗词创作的学习中去，学做小诗人、小词人。

在建筑、绘画、民俗等多方面让学生进行接触和学习，使学生充分感受到祖国优秀传统文化的魅力。

(3) 培养学生的综合能力。

通过渗透于校本课程中的技能训练，让学生在绘画、摄影、诗词、歌唱等多方面得到提高和锻炼。

通过丰富的活动，培养学生相互合作、尊重他人、团结友爱的良好品质。

鼓励学生积极参与到社区活动中去，通过宣传、调查、义务劳动、演讲等多种形式的活动，培养学生的公民意识、社区意识和社会责任感。

校本课程的结构

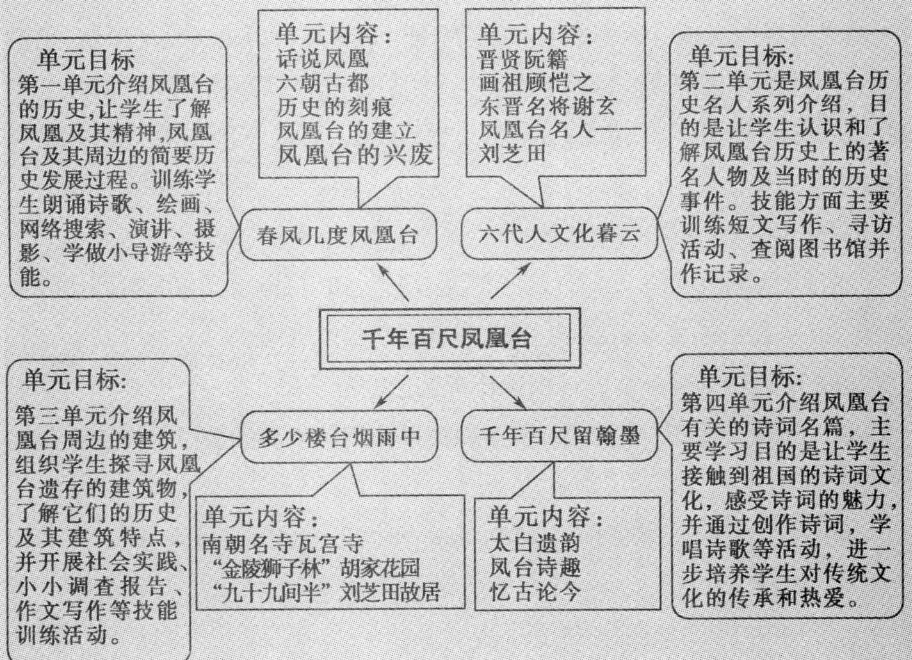

校本课程的实施与评价

1. 实施内容

① 围绕凤凰台校本课程，开展多种形式的文化活动，包括凤凰台诗词会、凤凰台歌会、小凤凰艺术节等。

② 以凤凰台文化为背景，组织编写《千年百尺凤凰台》校本课程教材，并

进行教学实践，对教学效果及时进行评价和反思，并做好总结工作。

③ 以雏鹰假日小队为主要活动形式，组织学生参与社区服务与社区实践，包括调查凤凰台周边遗迹及其保护状况，宣传环保知识，参加义务劳动等。

2. 实施方案

校本课程的实施面向全体学生，以少先队为载体，以教学与活动相结合的形式，以雏鹰假日小队为主要活动单位实施校本课程。实施过程要突出感知、实践和探究，强调参与、体验、感悟，培养创新实践能力，同时加强思想道德教育，具体实施要求如下：

① 校本课程的课时要得到保障，并安排专任教师进行教学，教师要做好充分的课前准备，对所教内容要充分挖掘相关资源，采用合适的教学形式，教学过后要认真进行评价和反思。

② 充分发挥少先队的阵地作用，积极开展进社区活动，通过宣传、劳动、调查、寻访等活动，充分发掘校本课程的内涵，丰富凤凰台文化的内容。

③ 以雏鹰假日小队为单位，以教学与活动相结合的形式进行校本课程教学，强调学生的感知、思考和探究，要求学生积极参与到各项活动中去，让学生体验和感受凤凰台文化，发展学生实践能力、创新能力和良好的个性品质。

④ 教学活动的基本实施过程包括准备阶段、实施阶段和总结交流阶段。准备阶段要注意搜集相关的资源，拓展学生对传统文化的接触面，并确定培养学生的哪一方面技能或情感道德价值观；实施阶段要注重课堂和实践相结合，充分发挥地域资源优势，让学生在实践中得真知；活动的总结与交流注重引导学生对活动的过程、结果、体会、方法进行总结、交流与反思，注重实事求是，方式灵活多样，进一步深化学生的体验。

⑤ 活动实施的组织形式要多种多样，根据不同的教学内容，选择合适的教学方式。学生在“背诵”、“摄影”、“考察”、“创作”、“歌唱”、“访问”、“宣传”、

“想象”、“绘画”、“讨论”等一系列的活动中发现并解决问题，体验和感受凤凰台文化，进而了解中国传统文化，发展学生实践能力、创新能力和良好的个性品质。

3. 校本课程的评价体系

评价是课程教学的一个重要环节，也是保证校本课程有效开展的重要手段。结合我校的实际情况，校本课程的评价体系主要包括：

成立校本课程评价领导小组，具体负责课题的检查评价。

在评价中，应当以学生为评价主体。学生在学习活动中，对师生关系的实际感受，学生的学习兴趣和获得成功的体验应作为评价学生的主要内容。

同时，任课教师应当采用多种方式对学生进行评价，评价的方法主要包括表现性评价、档案袋评价、纸笔测试等，从而对学生实际的获得给予正确的评价。例如，组织学生根据校本课程的要求进行“考级”活动，从而激发学生的学习积极性。对在校学生做出吟诵经典的凤凰台古诗词的要求，并进行相应考核，相关资料记入档案袋。在学期结束，组织学生进行纸笔测试以考察掌握程度。

对校本课程的评价，应注意过程性评价和终结性评价相结合，旨在提高教师的业务水平及学生的自主学习的能力。

校本课程的管理和保障

校本课程需要在多方面得到保障，在相应的管理制度下才能顺利地实施，学校高度重视对校本课程的开发，并建立了完善的管理制度，来提供充分的保障措施，主要体现在以下几个方面：

1. 领导小组

为了调动一切积极因素，协调各方面的工作，学校成立校本课程开发实施领导小组，校长担任组长，副校长、教科室主任及相关实施教师担任组员。

2. 专家引导

邀请国家督学成尚荣等专家参与课程的论证和指导，为校本课程的开发提出宝贵的意见，加强教师培训，为校本课程的顺利实施提供保障。

3. 经费保障

学校提供保障课程开发与实施管理中所必需的经费，保障校本课程实施。

4. 档案管理

加强档案管理工作，及时整理资料、存档，不断总结经验。

（作者汤飞为南京市凤游寺小学教师，《千年百尺凤凰台》校本课程主编，该课程获江苏省优秀校本课程案例评比一等奖）

三、校本课程的资源开发与利用

众所周知，开设校本课程，课程资源的开发和利用是实施该课程的基本条件和保证，没有课程资源，就没有校本课程。

从物化资源的角度看，我们可以将学校开发校本课程的资源分为校内资源、社区资源和自然资源；从校本课程实施的条件来看，又有软件资源和硬件资源之分。校本课程的资源，既可以直接生成课程的内容，也可以服务于课程的实施。

学校应充分发挥图书馆、实验室、专用教室及各类教学设施和实践基地的作用；广泛利用校外的图书馆、博物馆、展览馆、科技馆、工厂、农村、部队和科研院所等各种社会资源以及丰富的自然资源；积极开发并利用信息化课程资源。各地要建立课程资源中心，协调各方力量，开发包括社会资源、自然资源和信息资源为内容的各种课程资源，充分发挥课程资源中心的作用，指导学校选用、优化和整合适合本校的课程资源，促进课程资源的共享。

恰当利用课程资源，会使我们的校本课程开发与实施的路越走越宽。

1. 利用学校资源开发的校本课程——凤游寺小学的六足园生态实验室课程

2005 年，凤游寺小学建设了校园新景点——六足园。六足园内饲养了包括国家二级珍稀保护蝶种——中华虎凤蝶、丝带凤蝶、玉带凤蝶等五种蝴蝶，种植了杜衡、马兜铃、柑橘等蝴蝶的寄主植物。经过一年多的培育，园内寄主植物全部成活，于2006年正式开始由学生饲养蝴蝶。每年3～9月的七个月时间里，六足园内蝴蝶翩翩飞舞，学生随时可以入园与蝴蝶零距离相处，成为一个灵动的校园景观。学校的蝴蝶保育小组通过一年多的连续观察和探究，记录下大量关于蝴蝶生态的文字、图片和影像资料，学生在蝴蝶保育活动中，得到了科学精神、科学探究技能的充分发展。2007年，“蝴蝶保育”项目获南京市中小学生科技创新大赛一等奖，江苏省科技创新大赛一等奖，代表江苏省参加全国科技创新大赛获得南京市唯一的一个二等奖及评委会影像单项奖。孵化了今年南京的第一只中华虎凤蝶，《金陵晚报》头版、二版进行了题为《南京人创造蝶史》的图文报道，引起轰动。江苏电视台、南京电视台多个频道都进行了采访报道。《扬子晚报》、《现代快报》等媒体对六足园的蝴蝶保育活动进行了专篇介绍。《科学大众》杂志发表了江盛元副校长的文章《六足园里蝴蝶飞》，《小哥白尼》杂志也在2007年5月号上介绍这一校园科普探究活动。现在，学校又在著名课程专家郝京华教授的指导下开始开发《蝶舞凤凰台》校园生态实验室课程。

2. 利用学校教师资源开发的校本课程——太阳城小学的微型课

教师的爱好、特长、兴趣是学校课程开发最重要的资源。太阳城小学的“微型课”，就是在实施过程中，任课教师从所教班级实际出发，在一个时期确定一个主题，自编教材进行教学。如：自编教材《海底世界》，使学生进一步认识大海，了解了许多与大海有关的知识；自编教材《对对子》，使学生深刻地接触了中国文化的博大精深；自编教材《中秋话月》，其中对中华传统节日风俗的介绍，有助于学生了解中华民族的民俗风情，感受中华文化的博大精深，增强民族的自豪感；自编教材《走近历史文化遗产》，通过对中华历史文化遗产的介绍，激发学生对祖国秀丽山川的热爱和向往，对民族文化的了解和尊崇，对民族精神的继承和发扬，爱国之情在学生的心底升华。

3. 利用区域自然资源开发的校本课程——金坛市尧塘中心小学的走进花木校本课程

金坛市尧塘小学是一所农村小学，他们有着和一些资源相对匮乏的学校一样的苦恼，即开发什么样的校本课程。经过对学校所拥有的自然资源的分析，他们选择了“走进花木”这个课题，并用整体的、系统的思路去设计这一课程，获得了成功。

案例七

农村沃土上绽放的特色之“花”

——金坛市尧塘小学《走进花木》校本课程研发与实践

陈玉华　王叶华

酝酿篇——集思广益

尧塘小学八十载的办学历史中，乒乓运动有过辉煌，“锡剧之乡”的绵绵吴侬软语也曾传唱数十年。近十年来，随着地方经济的转型，花卉苗木的普遍推开，校园近 12 亩花木实践基地的开辟，园林式校园的步步营造，花乡学子养花赏花又成了我校别具特色的活动。然而养花赏花似乎还没有或缺乏作为课程应具备的完整要素和条件，其实质仅仅只能定位于培养一定的专业知识和技能，充其量是一种有组织的校园兴趣活动。如何以此为素材，深入挖掘学校文化资源，利用校内及社区一切有利的因素和条件，贯通多种渠道，形成长期的、促进学生个性化成长、学校个性化发展的校本课程，成了全校教师关注的焦点。

2004 年春随着新课程的纵深推进，我们自主开发课程的愿望也越来越强烈。新学期伊始，“我说校本课程”专题沙龙就应时地开设了。

“锡剧在现阶段还有没有生命力?”“乒乓除了科学化训练技能外，还有什么功能?”最终讨论主题集中在花木经济与花木文化如何链接上。大家一致认为：尧塘镇素有“花木之乡”的盛誉，95%的农户种植花木，二十多年的传承运作，花木培育、栽种、加工、销售，已形成一条龙规模化经营；校园内花草葱茏，绿树成荫，整洁幽雅的环境与风格别致的建筑群交相辉映，昭示着这是一方育人的生态胜地。假如我校确立以花木文化为校本课程，那么，无论从课程资源，还是到实施条件都已成熟，能得到社会、家长的关注和支持，会成为造福地方经济、成就学生发展、提升学生人文科学素养的有效载体。专题研讨，使我们对校本课程的定位、特点、开发方式、开发程序等有了第一次整体认识，对开发花木文化达成了共识。后经过问卷调查，行政、骨干教师反复商榷，以"花木为主体，以乒乓、唱戏为两翼"的校本课程结构初步形成。特级教师、原市教研室主任夏亭尔来校在专题讲座中指出："尧塘小学可以利用花木唱大戏"，接着又循循善诱地抛出花木与怡情养性、花木与自然环境可持续发展、花木与人性品质、花木与花木文化、花木课程与学科整合等话题，使全校教师豁然开朗、受益匪浅。

从认识花木到学习种花养花，到吸取花木的灵性与感悟花木的品质，形成尧小的办学特色，我校"走进花木"特有的校本课程开发也就正式启动了。

开发篇——众志成城

校本课程开发小组成员经过研讨、交流，创造性地出台了课程标准，拟出了教材的纲目，并划分为四大领域：自然美育（认识花草树木）、生命美育（花草树木与生活）、生活美育（花草树木与艺术）、创造美育（花草树木与道德情感）。课程目标实施过程是：走进花木（育花赏花）—立体美育（文化育人）—完美人格（人文、科学素养）—特色立校（有一定特色的现代农村名校）。

确定课程载体就要着手编写课程内容，即教材或课程教程、提纲。这不仅需要有一个具有课程开发能力、且敢于挑重担子的教师团体，还需要众多能付诸实施的精兵强将。在学校课程领导小组牵头，教师自愿报名的基础上，组成了以"能人"为核心的课程开发小组。夏主任被我们聘为顾问。

校本课程开发必须紧紧地和当地社会、生活相连。我们去花木公司了解有关当地花木经济的第一手资料，拜访苗木种植大户了解种植情况，在校园实地调查清点现有植物的种类与棵数，去花木市场了解花木习性和营销情况，对学生花木知识、花木文化了解的现有状况等等进行问卷调查。除此之外，我们还做了大量的网上学习和其他工作，尽可能多地搜寻挖掘社区和学校内的资源，收集相关的教学参考资料。一份耕耘一份收获，凝结着师生们辛劳与汗水的《走进花木参考方案》历时一个暑期孕育而生了。

校本课程的开发必须纳入课题研究的范畴。课程不仅是一种结果，也是一种意识，更是一种过程。只有具备研究性的课程才更有利于学生的发展。

校本课程是鲜活的、发展的、创新的活动形态，是促进学生认知能力、实践能力提升的学习活动过程。2004 年 8 月，结合常州市 2004～2007 年课题的申报，我们申报了《充分开发地方花木文化，全面培养学生的人文素养》的市级课题，以课题研究引导校本课程的实施，指导教师学习理论，提高教师校本课程的实施水平，自觉地把校本课程的目标融入学校的办学目标与学校三年主动发展计划之中。

实践篇——百花齐放

一个宏伟且远大的办学目标和教育理想的实现，一方面需要科学、精心的规划，另一方面，需要全校师生坚定的信心，积极形成完善的配套措施，学校的特色教育才能逐步实现。这就要求全体教师不断创新教学方式，把自己的各项工作与之紧密相连。为此，学校出台了《尧塘小学校本课程实施意见》，阐明课程实施的艰巨性、长期性，突出计划性。强调"要把实施课程的教师队伍建设作为首要任务"，"很有必要安排校本课程开发与实施主题的校本培训"，"继续组织教师读《走进花木参考方案》"，"聘请专家顾问引领实施工作"，"鼓励教师参与方案建设，在实践中探索与校本课程共成长"……

我们边实施边探索，边反思边收获。首先，我们进一步营造体现校本课程目标的校园环境，不断充实花木品种，提升绿化档次，美化校园的角角落落，努力让每一面墙壁说话，让每一个角落出彩，让每一棵草木寓情。花木文化专题、校本培训也深受教师欢迎，弥补了教师认识与技能的不足。其次，让课堂成为自主实施校本课程的阵地之一。教研组、学科教学老师都必须制定具体结合、体现校本课程的计划，而对于知识技能目标的达成，则给教师以充分的开发教学内容的空间。我们还充分利用综合实践活动课，开发设计以"走进花木"为主题的综合实践活动方案，如"走进小村庄——花盆拾趣"、"漫步绿色王国"等；再次，突出学科教学与花木文化的整合，如语文有描写花草树木或和大自然有关的文章，我们就补充参考方案中的"四季美文"，或再收集有关文章加以拓展；数学课，以花木为题材，联系数学生活与社会生活，通过实际问题的解决获取知识，以所学数学知识解决花木种植、营销中的数学问题，培养学生的数学应用意识；科学课，教师根据不同年级选择学生喜爱的且有代表性的植物开展研究，进行学科综合性学习……少先队活动是实施校本课程的另一重要渠道。红领巾社团具有新时期少先队自主教育的显著特点，小社团里学习大社会。我校大队部根据校情，创立红领巾花木公司，将少先队活动和校本课程有机整合。"你我都来选一选"的校树、校花评选活动；"小小导游，我能行"校园花木介绍能手大赛等，无不彰显花木文化的浸润作用，张扬着生命成长的光华。

管理制度和评价制度是校本课程有效实施的强有力的支撑。校本课程的开发是学校自主进行的，因此在实施过程中需要依靠学校主体进行更多的自觉自律的自我评价，不断反思校本课程过程中出现的各种问题，自我批评、自我改进、自我激励。我校先后出台了《尧塘小学校本课程培训制度》、《尧塘小学校本课程实施及考评制度》，实实在在的从量化和质性上，扎扎实实地为校本课程开发、实施的顺利进行提供了政策保障。

校本课程实施近两年来，就地取材的花木手工作品，琳琅满目；实践基地的亲身劳作，趣味无穷；赏花唱花写日记，情意盎然；贯以花卉美名的班级，花卉精神已逐渐融入其中，成为班级文化的主流……教师的专业得到发展，师生的行为悄然变化，艺术素养明显提高，学校特色初显雏形。更让我们欣慰的是，校本课程像高效的黏合剂，使全校教师形成了前所未有的凝聚力，加快了工作节奏，提高了工作效率。它是一座富矿，我们将探索不止，开发不止。

4. 利用区域文化资源开发的校本课程——凤游寺小学的《千年百尺凤凰台》校本课程

凤游寺小学地处凤凰台遗址上。凤凰台周边地区经历了古城南京的十朝变迁，记载了古都文化的沧海桑田。通过对古凤凰台的介绍，该校激发学生对自己生活的社区产生极大的兴趣，就此，开发了社区实践活动课程。通过学生走访社区，让学生认识和了解这里的历史，增强学生对家乡、对祖国、对民族的认同感、自豪感，增加他们保护、发掘、传承历史文化的责任感。2005 年，学校要求学生在课余时间，以小组或个人为单位，在自己家周围，去寻访、发现凤凰台留给我们的痕迹。通过照片、DV、写生、寻访手记、采访记录等形式来记录下自己的发现。寻踪活动历时近两个月，历经春夏两季。全校同学都参与其中！在这片被誉为“墙缝里都有历史的刻痕”的地方，同学们发现着、欣赏着、陶醉着、感悟着。南京电视台少儿频道连续五天对这项活动进行了系列报道。这样的社区实践活动课程，已经由“寻踪—发现”延伸到宣传和保护社区文化遗迹上。2006 年，随着凤凰台文化建设的推进，该校开始设计《千年百尺凤凰台》校本课程教材。

5. 建设校内资源，支持校本课程实施——同仁小学的阅读校本课程

同仁小学的课外阅读校本课程在南京市具有广泛的影响，为了更好地实施这一课程，学校的很多建设工作都是围绕着阅读来开展的。

走进同仁小学，你就会被浓浓的书香所吸引。学校电子图书馆和学生阅览室实行网络管理和全天候开放；教学楼的每一个楼层都张贴了读书格言；每一间教室都设置了报刊架、图书橱；每一块板报都设有读书专栏；每一个学生都拥有自己的读书成长手册……中高年级的学生可以接触历史知识读物，使他们正视历史，把握今天，展望未来；低年级的学生可以徜徉在童话故事里，让他们学会追求真善美，学会在逆境中不甘屈服。

学校还定期出版校级阅读专刊《小百灵》，极大地调动了学生阅读和写作的兴趣。此外，各个班级的板报上还轮流设置“新书介绍”、“教你一招”、“阅读快递”、“优秀读后感”等板块，这些活动使学生尝到了阅读带来的喜悦。读书节活动更是同仁小学开展课外阅读活动以来的重要节日。每年 5 月，学校都会隆重举行不同主题的读书节，历时一个月，并且安排十来个大大小小活动，如红领巾书市、阅读心语征评、写作考级、故事大王竞赛、读书小博士评选等等，让同学们

在读书中学会做人，在读书中学习创造，在读书中拓展知识，在读书中愉悦身心。

小班化教育，其本身就是一种优质资源。如何在充分利用学校本土资源、区域自然和文化资源等基础上，结合小班化教育的优质资源，进一步积极创新，形成既有本校特色，又凸现小班化教育多元化、个别化和适性化的校本课程，是小班化教育的学校更要思考和探索的重点。

第三节　国家课程的校本化实施

国家课程的校本化实施，是使国家规定的学科课程更为适性化的行为。专家认为，学校课程开发不仅包括学校在国家课程计划预留的课程空间内的完全自主的校本课程开发，同时也包括学校对国家课程"因地（学校）制宜"、"因人（学生）制宜"的创造性地改编和再开发，后者称之为"国家课程的校本化实施"。它有三方面的含义：一是使课程更适应学生的个别化发展；二是使课程更适应学校的特点，有利于课程的校本实施；三是有利于形成学校特色。追求多元化、个别化和适性化的小班，必然追求多元化、个别化和适性化的课程。课程改革给了学校一定的空间和权限，让学校能够根据自身的地域、文化、资源、特色校本化地实施国家课程。如何在小班教育中对课程加以校本化的调适，以充分发挥小班的效益，这是小班化教育学校对课程进行调适的目标所在。

小班化教育学校对课程的调适、开发、设计和规划，无疑是基于对小班化教育促进儿童生动、积极、个性化发展的良好愿景。在对学校课程改革方案进行整体谋划的过程中，小班的"课程理想"在指引着我们，校长、教师乃至外部专家为此做了大量深入的、整体的思考。但是，这样的课程理想能不能在我们的小班实现？这事关课程的实施问题。

1. 从课程开发到课程实施

前面我们已经谈到，基于小班化教育的特点和价值需求，学校需要对小班的课程进行全面的规划，对国家课程、地方课程和校本课程在本校的实施问题做一个整体的建构。这是小班学校实现课程理想的首要步骤，是小班学校课程意识觉醒的开始。

回顾一些学校对课程理解的发展轨迹，不难发现，起初，多数学校基本上是忠实地在执行着国家课程规划，认为课程开发不是学校的事情；后来，又片面认为课程开发工作就是对校本课程的开发；随着课程改革的推进，我们逐步认识到学校课程开发包含了在学校中实施的所有课程的校本化调适、改造和开发，提出了学校课程开发和学校课程规划的问题。

鉴于前述的发展轨迹，在专家的指导下，很多小班学校对本校的课程进行了很好的规划，包括对学校办学理念的探寻与确证，对课程理想的描述与解释，对校本课程和其他特色课程的设计与实施等等。一些小班学校在小班课程的规划与建构上做出了突出的成绩。

当前，我们提醒小班学校，要更为关注与研究课程实施的问题，即本校的课程改革方案，如何真正转化为教学，转化为教育实效的问题。这种研究的关注点，可能要更多地放在学校与教师在课程实施过程中的行动与变化。要知道，课程理念的提出或某一种课程的开发并不能自动促进小班和小班教师去实现“多元化、适性化、个别化”的目标。要达到目标，小班必须有所改变。

改变从何处发生？不是引用一套新教材、开发一门新课程、引入一个新项目内容那么简单。在课程实施这一方面，我们可以并应当促进的改变主要着眼于五个层面：教材的改变、组织方式的改变、角色或行为的改变、知识与理解的改变、价值的内化。从这五个层面出发，充分发挥小班优势，去思考小班的特点与需求，来寻找改变的方式，才是有效的课程实施。在本节，我们将就其中的组织方式改变、教材校本调适等层面，介绍一些具体的做法。

2. 从课程管理到课程领导

学校在课程开发、课程实施和课程评价等过程中，需要考虑众多的因素，教师、资源、课程、情境、时间等等，这些因素要通过学校的协调、组织，才能确保课程实施的质量，这就需要谈到课程管理的问题。

学校课程管理的内容比较具体，涵盖理念层面、制度层面和行为层面。主要有以下几个方面：

● 制定国家课程和地方课程的实施计划，有课程设置、课程安排和课时规定等。

● 对课程标准与质量要求的管理，主要包括对国家课程、地方课程标准的解读，确定学校培养目标和学生素质发展目标，对校本课程的开发及标准制定，确定具体的教学目标等。

● 课程编制的管理，主要包括对学校实施的所有课程的学年编制，制定教学计划，编写课程表等。

● 课程实施的组织、安排和控制的管理，主要包括对教学资料的筛选和编写，教师的配备、教学活动的组织、教学常规的制定和检查，以及校内外丰富多彩的学生活动的组织和指导等。

● 课程实施条件的管理，主要包括学校教学设施、设备等教学资源的配备、添置、保管、维修和更新，以及管理制度的建立、健全和执行、检查等。

● 课程评价的管理，包括对课程实施效益的评价，校本课程开发、教材开发与使用的评价，教学评价、教师评价、学生评价以及教学管理的评价等。

如此看来，课程管理的问题不可谓不庞杂。小班化学校如何能在庞杂的课程管理过程中，始终坚持小班化教育的课程追求，创造性地体现小班的特点？一种非常重要的思路是：小班学校的校长在课程实施中，一方面要重视课程管理的各个工作维度，坚持在课程工作的各个方面去探索适应小班的管理模式，另一方面要逐步走向课程领导。

课程领导与课程管理的不同在于，课程管理注重的是照章办事和维持日常运作，而课程领导关注的是组织的创新和变革。我们前面提到，小班化教育的学校为实现“多元化、适性化和个别化”的课程理想，充分发挥小班的课程优势，必须要“求变”，在小班化教育实验的过程中探索有效的课程实施方式。

就小班的课程领导而言，校长或者学校管理者可以在以下几方面寻求突破：

一是，发展适应小班的学校文化。例如“关注每一个”、“为了每一个孩子的发展”的教师文化、课堂文化等，如何逐步在学校确立。

二是，发展以“每一个学生获得发展”为目标的整体课程，在必要的时候，为每一个孩子设计课程。

三是，实施精致的教学。正如小班化教育专家毛放先生所言，要将对教学的整体研究视角，放到微观技术的层面，实施精耕细作的课堂教学，确保每一个孩子在课堂上获得发展的机会。

四是，再造组织结构。小班化教育给我们创造的条件不仅是班额的减少，在班额减少后带来的教师之间的工作关系、教师的配置方案、亲师协作、社区与学校协作的关系，都有待我们去探索和建构。

五是，资源和环境管理。如何为小班化教育的课程实施创造最优化的资源和环境，使得资源分配体现明朗的、优化的、关切每一个的目标，使得学校环境建设也成为小班孩子学习的支持系统，这也是非常重要的。

3. 小班化学校对课程的校本化实施例谈

综上所述，在小班的课程实施过程中，我们可以做的事情很多，不仅是开发课程的问题，更能体现小班学校教育智慧的是如何创造性地利用小班的班额优势，以及班额缩减带来的时空优势，变革课程实施方式，充分体现小班优势。

下面，我们所介绍的一些做法，基本属于组织方式变革、教材变化乃至教师角色转变等方面，比较显见，供小班化学校在实践中研讨和参考。

① 对课程设置的变革——一年级没有数学课

上海市静安区教育学院附属学校一年级学生的课程表与别的学校不同，课表上没有数学课。拿到课表，家长疑惑重重：这么重要的主课不上，空出的时间学什么？孩子在掌握知识方面落后别人怎么办？

校长张人利说，9 年前刚开始这项教改实验时，家长就有许多疑虑，但是很快便打消。以后每年新生家长都会经历这一过程，最后都表示满意。按照上海市统一的教学计划，一年级每周有 3 节数学课，但该校把这 3 节课时腾给了语文课和英语课，这样每周语文 9 节课，英语 5 节课。其他学校语文老师常常抱怨课时不够，学生课内来不及消化，只能由家长带回去再教。但是，该校一年级的语文老师上课十分从容，学生识字量比别的学校大，家长反而轻松。

一年级不上数学课，二年级要将两年数学课内容学完，来得及吗？新学期刚开学，陈静霞老师略过一年级教材"10 以内的数"等前 3 个知识点，直接教"几和第几"。老师点着电子课件问："去上海动物园参观，总共几个人排队，小丁丁排在第几个？"一个个小手举起来，"总共 4 个人排队，从左边数小丁丁排在第三个。"绝大多数学生都能轻松答对。课后陈老师介绍说："这个知识点放在一年级教，不少学生因分不清左右而出错。经过一年级的学习后，孩子语言理解能力提高了，再来学这个知识点就轻松得多。小学一二年级数学知识点并不多，通过削枝强干，一年内完全可以轻松掌握。"

那么，一年级前 3 个知识点真的可以不学吗？在该校一年级独有的每周一节"英数活动课"上可以找到答案。走进一年级(3)班，英语老师楚娟娟正带着学生一边扳指头数数，一边唱英文童谣："one little，two little，three little Indians；four little，five little，six little Indians……"纯英语教学，活泼的游戏形式，让孩子们在又唱又跳中，饶有兴趣地认识了从 1 到 10 以及十个数字的大小比较、正确排序，最基本的数学概念在"英数活动课"上已经传授。

该校此项课改实验起步于 9 年前。今年 7 月，首批从小学一年级到初中三年级连续在该校就读的学生毕业了。课改对学生学习质量有什么影响？跟踪调查显示，这些毕业生，中考语、数、外成绩优良率 100%。该校一年级不上数学必修课，引起了中央教育科学研究所的关注。他们派出课题组，专程调研该校的课程改革情况，并给予肯定，认为课程设置改革由此破题。

把数学课拿掉，这是需要很大勇气的。但是，这种勇气的背后是对儿童教育学、心理学、生理学、脑科学的研究和科学认识。同时，也是基于学校对课程实施中学校的管理主动性的一种觉醒。在小班学校课程实施中，我们是以学生为中心的，要更大程度地尊重和正视学生的学习发展规律，在这个指导思想下，可以通过课程设置的调整来激活我们的班额优势。

② 对学科课程的调适——学科整合教学

目前的课程仍以分科设立的国家课程为主，同一个地方的大班和小班的课程设置方案并没有什么不同。那么，如何在小班里对课程加以校本化的调适，使课程充分发挥小班的效益？风游寺小学自 2003 年来开展学科课程大单元整合教学的研究和实践。其做法是：集中 1～2 周时间，把同一年段不同学科教材中具有关联性甚至目标重叠的学习内容，通过梳理，使它们结合在一个共同主题下进行教学。风游寺小学认为，在小班开展整合教学，对于促进学生围绕共同任务，在更长时间、更大范围内开展合作学习，对于促进各学科教师围绕共同教学主题开展协同教学，同样具有值得期待的意义。

香港、上海、杭州的小班学校在课程实施的过程中，都有一些学校在以不同的方式尝试着整合教学的方法。这是因为整合教学在实施中需要教师更好地跨学科合作，实施协同教学，需要教师对学生的丰富的教学活动特别是课外活动进行细致的指导。正是因为教师的协作指导，学生所获得的广泛的合作时空、持久的学习情境、有趣的学习任务以及整体的认知体验将会更加精彩。

除了围绕学科的整合教学设计外，跨学科设计的综合实践活动、主题学习活动，也是我们小班学校在课程开发与设计中值得关注的方面。

③ 改变组织方式——大小课制

白云园小学认为，教育的资源有很多，其中学生是一个很重要的资源，课堂上生生互动常会给我们带来很多无法预约的精彩，智慧的教师就会及时地把握住，转化为自己的教学资源。小班的人数少，存在其中的个体接受来自伙伴的影响必然比大班的孩子少，基于这样的认识，他们在一定年级内调整综合学科的班级授课人数，弥补学生交往人数的不足，具体安排如下：

美术、体育学科：二、四、六年级两班并班上。

音乐：二、三、四、五、六年级两班并班上。

并班弥补了学生数少，个体接受群体影响少的缺憾，但为了保障每个个体接受教师个别辅导的次数不减少，每个并班上的课除了有一个主讲老师，还配备一个辅助教师，辅助老师要履行相应的职责。

学校在课程实施的过程中，需要考虑组织形式的变革问题，白云园小学的大小课制就是对小班课堂组织方式的一个很有益的尝试。虽然小班额对于促进个别化教学有着重要的意义，但不代表大班额在促进学生与更多的同伴互动上一无是处。同时，并班上课带来的人员配置上的效益也是可观的。当然，对于什么样的课可以并班上课，或者说什么样的课并班上更好，需要小班学校不断探索。

④ 教学时间的变革——长短课制

小学采用的各科教学学时(40 分钟课制)沿用了许多年。这种单一的课时制对于现在的课程结构和知识学习存在相当程度的不适应。按 40 分钟一节课，每周最多安排 28 节课，只能上国家课程，不利于提高各门课的上课频率，不利于实施需要时间较短的校本课程，等等。在课程改革过程中，为了解决这类问题，成都市龙江路小学在课程设置上进行了大胆改革，实行长短课课程计划，他们的课程设置主体是 40 分钟和 30 分钟两种，少数是 70 分钟(一长一短连堂课)、60 分钟(两短连堂)的特长课和 15 分钟、10 分钟的超短课。六个年级形成了要求一致、又有区别的长短课新课表。

比如，将“品德与社会课”由两节 40 分钟的课改为两节 30 分钟，另外 20 分钟移入晨会、综合课。这样，上课时间缩短了，但品德教学与家访、家校交流等教育活动结合起来。在各科教学过程中渗透品德教育，在晨会等时间里抓住班级中的偶发事件进行品德教育，反而提高了品德教育的实效性，使品德教育更加生活化了。一些年级的语文课，按规定是 7 节长课，共 280 分钟。现在改为 5 节长课，两节 30 分钟短课，增加了 1 节 30 分钟的书法课，总学习时间增加了 10 分钟。书法课不仅支持了字词学习，还有美育意义，各方面都得以兼顾。在三至五年级，信息技术课原来规定为 1 节 40 分钟，学生对此很不满意。从教学实际看，在这 1 节课上，不仅学不到东西，而且遗忘严重。尤其是经济困难家庭的学生，回家不能接触电脑，一周摸一次，更难以产生学习效果。因此，在四至五年级，信息技术课改为两节 30 分钟的短课连堂，保证了教师授课和学生练习的时间，安排得到了合理调整。作文课调整为一长一短两节连堂课，保证写作时间。此外，科学课的部分学时与综合实践课和劳动课做统一安排，有所改变。

音乐、美术、体育一般变成短课，增加了节数。

通观全部计划，长短课制加强了基础知识学科的学习。首先，语文和数学都按年级增加了一定数量的活动课。其次，加强了体育教学，所增加的课外课为学生锻炼提供了比较充分的时间和空间。在英语学习上，增加了早读和活动课，还开设了英语俱乐部，强化了学生的英语能力。除重新分配信息技术课的学时外，龙江路小学比教育部计划提前两年开课，为实现教与学在网上互动，为开展网络条件下的学习打下了良好的基础。

实行长短课，对学校的教学计划的编排，特别是课程表的制定是一个挑战。但是，通过长短课的组合，减少了一些学科上的低效教学时间，增加了一些学科必须的教学时间，有效地满足孩子的学习需要，克服一刀切的教学时间分配，是值得尝试的一种课程实施方式。

⑤ 人员分配的变革——包班制、双师制和辅助教师制

上海市在小班化教育实验初期，多数学校模仿国外包班制的方式，小班教师语数包班教学，每班配备 2.5 名教师，一名教师教语文和数学两科；一名教师担任班主任并教常识、生活与劳动、体育、校班（队）活动、阅览与自修、社会实践活动等综合教学（包括心理辅导）；另一名教师兼教两个班的体育与保健、美术等科。对少数师资力量强的学校而言，语数包班教学便于教师实施主题教学，便于了解掌握学生的个性。而在师资力量较弱的学校，则出现了偏科现象。

上海金苹果学校根据学生英语水平的不同，共分为七个层次，上课时，两个老师同时进课堂，这样的分层教学使不同的学生在不同的层面上得到不同的发展。

我们曾经在香港教育学院赛马会小学听了一堂英语课，该节英语课在英语教室里以小班教学来进行的。2 位教师同时实施教学，一位主教教师，一位辅助教师。辅助教师负责教学材料的准备以及学生的教学组织。我们关注到，当一个学生在听课思想不集中时，辅教教师会走到他身边去轻声提醒，保障其他学生不受影响。当另一位同学身体似乎有些不适，辅教教师立即将他送出教室处理。

随着小班化教育的实验，学校对教师的管理也有着这样或那样的尝试，包班制、双师制和辅助教师制只是其中比较典型的案例。无论是哪一种，都是为了让每一个孩子尽量受到更多的关注。但是，在课程实施过程中，我们也要关注到对人员分配的改革带来的衍生问题，如教师的角色的变化与现行的教师考评、晋级、专业发展等方面的配套政策的制定问题。

⑥ 班级组织形式的变革——特朗普制

如果我们要考虑对小班的课程实施方式——特别是组织形式，进行一个较为系统的变革，不妨参考特朗普制。特朗普制又称为"灵活的课程表"，出现于20世纪50年代的美国，由教育学教授劳伊德·特朗普创立。这种教学组织形式试图把大班上课、小班讨论和个人独立研究结合在一起，并采用灵活的时间单位代替固定划一的上课时间，以大约20分钟为计算课时的单位。

首先，进行大班上课，把两个或两个以上的平行班结合在一个稍大些的教室一起上课，讲课时应用现代化的教学手段，由出类拔萃的教师担任。课件的具体制作可以由多个教师共同完成，也可以分配任务，把课件按照单元或课时进行分工，这样可以充分利用教研活动时间进行集体备课，让年轻老师和年长老师取长补短，共同提高。

其次，是小班讨论，每个班20人左右，由教师或优秀生辅导，研究、讨论大班的授课材料。也就是把上述大班分成小班，由教师（可以是教龄比较短的教师或者实习教师）或优秀学生（绩优且口头表达能力强的学生）带领大家研究、讨论在大班上课时的授课材料，包括本课的重难点，一起进行归纳总结。也可以就某个同学提出的问题进行集体讨论、研究，加深理解。

接着，是个人独立研究。主要由学生独立作业，部分作业指定，部分作业自选，以促进学生个性的发展。指定作业一般难度不应太大，学生能够通过学习顺利完成；自选作业应富有一定的挑战性。

在教学活动中，大班课、小班课和个人独立研究穿插在一起，各自所占的教学时间为：大班上课占40%，小班讨论占20%，个人独立研究占40%。

采用特朗普制进行教学，大班上课的老师必须充分备课，负责小班的老师也要随时指导，教师仍然起着重要的作用。而且，由于学生有一定时间的自学、讨论和独立钻研，因而有利于培养学生思考问题、解决问题以及独立研究的能力，并有利于学生获得多种渠道的信息。

当然，如何让课程的实施最终实现小班化学校的课程理想，教师的理念问题，课堂的实效问题都是至关重要的。在本节讨论课程实施问题的时候，我们更多地关注到了一些显性的变革，是因为这样的变革既方便观察，又易于显现。我们要认识到，这些变化或许不是根本性的变化，但是也是有效地实施小班课程的重要方面。变化首先要发生，然后才是实质性的嬗变。

对课程内容和课程实施方式进行调适以适应小班的需要，一定会唤醒每一个孩子潜能，激活每一个孩子的学习热情，使他们的学习更有效。

第四章　小班化教育的课堂教学

小班化课堂教学从表面上看只是在学生人数减少情况下开展起来的课堂教学活动，而实质上则是在缩减班级学生规模基础上，通过对包括教学内容、教学方法、教学组织形式、教学实施过程等方面的变革而形成的班级课堂教学活动形式。小班化课堂教学较大班教学呈现出了显著的特点：

1. 教育服务时间、空间的增加与扩大，使学生受教育的平均时间明显增加，学生受教育的平均空间显著增大。

2. 小班化课堂教学规模小、学生角色参与率高，教学针对性增强。

3. 小班化课堂教学的个别化和个性化教学增强。

4. 小班化课堂教学的师生、生生互动明显增强。

小班化课堂教学因以上特点，在实施过程中将更充分地体现教学的民主性、全面性、主体性，据此小班教师应从自身的备课、施教、学生的学习三方面开始新的变革。

第一节　小班化教学教师的备课

教师备课是课堂教学的起点与基础，是进行有效教学、提高教学质量的可靠保证。研究备课是教师的基本功，是教师向课程输入新鲜血液，展示教师聪明才智的重要手段，更是促进教师专业发展的必要途径。作为小班教师，要充分把握小班化教学的优势，精心设计教学环节，努力实现小班课堂教学的最优化。

一、小班化教师备课的基本原则

1. 尊重主体，提倡自主

学生是独立的学习主体。教师在进行教学设计时应充分考虑学生的主体地位，鼓励学生积极参与学习活动，给予学生学习的机会与权力。在教学设计中允许学生选择学习内容、方法、时间、伙伴等，使学生的学习自主性更强。

2. 面向全体，实现均等

小班化课堂教学是对每位学生实行等距离教学。教师在教学设计上应力求面向全体学生，给予每位学生平等参与、平等共享资源的教学，让每位学生各得其所，在原有基础上得到提高。

3. 增强交互，充分教学

小班教师在教学设计中，应充分利用小班人数少的优势，增强学生学习的交互，给予学生提问、质疑、讨论的机会，有针对性地开展个性化教学和个别辅导，让学生的学习活动充分开展，提高学生学习的效率。

4. 利用资源，强调综合

教学资源要综合，学生的、家长的、社区的、社会的都应有效挖掘与利用；教学设计要综合，教学目标、内容、方法协调一致；学科间要综合，以提高学生对知识的把握和运用。

二、小班教师备课的具体要求

小班教师在备课中不仅要重视研究教材，也要研究师生教与学的方式；不仅要重视教学目标的达成，也要关注学生个体学习的个别差异；不仅要融入先进的教育教学理念，也要考虑到小班化教育的时空优势。具体说来，小班化教学中教师的备课要在这几方面有所改变：

目标多元、达标分层：目标的设定既要考虑学科教学的三维目标，即知识与技能、过程与方法、情感态度的达成，也要考虑学生终身学习、就业发展的能力需求与习惯培养。另外，由于学生个体间存在差异，在目标的达成上又不能一刀切、齐步走，要依据学生的差异实施分层达标。

尊重主体、关注个体：教学设计要改变原来学生被动接受的学习方式，凸显学生的主体地位，让学生自主、合作、探索学习，但也要考虑每个个体独特的个性，为每个学生设计适性的学习内容和学习方式。

预设开放、灵动生成：无论是学习的内容，还是学习的方式，教师要改变原有教条、僵化的设计方案，给教材拓展的空间，给学生扩展的空间，给课堂灵动生成的空间。

三、小班教师备课的实施策略

1. 充分调查学情，了解全体学生的差异

世界上的事物大至一颗星球，小至一粒尘埃，都是独一无二的，作为具有各种复杂的自然关系和社会关系总和的人，更是千差万别了。学生在学习的领域里存在的差异更是毋庸置疑。通过调查分析，学生的学习差异大约表现为以下几个方面：(1) 水平的差异。以语文学习为例，学生在识字、写字、口语交际、阅读与写作等领域都存在着个体间的差异及个体内能力发展不均衡的差异。(2) 兴趣的差异。不同的学生喜欢不同的学习内容，学习兴趣点也各不相同。(3) 学习风格的差异。有的学生倾向于独立学习，有的学生喜欢合作学习；有些学生通过口耳相传学习效果最佳，而有些学生则依赖视觉途径的信息传递方式，还有些学生需要触觉或动觉信息才能学得更好。这就要求教师在教学设计之前充分了解学生的不同特点，仔细分析差异，以便在备课中适时考虑分组、分层，采用不同的教学设计。

2. 教学目标分层，满足全体学生的需求

过去我们的教学，总是根据班上的平均水平制定全班统一的教学目标，这个平均水平是虚的，结果造成优等生吃不饱，后进生跟不上，中等生也失去上进心。小班教学人数的减少为我们关注全体学生的共同发展，重视个别学生的个性化发展提供了良好的环境。在小班化教学备课中我们应该根据不同学生的需要为他们量身定做分层化的教学目标，使优等生得到更好的发展，后进生有所进步，中等生得以提高。让不同层次的学生在每一节课中都有所获，使他们热爱学习，提高学习的积极性。

教学目标的分层应从以下几方面考虑：(1) 年段目标的分层。即对学科教学的课程标准要求进行系统分析，按年段进行分层梳理，制定阶段性策略。(2) 课时目标分层。主要是针对不同学力层次的学生，将目标细化为 A、B、C 三种层次目标或"基础目标"、"发展目标"、"提高目标"。(3) 环节目标分层。除了年段目标的分层、课时目标分层以外，对每一个教学的环节进行设计时，也应该分层预设，才能确保分层备课得以具体实施。

在具体的实施过程中，要注意：一要保证全体学生基础目标的达标，可采用异步达标、延时达标的方式辅助；二要在基础目标达标的基础上，让每个学生得到不同层次的提高。

3. 教学设计精细，关注全体学生的精彩

小班化的教学设计与传统教学设计有什么显著的区别？精致在哪里？如何以具有小班特色的教学设计为小班实现精彩的课堂教学提供有力的支撑？

(1) 考虑教学组织的空间形式

教学组织的空间形式主要是指在课堂教学过程中，师生互动的空间位置，包括学生的座位形式、小组活动方式、教师教学活动轨迹和巡视行走路线等。现代教学论的研究已越来越深入到微观的教学领域，而且非常注重微观细节和技术，因此，它把教学空间中师生互动的位移变化，也作为研究教学组织的一个重要因素。小班化教育的课堂教学是在现代教学论指导下的一种实践，它非常强调在教学过程中学生的中心地位，要求教学组织和媒体运作必须体现"以学生发展为本"。因此教师在教学设计中应充分把握小班教学环境的优势，根据学科内容的不同特点，选择不同的教学空间组织形式，让学生在最优化的学习环境中达到最佳学习效果。

(2) 体现对每一个学生的关注

小班化教育的备课是面向全体学生的,是关注到每一个个体的。在备课中,教师的心中要有每一个学生的位置。既要备共性的要求,又要备个性的要求。即在教案设计时,将一个个活生生的孩子放在心上。教学的每一个步骤、每一个环节,都有一个一个层次的或一个一个孩子的脸庞在那里闪现。在教学过程中,怎样让有些学生吃得更好,怎样让有些学生跳一跳能吃得饱,又怎样让有些学生经过低起点、小坡度、多循环的点拨和训练,也能够得到进步,应该成为贯穿于教师备课的主线。

在小班教学设计中体现对每一个学生的关注概括起来可以理解为三点:第一,教师心目中要有班级全体学生、每个小组学生、分层学生群体以及每个学生个体的概念;第二,教学内容与要求必须是共性化的、分层化的和个性化的有机统一;第三,能够在教师的教学设计中寻找到全班所有同学的姓名。(如果一堂课的教案中只出现几个或十几个学生的姓名,那么,看了几堂课的教案,就应该有班级所有同学的姓名。)

(3) 运用多种教学策略

《新课程标准》倡导"教科书应该是教学活动展开的文本和载体"。学生通过对教材的学习,达到其中所蕴涵的知识、过程和方法、情感态度价值观的教学目标。因此,小班教师要认真钻研教材,个性化地理解和使用教材,积极开发课程资源,灵活运用多种教学策略。例如参与教学策略、合作教学策略、分层教学策略、兴趣教学策略、自主教学策略、活动教学策略、互动教学策略、创意教学策略、评价教学策略、多媒体教学策略等。引导学生在实践中学习,在互动中学习,在合作中学习,提升学生的学习能力。

4. 设计开放适性化作业

作业练习的设置,是巩固课堂教学效果的延续,也是教学设计的重要环节。在小班备课中,教师要设计既符合学科教学特点和需要,又满足学生不同学习需求的开放而适性化的作业。

具体可从三方面考虑:(1) 针对性强。作业的设计针对学科教学、学生生理心理特点和个别差异，有利于每个学生学习目标的达成。(2) 层次分明。考虑学生在学习能力、速度、兴趣等方面的差异，设计学生在作业的难度、速度及形式上有所选择的适性化的作业。(3) 合作开放。让作业成为课程动态生长性的延伸，成为学生自我建构知识和人生的生活过程，成为倡导学生积极探索、获取信息、创新知识和培养能力的有效途径。

四、小班化教师优秀备课案例推荐

案例 1

课题：苏教版国标本语文第六册第 21 课《槐乡五月》(第二课时)

一、教学目标

C.（基础目标）

认识本课生字，能联系课文，理解由生字组成的词语。正确、流利、有感情地朗读课文。在教师的指导下逐步感受槐乡五月槐花盛开时的美丽景色和槐乡孩子的幸福、快乐。了解课文描写景物的方法。

B.（发展目标）

掌握本课生字，能联系课文，理解由生字组成的词语。正确、流利、有感情地朗读课文，能借助提示背诵课文第一段。学习抓住课文关键语句理解句子的方法，逐步感受槐乡五月槐花盛开时的美丽景色和槐乡孩子的幸福、快乐。学习文章描写景物的方法，尝试描写景物。

A.（提高目标）

掌握本课生字，能联系课文，理解由生字组成的词语。正确、流利、有感情地朗读课文，能独立背诵课文第一段。能运用抓住课文关键语句理解句子的方法，感受槐乡五月槐花盛开时的美丽景色和槐乡孩子的幸福、快乐。能运用文章描写景物的方法练习描写景物。

二、教学重难点

理解课文内容，大多数学生能感受槐乡五月槐花盛开时的美丽景色和槐乡孩子的幸福、快乐。

三、教学准备：教学课件

四、教学组织形式：小组合作学习

分组方式：异质分组，每组 4 人。①号学生理解能力强，思维活跃，有较强的组织能力，综合素质高。②③号学生有一定的学习基础和能力。④号学生学习基础较差，学习能力较弱。

五、教学过程：

一、复习导入

1. 出示词语，各小组可以选择自己喜欢的方式读词（组内开火车读、小组齐读）。

2. 抽读词语（④号学生完成）。

二、赏读课文

（一）赏槐花美、闻槐花香

下面我们一起随着课文走进槐乡，看看槐乡给你留下了什么样的印象？

1. 自主读一读课文第一自然段，读后抓住课文中的词语、句子理解。

2. 小组学习：读课文、说感受。

分层要求：

④号学生能找相关的句子读一读（教师个别辅导：周×、陈××、李××……）

②③号学生能抓关键词句说一说

①号学生围绕他人回答补充、追问

3. 集体交流。以小组协作的形式交流，其他组补充：

（1）感受槐花美

五月，洋槐开花了。来到槐乡，放眼望去，你看到了什么？你有什么感受呢？哪个小组来汇报，其他的同学补充感受。

作者用生动形象的比喻从不同的角度向我们展示了槐花的美。请各小组③号同学齐读，再请①号学生齐读。

（2）体味槐花的香

欣赏了槐花的美，你闻到了什么呢？说说你的感受。

（3）小结：五月，我们来到了槐乡，看到了槐花盛开的美景，听到了槐花树下的欢声笑语，闻到了沁人心脾的槐花香气。三人配乐朗读。（汪、岳、陈）

（4）背诵第一段：③④号学生可看提示背，其他同学尝试独立背诵。

（二）感受"槐乡孩子的快乐"

引读：五月，是槐花飘香的季节，槐乡的孩子生活得怎么样呢？

1. 读第二、三小节，边读边想象。

2. 组内交流你的读书感受（开火车讲，别人讲过的不再讲）。

3. 集体交流：（请③④号学生说，请①②号学生补充。）

三、小结全文

刚才，我们随着课文一起畅游了槐乡，和槐乡的孩子做了一回亲密的朋友。你觉得五月的槐乡怎么样啊？

课文有一句话把同学们的感受表达了出来。这就是课文的中心句，全文就是围绕这句话来写的。（齐读）

四、拓展延伸

课文学到这里，你也来打个比方，赞美一下槐乡。

五月的槐乡像一幅活的画……

五月的槐乡似……

五月的槐乡犹如……

五、作业设计

1. 练习有感情地背诵课文。（第×节必背，能背全文得"☆"。）

2. 充分地感受"五月，是槐花飘香的季节，是槐乡孩子的季节"，再把你的感受写下来。（可以用自己的话来写，也可以用书中的语言描述。）

重点段教学呈现：

过程目标	教师活动	学生活动
……	……	……
找出第一段重点句子	1. 默读第二段，思考：五月，洋槐开花了。来到槐乡，放眼望去，你看到了什么？你有什么感受呢？	1. 默读； 2. 用"——"划句子，圈出关键词句； 3. 教师辅导：夏××、窦××、张××……
分层读懂重点句意	2. 小组学习重点句。 分层要求： (1) 围绕关键词，自问自答； (2) 联系上下文思考回答； (3) 在老师和同学帮助下回答(个别辅导：周××、陈××、李××……) 小组学习学法：读、找、圈、议、悟。 3. 全班交流：(随学生回答出示) 出示："槐乡的山山洼洼……白茫茫。" 出示："有的槐花……小辫儿。" 出示："中午桌上就摆出来香喷喷的槐花饭……浸在香海中了。" 出示："嗡嗡嗡……满足"。	小组学习。 学法：读——找——圈——议——悟。 1. 以小组形式交流； 2. 各小组互相补充。
有感情地朗读	4. 教师指导朗读，让学生范读、互相借鉴。 5. 背诵课文。	1. 3号齐读；1号齐读 2. 3人示范朗读(汪、岳、陈) 3. 3号、4号可看提示背
……	……	……

(案例设计者：昆仑路小学佘小燕)

案例 2

二年级《3 的乘法口诀练习》的局部备课

［提示：二年级某班有学生 27 人，根据实际程度，老师将学生们分为 4 个学习小组，第一小组有 8 人，属于程度较高的 A 类同学；第二、四小组各有 6 人，属于程度中等的 B 类同学；第三小组有 7 人，属于程度较低的 C 类同学。］

（一）（略）

（二）练习训练

1. 基本练习：

a. 完整说出 3 的乘法口诀（李明、秦裕安、张超平）；

b. 一对一练习 3 的乘法口诀（重点：第二和第四小组）；

c. 口算训练 1：3×3=（　）（琼）、4×3=（　）（楚）、（　）×3=27（喻）、（　）×（　）=30（志祥）

口算训练 2：同桌每对同学用学具对练（重点关照：琼琪、超平、鸿安、裘等 5 人）

2. 发散练习：

a. 填出括号内的数（前两个括号请超平、琼填；后两个自愿）

0 3 6（　）　　12 15　　（　）21 24 27　　（　）（　）

b. 填充

（　）×（　）

（　）×（　）

（　）×（　）=18

（　）×（　）

（　）×（　）

（　）×（　）

c. 看图列式，有几种列几种

（b 和 c 的练习，A 类同学要求 6 题全部列出；B 类同学要求列出 3 题以上；C 类同学要能独立填出 3 题；其余个别辅导）

（选自毛放《小班化教育》）

案例 3

杭州某小学教师备课记录表

<table>
<tr><td colspan="4">课　　题</td><td colspan="4"></td></tr>
<tr><td rowspan="2">学生个体情况分析</td><td colspan="3">了解学生情况的方法和内容</td><td colspan="4"></td></tr>
<tr><td colspan="3">具体分析（旧知、新知掌握等）</td><td colspan="4"></td></tr>
<tr><td rowspan="2">教学目标</td><td colspan="3">总体目标</td><td colspan="4"></td></tr>
<tr><td colspan="3">上限
下限</td><td colspan="4"></td></tr>
<tr><td rowspan="4">教学环境</td><td colspan="3">课桌椅摆放</td><td colspan="4"></td></tr>
<tr><td rowspan="2">媒体</td><td colspan="2">学习材料</td><td colspan="4"></td></tr>
<tr><td colspan="2">课件</td><td colspan="4"></td></tr>
<tr><td>场景布置</td><td colspan="6"></td></tr>
<tr><td colspan="8">教学组织形式</td></tr>
<tr><td colspan="2">个体学习</td><td colspan="2">小组学习</td><td colspan="2">组际交流</td><td colspan="2">全班交流</td></tr>
<tr><td>内容</td><td>目标</td><td>内容</td><td>目标</td><td>内容</td><td>目标</td><td>内容</td><td>目标</td></tr>
<tr><td></td><td></td><td></td><td></td><td></td><td></td><td></td><td></td></tr>
<tr><td colspan="2">个别指导（对象、内容、方法）</td><td colspan="6"></td></tr>
<tr><td colspan="2">教学流程（多方案）</td><td colspan="6"></td></tr>
<tr><td colspan="2">分层作业设计</td><td colspan="2">A</td><td colspan="2">B</td><td colspan="2">C</td></tr>
<tr><td colspan="2">教学设计完成情况</td><td colspan="6"></td></tr>
<tr><td colspan="2">课后反思</td><td colspan="6"></td></tr>
</table>

第二节　小班化课堂的施教策略

小班化教学的出发点是以“学生主体性发展”为根本目标，在小班化教育的课堂教学中，教师要营造宽松、和谐的教育教学氛围，尊重学生主体，实行多向互动，实施差异教学，优化各种教学策略，让每一个学生得到充分而优质的发展。

一、营造和谐氛围

> 成功的教育依赖于一种真诚的理解和信任的师生关系，依赖于一种和谐的安全的课堂氛围。
>
> ——罗杰斯

课堂氛围主要是指课堂里某种占优势的态度与情感的综合表现，它好比“组织人格”。它的情绪特征应该是主流的，理想的课堂氛围是一种良好、稳定、心理安全、互动流畅的师生情绪环境；同时课堂氛围也有其物理特征，舒适的教室环境、别致的座位摆放、新颖的学习媒介等等，都会对课堂氛围的建立产生影响。

营造宽松和谐的课堂氛围，是现代课堂教学“以人为本”的学生观的具体表现。心理学研究表明：良好的氛围可以使人思维敏捷，想象丰富，激情勃发，能有效地调动智力因素，释放学习潜能，激发创造力，促进良好人际关系的形成。

小班化教育是一种更有条件关注到人本差异性的教育，营造“恰似自然流淌”的轻松和谐的氛围，把兴趣、自主、深层多维互动作为其关键要素来体现，是小班化课堂教学必然的追求。

基于上述的理解以及对小班实践过程的追溯和反思，我们认为创设和谐氛围可以从以下几方面着手：

（一）教师的角色内涵

小班化教育由于师生之间的物理距离的拉近，师生互动频率的增加，师生间的“人际活动”会明显地增多，师生间的“人际关系”就显得更加重要。宽松和谐的课堂氛围，亲切友好的师生关系，有助于互动学习的顺畅展开，这种氛围的作用力会明显强于大班。

课堂氛围的主导者是老师，教师该如何审视自己的角色内涵呢？

1. 教师的身份——朋友

案例

长阳小学一(1)班田娜老师在教学《10以内数的认识》时，有这样一个有意思的环节：有8个学生站在教室的中央，田老师也站在靠近学生的地方，她问：小朋友们，教室的中间有几个人啊？

小朋友们争着回答：有8个人。

田老师微笑着又问：就8个人吗？

“是的！”学生的回答迅速而干脆。

田老师微笑着，装作不高兴的样子，拉长了语调：“还有一个姐姐呢？”

“噢，9个，还有田老师，呵呵。”

在后面小组合作的时候，第五小组的组长邀请田老师加入他们组做组员，因为他们组有一名同学生病了，田老师愉快地答应了，并对组长说：“盈盈，我和晓晓坐一起吧。”

（南京市长阳小学　田娜老师教学实录）

【思考】

学生和老师在人格上是平等的。“闻道有先后，术业有专攻，如是而已。”田老师以一个姐姐的身份，一个组员的身份，一个朋友的身份出现在学生的面前，并称呼学生的小名，显得很亲切，一下拉近了与学生心灵之间的距离，这样的学习氛围怎能不轻松，怎能不和谐呢？

2. 教师的表情——微笑

案例

著名的小学数学特级教师黄爱华应邀在浙江省绍兴市借班上课，课题是《百分数的意义和读写法》，为了联系学生的生活实际创设问题情境，黄老师和学生做了这样的课前谈话：

黄（和蔼地微笑着）：同学们，黄老师很高兴来到著名的文化古城绍兴，给绍兴的小朋友们上课。听说你们绍兴有很多土特产，同学们能不能介绍几种，让黄老师下课后，带给深圳的老师尝尝。

学生们非常踊跃，纷纷举起了小手。（看得出黄老师很高兴，估计学生能说出绍兴黄酒，进而，就能顺理成章引出百分数。）黄老师随即请了一位同学回答。

生：黄老师，我建议你带些我们绍兴的土特产——臭豆腐回去，因为我们绍兴的臭豆腐闻起来臭，吃起来香。

（出乎黄老师的意料！）

黄（显出很高兴的样子）：呵呵，这位同学说得真好，不仅说出了买什么土特产，还说出了为什么买。还有那位同学要推荐？

第二位同学发言了。

生：黄老师，我建议你买些霉干菜，当年周恩来总理在绍兴就很喜欢吃。

（又是意料之外！黄老师该着急了吧？）

黄老师没有流露出一丝的不悦和焦躁，点点头，笑得很灿烂。

这时第三个学生发言了。

生：黄老师，我建议你带几瓶绍兴黄酒回去，因为我们的绍兴黄酒驰名中外。

黄（笑着问）：绍兴黄酒厉不厉害？

生：不厉害。

黄：你怎么知道的？

生：酒瓶上有一张标签，标签上写的。

黄（温和地笑着）：标签上写着“不厉害”三个字？

同学们都笑了。

生：标签上写着一个百分之多少的，一看就知道这种酒不厉害。

……

自始至终，黄老师的脸上都洋溢着春风般的笑容。

（特级教师　黄爱华　课堂教学实录）

【思考】

试想一下，黄老师是一位“新老师”，如果急了，并把这种焦急流露在脸上，那些“新同学”能不觉察到吗？本来就陌生的关系就会一下子拉得更远，宽松、和谐、自由的氛围便会瞬间消失。

“亲其师，信其道”。学生只有从心理上亲近教师，教学才能与之和谐共振，达到事半功倍的效果。要想与学生亲近，教师第一步要做的就是给学生一个温暖的信号——那就是真诚的微笑。

心理学研究表明：情绪是可以感染的、传递的。让微笑映入学生的脑海，会营造一种积极美好的情感场。心理的安全与自由，能激发学生的好奇心和想象力，有效促进认知活动的深入展开。

3. 教师的眼光——赏识

案例

著名特级教师孙双金执教古诗欣赏《走近李白》，有一精彩的片断——

《望庐山瀑布》四句皆绝，因此对学生而言，究竟最钟情于哪一句完全拥有个性化的选择权。于是，在接下来的教学中，孙老师就充分放手。

孙：还有哪些地方可以看出李白的诗写得与众不同呢？

生：“疑是银河落九天”，他把庐山瀑布比作银河，一般的诗人是想不到的。

孙：我们都想不到，只有李白想得到。因此他是诗仙！这是怎样的想像呢？

生：丰富的想像。（师插：丰富的想像，一般人也能做到，不能成仙。）

生：夸张的想像。（师插：夸张就夸张，不能说是夸张的想像。）

生：超凡的想像。

孙：超凡的想像，哎，超越了凡人。我本来想用一个词：神奇的想像。既然你们说超凡，那就听你们的，我用超凡。（板书：超凡）

孙：还有哪里写得好呢？再想想看。

生：我觉得"遥看瀑布挂前川"中的"挂"用得好。一般的诗人不会用"挂"，这也是李白的一个神奇的想像。

孙：你有一双慧眼，看见了那个"挂"字，把瀑布挂起来啦！还有哪里写得好呢？

生：我觉得"飞流直下三千尺"中的"飞流直下"写得好，"飞流"写出了瀑布来势汹涌，"直下"写出了山特别险峻。

孙：你欣赏这句前面的，还有人欣赏后面的吗？

生：我喜欢那个"三千尺"。因为这句中，李白用了夸张的修辞手法。

孙：说得好啊！（板书：夸张）李白的夸张是一种怎样的夸张呢？

生：极度的夸张。

孙：是啊，这是极度的夸张。（板书：极度。）刚才是超凡的想像，现在是极度的夸张，这就是诗仙。谁来诵一诵这首诗，带我们入仙境。（一生吟诵。）

孙：你的嗓音真好听，已经把我带到半空中了。你来诵。（一生吟诵。）

孙：到了八重天，离九重天还稍有点路。你们一起来诵，把我带到九重天。（生齐诵。）

孙：好的，我在九重天上了。（生大笑，鼓掌。）

（特级教师 孙双金 课堂教学实录）

【思考】

孙双金老师说：我的口袋里总是揣满了"高帽子"走进课堂。因为我知道赏识能使人愉悦，赏识能使人快活，赏识能激发人的潜能，赏识能使人心智开启，灵感涌动。

赏识是对对方的一种高层次的肯定。在赏识的过程中，最容易实现师生心灵和精神上的相通相融。

“OK”、“你的回答很精彩”、“你的想法很有新意”、“从你的发言中我们得到了很多启发”……这些话应该成为小班化课堂的高频用语。注重多元评价，教师欣赏的眼光和激励的话语应该成为宽松和谐的课堂氛围里最滋润的元素。

4. 教师的胸襟——宽容

案例

体育课李老师在课堂上深谙“宽容”之道。在他讲述一个技术动作的时候，面对开小差的同学，他笑着插上一句“有人已经跃跃欲试了，等我把它讲完好吗?”，或者直接微笑着叫出这位同学让其给大家示范一下。在进行篮球练习时，同学之间有了摩擦要动粗时，他会幽默地说：“今天是篮球课不是武术课，倘若要练武的话我以后再教，好吗?”

【思考】

“人无完人”，哪个人在成长的过程中，能不犯错误呢？何况是小孩子。在我们的教学过程中，随时都有可能碰到一些学生的“闪失”，我们应该敞开胸怀，学会宽容，保全学生的面子，给学生一个自我反思的机会，给学生一个自我提高的空间。

5. 教师的姿态——等待

案例

一位老师执教《只拣儿童多处行》一课，当学生第一次初读感知课文时，老师提出一个学习要求：“自由读一读课文，要求字字入目，句句入心，读准字音，记一记生字字形。”

初看这一学习要求跟我们平时没什么差别，但由于这篇文章比较长，读一遍就要 4 分多钟，这在公开课上能行吗？这老师会不会也是逢场作戏，做一做形式而已呢？

时间一分一秒地过去了，三分钟、四分钟、五分钟，学生们还在自由投入地读着，书声琅琅。

这节课完得成教学任务吗？

再看看这位上课的老师，面带微笑，不紧不慢地在孩子间踱着步，尽情欣赏着孩子们美妙的读书声，还不时地低下头来与个别学生交流一下。

学生自由初读后又进行交流读，还安排了同桌合作分段读，提醒大家易读错的句子，并让学生范读。前前后后在初读课文时用了十几分钟。

当时有一位学生普通话不是很标准，再加上当时心情紧张，在读“四肢”这个词语时，他连续读了 5 遍还是读错了。这位老师一直没有放弃，他耐心地给予纠正、示范、引导、鼓励，到第 6 遍时这位学生才读准，听着孩子那标准的发音，看着孩子那红扑扑的脸，欣赏着孩子成功的喜悦，全场响起了热烈的掌声。

【思考】

等待，是对学生差异性的理解与尊重。小班化课堂上，老师更应具有等待的意识。在学生思维的卡壳处，在阅读感悟处，在体验探究处……我们不能“急行军”，要“耐得住寂寞”，静静地等待。在等待中，学生会更添一份思维的深度，更添一份成功的把握，更添一份对老师的喜爱。

（二）休闲轻松的课中活动

课中游戏的主要功能指向调节和放松，是对学生学习心理的关注。心理学的研究表明，小学生的注意保持的时间较短，对有效识记的意志领域的支持不强。因此，课中适时地通过游戏的方式进行调节，是一种策略，让学生“短暂的不注意”，是为了有效地促进后面认知活动的展开。

有欧美学者建议上小课，时间仅为十分钟左右，因为小学生有效的注意，能够集中心智的时间也就十分钟左右。这正好吻合了在小班教学中设计游戏的基本想法。

在小班开展什么样的游戏切实可行？什么时候开展？开展多长时间为宜？

也许，这是一个需要逐步完善思考的话题。提供一些做法，供大家借鉴和思考。

根据需要，小班中开展的课中游戏可以分为休息型游戏和玩中学型游戏。

1. 休息型游戏：适宜在低年级开展，可以听听音乐，组织律动，也可以找伙伴聊天，眺望远方，时间在2～3分钟。这样可以让学生放松，有利于形成和谐的师生关系，有利于营造宽松和谐的学习氛围。通常在课中20分钟左右开展。

案例

（1）课中操：预备时，两手握紧拳头，平放在胸前。前面四拍时，拳头上抬，再放下为一拍，一、二、三、四，拍拍小手。二、二、三、四，伸伸拳头。三、二、三、四，摇摇脑袋。四、二、三、四，快快坐好。

（2）动作儿歌：小白兔，蹦蹦跳（小兔跳）；小鸭子，嘎嘎叫（双手放前作鸭子嘴巴状）；小金鱼，游啊游（双手作小鱼游状，或者在腰部摆动）；小朋友，拍拍手（拍手）；安安静静齐坐好！（放好手，坐好）

（3）幸福拍手歌：如果感到幸福你就拍拍手，如果感到幸福你就拍拍手，如果感到幸福就快快拍拍手呀，让我们大家一齐拍拍手。（边唱边拍手）

如果感到幸福你就跺跺脚，如果感到幸福你就跺跺脚，如果感到幸福就快快跺跺脚呀，让我们大家一齐跺跺脚。（边唱边跺脚）

（4）互动操：“请你跟我这样做，我就跟你这样做”，“捏拢放开捏拢放开，小手拍一拍”，“你拍一我拍一”……（学生可以自编歌诀）

【思考】

老师根据学生的生理、心理特点，根据课程的实际需要，选择适合的课中活动，让学生放松一下，既体现了对学生生命体的尊重，也可以唤起学生的“二次注意”，从而提高学习的效率。

2. 玩中学型游戏：适宜在各年级开展。它是围绕学习内容而设计的课中游戏。目的是让学生在放松的同时又不偏离知识方向，有所收获。可以设计操作、猜谜、实践、扮演、竞赛、开火车、找朋友等活动，时间视教学内容而定。

案例

(1) 看谁反应快：浙江省缙云县紫薇小学吴利强老师在执教人教版《品德与生活》一年级下册第三单元《我有一双明亮的眼睛》一课时，设计了游戏——看谁反应快，要求学生听到教师口令"1"，就闭左眼，睁右眼；听到口令"2"就闭右眼，睁左眼。(反复进行)

"看谁反应快"一方面达到了"玩"的目的，同时在游戏的过程中学生也掌握了一种保护眼睛的方法，锻炼双眼的协调能力，提高了反应力。

(2) 找朋友：一年级的某教师在教学《20以内进位加时》，借助小班人少的资源优势，设计了"找朋友"的游戏来巩固20以内两数之和的练习。游戏前，她让每位学生戴上0～20以内的数字卡，确认自己在"数学王国"中的身份，自己则扮演是"数学王国"中的"精灵"。请学生根据"精灵"的提示找到自己的朋友。

在欢快的"找朋友"的歌声中，"精灵"宣布卡片上的数合起来等于20的便是好朋友。学生们立即启动，很快都找到了好朋友。接着，"精灵"又宣布卡片上的数合起来等于18的是好朋友，很快大家又找到了新朋友。

在游戏中，学生既巩固了数学知识，又体验了和老师一起扮演角色，一起游戏的和谐与快乐。

(3) 蚂蚁搬粮食：某老师在进行一年级语文《蚂蚁和蝈蝈》精读环节教学时，设计了情景体验游戏——蚂蚁搬粮食。

学生在音乐背景中充当小蚂蚁，玩起蚂蚁搬粮食的游戏。在游戏中学生将理解蚂蚁搬粮食时的一系列动作融入课中操，让学生在轻松的活动中，无意地、创造性地完成了教学任务。

小蚂蚁们，爱劳动；快来快来，搬青虫。(快来快来，搬青虫。)

大青虫啊，一起拉哟，(吭唷，吭唷，吭唷吭；吭唷，吭唷，吭唷吭)

加把劲儿，用力推呀，(吭唷，吭唷，吭唷吭；吭唷，吭唷，吭唷吭)

推不动啦，快来抬啊，(吭唷，吭唷，吭唷吭；吭唷，吭唷，吭唷吭)

抬完青虫，背豆豆罗，（吭唷，吭唷，吭唷吭；吭唷，吭唷，吭唷吭）

小蚂蚁们，爱劳动，（学生表演劳动的定位动作）

来来去去忙做工，暖暖和和过一冬。（过一冬！）

教师通过角色体验读的情境创设，为学生的多维互动搭建起一个平台，使他们从多角度与文本展开对话，从而很好地感悟文本。

（4）“碰地雷”：在英语单词教学中，学生不太愿意跟读。老师可以在一个词下放一个“地雷”，埋下“地雷”的词，是不能读的，如果学生不小心跟读，就算是踩到地雷了。大家一起数“one，two，three，bomb”，并用爆炸的手势砸向读错的同学！

在英语教学中，穿插这样的游戏活动，就会很有趣，气氛也好，学生在玩中学得也扎实！

【思考】

一段与知识相链接的活动，就可以使课堂顿时增加很多情趣，使学生在自然放松的状态中，无意注意得到了加强，这既强化了学习内容，又使学生获得了深刻的体验，感受到了自由、快乐与自信。

（三）灵活有趣的座位摆放

课桌的摆放是一个被人们长期忽视的课堂环境因素，小班化教育为教室课桌变换提供了空间。小班人数的减少，空间的增大，座位可以从大班教学采用的单一的秧田型改为灵活多变的形式，如马鞍型、周边型、圆桌型等。座位形式的改变，不仅加强了师生间、学生间的交往密度，缩短了人与人之间的心理距离，增进了彼此的情感交流，也提高了学生个体的活动频率，在相同的教学时间内所提供的发言机会猛增了几倍，这样每一个学生都可以畅所欲言，连那些胆小的、性格内向的、平时少言寡语的学生也有了开口的机会。

1. 自主选择座位,更有利于学生的合作学习

案例

在南京市长阳小学一(2)班美术课《好大的一幅画》课前,同学们一走进教室,就看到了教室的座位改变了模样。有四人坐的“书形”、五人坐的“波浪型”、六人坐的“弧形”等。蒋明烜老师对同学们说:“这节课,需要大家相互配合,共同创作完成‘好大的一幅画’。首先请大家自由选择小伙伴,组成一个4~6人的创作小组,到你喜欢的座位上坐下来。”同学们开心地邀请自己的伙伴,手拉手走到自己心仪的座位上。

【思考】

学生自己挑座位,体现了对学生尊严和兴趣的尊重,容易赢得学生情感上对老师和课堂的认同与支持,学生会倍加珍惜这样的机会,增进彼此间的友谊,提高课堂合作学习的快乐指数。

学生自己挑座位,看似空间形式的选择,实质上是情感纽带的建立,可以很好地创建一个宽松和谐的课堂学习情绪场。

2. 留张教师座位,更有利于教师的角色转换

案例

二年级品德与生活课《春天在哪里》

在长阳小学二(5)班的教室里,学生们团团围坐在“圆桌”旁,讲台上并没有看到老师,老师呢?仔细一瞧,林敏老师坐在学生的中间。

“春天在哪里?春天在燕子的翅膀下。”

“春天在哪里?春天在嫩嫩的柳枝头。”

“春天在哪里?春天在小草的新芽里,在春雨的沙沙声中。”

“不,春天在我们的相机里。”

同学们争着发言,一个接着一个,林老师不住地点头微笑。这个“大同学”这时也发言了:“春天啊,其实就在妈妈的歌谣里,在妈妈的怀抱里。”

“不，老师，春天在我们的眼里，在我们的心里。”

讨论就这样如流水般地流淌着，老师此刻也只是一个学生，同学们贴得很近，目光的交流，不，心灵的交流就在瞬间融合。

【思考】

老师坐在学生中间。从学生角度来看，老师不再高高在上、需仰视之，心理上没有一种被凌驾的感觉，会显得轻松与安全。从老师的角度来看，把自己当作学生的一分子，易于亲近学生，给学生一种朋友般的踏实感，有利于讨论的有效推进与创造性敞开，也容易捕捉到一些即时性的信息。

3. 按需变换座位，更有利于课堂的教学与交流

案例

以往“排排坐”的秧田式座位排列，是比较适合于教师讲、学生听的传统课堂教学的，其信息传播的路径是老师到个别学生，个别学生再到老师，形式比较单一，它最不足的是学生之间的交流受到了严重的限制，学生看到的是前排学生的后脑勺，缺少了面对面的情感的交流和丰富的表情解读，这从某种意义上讲，是剥夺了学生的部分交流权和话语权。长阳小学的五(2)班的一节英语课堂，给了我们一些启迪。

走进教室，你马上就会发现座位的摆放有些特殊，是“田”字形。为什么要这样摆放呢？原来这节课教学有两个重要的环节，一是要大量地识记单词，一是要让学生不断地进行情景对话。只见芮晶老师灵活地调度小组长到四个“口”中，带领小成员学习新单词，小组成员互相听，互相帮助校音，短短的两分钟时间，每个学生可以读上五六遍。到情景对话时，由于小组成员是围在一个“口”字边的，稍一侧身，都是面对面，学生的对话可热烈啦，一个个眉飞色舞，绘声绘色，更有甚者，肢体语言也用上了。

【思考】

“语言是思维的外壳”。多给学生交流的空间，学生的思维就能得到释放。

同样，座位摆放有时也能作为教学的资源进行利用，有一位老师在教学“角的认识”时，故意把座位斜拼成钝角形、锐角形，教学中适时地把它与角的知识链接，学生就觉得很有趣味，学习的氛围也因此变得愉悦活泼。

小班教室课桌椅的摆放，不是为了一种新鲜感，更不是拘泥于某种形式，而是为了方便学生自主、合作、探究的学习。无论何种形式的摆放，都要服务于师生教与学的需要，服务于师生彼此情感交流的需要。

二、尊重学生主体

《国家课程标准》指出：“在教学过程中，要始终体现学生的主体地位，教师应充分发挥学生在学习过程中的主动性和积极性，激发学生的学习兴趣……”学生的主体地位，是指在教学过程中，学生是接收和加工信息的主体，是完善自我认知结构的主体。

课堂教学是实施素质教育的主阵地，学生主体地位的体现是现代课堂教学的重要标志，也是评价一节课好坏的重要标准。因此，小班化教育的课堂教学，要特别强调学生在教学中的主体地位。

课堂教学中，学生主体地位的确立，一方面要我们的教师树立正确的学生观、学习观和教学观，努力营造“平等、民主、和谐”的良好教学氛围，并积极优化课程体系，改变原有的教学方式方法。另一方面我们的教师还要有意识地帮助学生发挥自身的主体作用，创设适性的学习环境，促进学生主体地位的体现。

（一）让学生合作学

案例

上海的陈老师是这样教《蜗牛》一课的。

在教师设计的为蜗牛设计一个“家”的情境中，学生找到了蜗牛生存的条件并进入对感兴趣的话题进行小组合作探究的阶段，学生分为了“光小组”、“食物组”、“听觉组”、“干湿组”。

在小组学习的过程中，陈老师穿行于各组之间，饶有兴致地倾听各组的讨论，观察他们的实验过程。“光小组”的同学决定用手电筒的光照射蜗牛，看它会不会出来。实验过程中出现了不一致的现象，学生产生了争论。老师闻声走过来，轻轻地说：“两次实验的方法一样吗?”这下学生有门路了，不一会有位同学提出：“比较一下，对它们进行的光照是不是一样?”另一同学应道：“对了对了，光照时间要一样长。”问题的症结找到了，还得解决啊，“怎么才能一样长?”于是同学们又讨论了下去。

“食物组”的学生打算在一个盘子里放满各种食物，然后看蜗牛怎么选择。这个组进行得比较顺利，他们发现蜗牛比较喜欢吃土豆片屑，而对草没有兴趣……

【思考】

陈老师在小班的条件下，充分发挥学生小组合作学习的作用，同时把孩子的小组合作学习与教师的个别辅导结合起来，及时发现问题，了解孩子们的困难，适时地出现在他们面前，进行适当点拨，让每一个孩子都有机会发现自己的价值、发挥自己的潜能、发展自己的个性。

（二）让学生自主学

案例

一位五年级同学在一篇题为《藕香四溢》的短文中写到：

有一次，我们上《莲》这课时，陈老师先让我们将从池塘中采摘的藕切开分到每个人，每个人从藕的色泽、香味、形状、表皮等几个方面观察、了解藕，并可以亲口尝一尝藕是什么味道的，是甘的，是爽口的，还是无味的……然后，大家开始自主学习，有的看着张晶同学和陈老师课前合作完成的课件来学习课文，有的用自己带来的U盘去旁边的电脑上搜索有关资料并下载，有的走上讲台，将从网上找到的图片放在实物投影机上让同学们一饱眼福。同学们用自己喜欢的方式学习着、交流着、讨论着，一堂课在愉快的氛围中不知不觉过去了。同学们感觉学得有趣扎实。

【思考】

学习是心灵的成长。学生在自主感悟中，愉快地享受学习的乐趣。小班教师要充分发挥学生学习的自主能动性，让每个孩子都有体验的机会，有自主思考的机会，提高孩子学习知识的积极性，感受学习是快乐的。

（三）让学生体验学

案例

学科：综合实践活动

内容：成都古貌

形式：游赏民俗公园

地点：人南立交桥民俗公园

执教者：涂冰梅、钟文光、尹岚、张一等

在各科教师的带领下，二年级两个班的孩子一起上了一节“大课”、“长课”。在民俗公园，语文老师领着孩子们赏读了柱子上的古诗；美术老师领孩子们欣赏了木刻、石雕、浮雕等作品；社会课、音乐、体育课老师为孩子们讲解了老成都的一些民俗：拉锯、掏耳朵、拉响簧、踢鸡毛毽、转糖饼，英语教师则和孩子们与在此参观的外国朋友进行英语交谈……在一个多小时的游览中，孩子们学得津津有味，学到了很多学科教材以外的知识。

【思考】

美国教育学家杜威认为，“教学应从学生的经验和活动出发，使学校在游戏和工作中采用与儿童、青年在校外所从事的活动类似的活动方式”。

这一堂综合实践活动课，几位老师灵活运用了教育资源，将课堂搬至公园，让社会成为教科书。民俗公园为学生体验式学习提供了广阔的空间，在玩中体验，在玩中学习，在玩中收获，并且将语文、数学、音乐、体育、美术等各学科领域的知识综合学习、运用，融会贯通。

(四) 让学生探究学

案例

沈老师在教学《饭钱》这课，讲到阿凡提替穷人出气，突然，不大爱发言的栋栋说：“我认为阿凡提做得不对。”这下吸引了同学们的注意力。沈老师鼓励他并笑着说：“请说说你的理由，好吗？”栋栋说道：“巴依这样做是不对的，阿凡提应该和他讲清道理，不应该像巴依一样，这样不是大家变得都不讲理了吗？”对他的话也有不同的意见，有的说：“我的意见和你不一样，请不要介意，我认为，巴依是坏人，从来都不讲理。”“我的意见是和这些坏人是没有道理好讲的。大家可以讨论”……

讨论继续，在融洽的气氛中大家更加投入，没有顾忌，畅所欲言。又有学生从文中找到“巴依逼我付饭钱”、“卡子不让穷人说话就让他快把钱付给巴依”两句话，加以说明。胖胖发言道：“卡子肯定会和巴依串通一气，坑害穷人。他们是不讲理的。”这时，栋栋激动地说道：“我的想法转变了，因为我知道对待这种坏人讲道理是没有用的，他们讲的都是歪理，对付他们只有用阿凡提的办法。”

【思考】

不一样的声音，教师在耐心倾听，同学专注思考，并进行了讨论，充分体现了大家对异向思维的关注。从不同声音当中，师生间、孩子间懂得了彼此尊重、习得了以理服人、学会了反思。民主的课堂关注了不同的声音，给了学生探究的机会，探究的过程不仅是问题解决的过程，也是学生自我成长的过程。关注了一种声音，就是给每一个孩子创造锻炼的机会，全员受益。

(五) 适时个别辅导

案例

课上，上海幸福四平小学孙老师在屏幕上展示了小海马的动画形象，小海马像瓜籽儿般跳跃着，老师还用双手演示，要求各合作学习小组分别表演。

小组准备的时候，孙老师走到一位比较内向的学生面前，蹲下身子，一边笑着读课文句子，一边用手比划着带着他一起表演，直至这个孩子动作熟练、声音洪亮为止。

【思考】

小班教学强调个别化，教师眼中应无盲点。学生的一颦一蹙，一举一动都要历历在目。教师要针对班级学生存在的个体差异，适时进行个别辅导或个别化教学。个别化教学是在班级授课形式下的为满足学生个体特殊需要的因材施教，它以集体教学为主要形式，同时需要采用小组教学和个别教学形式。

三、实行多向互动

《基础教育课程改革纲要(试行)》里有这样一段描述：教师在教学过程中应与学生积极互动、共同发展，要处理好传授知识与培养能力的关系，注重培养学生的独立性和自主性，引导学生质疑、调查、探究，在实践中学习，促进学生在教师指导下主动地、富有个性地学习。

显然，新的课程改革倡导"互动"教学。对教师而言，"互动"意味着教师角色定位的转换，意味着应与学生平等对话，它不仅是一种教学活动方式，更是弥漫、充盈于师生之间的一种教育情境和精神氛围；对学生而言，"互动"意味着心态的开放、参与的热情、创造性的解放。

其实，学习说到底是意义建构。也只有实现师生之间、学生之间、师生与"文本"之间的双向或多向信息交流，建构的过程才是丰富的，建构的价值才是有意义的。

"互动"不单单是一个行为动词"动"，它应该是思维的"互动"，情感的"互动"，智慧的"互动"，心有灵犀的"互动"。

(一) 师生互动——民主平等，乐于交流

课堂学习的过程就是师生之间、生生之间通过教材实现思想交流的过程，一个民主、平等、真诚、信任的互动氛围是实现师生互动的重要前提。

案例 1

南安市福溪小学卢救救老师在教学《我是什么》这一课时，让学生充分自读课文后，问：“我”会变成什么？

生 1：我会变成汽、云，变成雨。

生 2：我还会变成雪、雹子、露珠和霜。

师：如果你是它，你最想变成什么呢？为什么？请找出来与小组同学读一读，说一说。

于是，教室里一片热闹的场面。他们有的在小组长的带领下争着说；有的绘声绘色地表演起来……

师：选你喜欢的段落来读。

生 3：（读第一自然段）我想变成云，因为云轻飘飘的。

生 1：“漂浮”是什么意思？

生 4：就像小船在水上漂。

师：你真行。

生 5：什么是红袍？

生 6：“红袍”就是我穿着红衣服。

生 7：我知道，白衣服就是白云，黑衣服就是乌云，红袍就是朝霞。

师（微笑）：你们知道的真多。老师也来说一句，红袍就是指早晨天边的朝霞和晚上的晚霞。下面请喜欢云的小朋友带着对云的喜爱读一读这一段。

生 2：老师，我喜欢雨。（生 2 读有关雨的句子。）

生 4：我来考考你，那你知道雨是怎么来的吗？

生 2：是云碰到冷风才变的。

生 8：老师，我想是云在和冷风打架打输了，它哭了，这样就下雨了吧……

案例2

上海市永丰路小学的一位教师在教学《几个和第几个》这节课时，发现学生已经能够区分基数和序数两个概念。为了充实本节课的内容，让学生在已有的知识基础上再上一个台阶，于是他又增加了一个教学环节：

他请了一组（五个人）同学到教室前面对大家站成一排，说道："现在啊，老师要给他们拍照了，咦，第二个同学请笑一笑，第二个同学——"坐在下面的小朋友急了，有的喊："×××，你笑一笑。"（他们是从左数起的）还有的喊："××，你笑一笑呀。"（他们是从右数起的）这时，老师笑着问道："到底是谁啊？"一名同学举手回答："老师，你没有告诉我们是从左数还是从右数啊！""对啊，是老师不对，我应该告诉你们是从左数还是从右数，是从右边数起第二个小朋友，请你笑一笑。"同学们异口同声："×××笑一笑！""小朋友们，你们可不能犯老师的错误，有的时候要说清楚是从左数起还是从右数起。"接着师生又做了听指令的游戏，请一些同学在教室前排成左右一排（前后一排），再请一名学生发号指令，如：从前往后数第×个蹲下；从后往前数第×个举手等等。学生们在一片欢声笑语中掌握了本节课的难点。

【思考】

在这两个案例中，可以看出教师能创设民主、平等的氛围和学生积极互动，不断接受和反馈课堂中产生的信息，并给学生充分展示他们想象与童真的机会。学生敢问、敢想、敢说、敢评，完全融入了学习活动，这样的师生互动，学生学得愉快，学得扎实。

（二）生生互动——合作探究，尽情交流

生生互动一般有两层意思：一是在学习过程中的彼此对话，相互交流，思想上的沟通；二是在小组合作学习过程中成员之间的相互协作与帮助。

案例

荆州区川店小学冯英老师在教学三年级《比较水的多少》一课时，有这样一个片断：

教师布置了研究项目：用什么方法比较出 3 瓶水的多少？怎样比较？以小组为单位进行研究。之后，进行了反馈交流。

学生想了很多方法。

师：真了不起，想了这么多办法！还有更多的吗？（没有学生举手了）看来没有了。下面，请各小组尽快地确定出你们组认为最好的一种方法，说给同学们听。

（学生在一起神秘地讨论着，然后，争先恐后地举起了手。）

师：哪个小组先来介绍？

生 1：我们小组认为最好的一种方法是，用一个小杯子来一杯一杯地量，哪瓶量的杯数多，哪个瓶子里的水就最多。

生 2：我们小组认为最好的一种方法是，把 3 瓶水倒在三个大小一样的杯子里，一比就知道哪个瓶子里的水最多了。

生 3：（迫不及待地）我们小组认为最好的一种方法是，用秤来称水的重量，只要称出哪个瓶子里的水最重，就知道哪个瓶子里的水最多了。

生 4：（与生 3 是同一组的）必须把水倒在三个一样重的杯子里，然后再称。

师：能说说你的理由吗？

生 4：因为原来三个瓶子大小不一样，重量肯定不同。

师：补充得真好，想得挺仔细的。下面哪个组接下来说。

生 5：我们最好的方法是：把三个瓶子里的水倒进同样粗细的三个杯子里，再把尺子放到里面去量，哪个水深，水就多。

生 6：我们小组想了一个办法特好，把一个塑料杯子打一个小孔，让水从杯子里漏下去，用手表计时，哪个瓶子漏水的时间最长，哪个瓶子里的水就最多。

生7：(与生6不是同一组的)我帮你们想了想，就用三个杯子，让水同时漏出，就不必用手表计时了。

生8：(与生6是同一组的)那还得注意，三个杯子的小孔必须打得一样大小。

师：你们真会动脑筋，这个方法让同学们这样一议，更完美了。请你们组把好方法说给同学们听一听。(老师指着还没发言的最后一组)

生9：我们组最好的方法是：把水倒在一个有刻度的杯子里，一量就知道哪个瓶子里的水最多，哪个瓶子里的水少。

师：老师这里就有一种有刻度的容器，叫量筒。(出示课件)它是用玻璃做的，使用时要轻拿轻放；它上面有刻度，每一小格是1毫升、1大格是10毫升；读数时视线要与水面相平。好，现在就请每个小组选择一种你们认为最好的实验方法，比较到底哪个瓶里的水最多，需要用到的器材请各个小组长到前面选择领取，在实验过程中，请同学们分工合作，并认真填写好实验报告单。(学生实验)

【思考】

学生汇报讨论的方法，是把该小组集体思维的结果呈现给全班同学的一个过程，在这个过程中，汇报的同学对小组意见进行了再次的梳理，同时其他小组的同学也在认真倾听、积极思考，同学们之间还在相互补充、互相完善，这是组与组的互动。而在小组汇报前，小组内共同确定哪种方法最好，小组汇报后，组内分工合作完成实验报告单则是组内生生互动。

(三) 生本互动——自学自悟，个性建构

生本互动是指学生对教科书、课外读物等文本的阅读理解，使学生最大限度地调动自身的经验储备，从文本中体悟知识的生成、作品的深意。

案例

一位教师在教学《青蛙看海》一课时，她先给学生足够的时间阅读了全文，(自由读)之后：

师：课文读完了，你们想不想演一演课文中的小青蛙和松鼠呢？

生：(齐声)想。

师：要想演好小青蛙和松鼠，谁来给大家提一点好的建议？

生：我认为首先必须把它俩的对话记在脑子里。

生：我认为要配上小青蛙和松鼠登山时的动作。

生：老师，我再补充一点，小青蛙开始很失望，后来听了小松鼠的话就高兴起来，心中充满了自信。我们在表演的时候，要能把小青蛙的表情也演出来，那会更好！

师：你们提的建议真好！我们先来读熟小青蛙和松鼠的对话。(师生自由读对话)

师：(戴上头饰)现在我就是文中的小松鼠，要找一只读得最认真的“小青蛙”和我一起来表演一下，其他小朋友仔细看一看，待会儿请你们好好评一评。

(生纷纷举手，师先后请两位同学与她合作。)

师：我们表演得怎么样？

生：我觉得松鼠好像一位老师，在青蛙失望的时候，不断地鼓励它。

生：我觉得松鼠也像一位慈祥的妈妈，陪着青蛙登上山顶。

生：我觉得那是一只不怕苦的小青蛙。

生：老师，我想像你们一样演一演。

师：那就请你找个小伙伴演一演吧。

(每个学生都找到了伙伴，演得那么投入。)

【思考】

这一片断是很精彩的，精彩在于教师给足了学生阅读文本的时间，让学生的心灵与文本充分对话，从而产生各自缤纷的理解和内心的表达。正所谓“一千个人眼里就有一千个哈姆雷特”。

在这一过程中，学生不断地给老师和同学提建议，就是在把自己对文本的感悟具体化为自己心中的形象，与人分享。这样的以读促悟、以演促读、以悟激情的互动方式，活化了文本，从一个侧面放大了文本的功能，促进了学生个性建构。同时，学生的情意功能和价值观念也得到了提升。

无论是师生互动、生生互动还是生本互动，三者不是截然分开的，而是相互交叉、互为补充的，具体到某个教学环节，可能是某一种互动更显突出罢了。

四、实施差异教学

由于学生的成长环境、个体心理特征、已有认知能力等各方面的不同，导致学生在思维方式、思想观念、学习习惯、行为表现等方面有着明显的差异。

小班化的教育如何面对这样的差异？

从教学论的角度看，我们觉得有两个基本观点首先要确立：

1. 素质构成的差异性不仅是一种客观存在，它更是一种重要的教育资源。它可以为老师张扬教学的针对性和学生成长的多样性提供更为广阔的实践平台和空间。

2. 积极实施差异教学，分层推进，采取更为灵活和主动的教学策略。

(一) 学习要求有所区别

首先，老师要认真地钻研教材，依据课程标准对本课学习的基本要求，来拟定教学目标，然后再考虑学生学习的实际能力，对教学目标进行分层，一般的有一个保底目标，它是侧重知识领域的，再有不同层次的拓展性的目标，它是侧重发展领域的。

案例

如六年级语文《詹天佑》一课，我们根据对课标和文章的解析，可以先确定如下的教学目标：

1. 学会11个生字,能正确读写"杰出、修筑、设计"等词语;抄写自己喜欢的词语和句子。

2. 感悟课文内容,能抓住具体事例中的关键词、句、段,体会詹天佑的爱国热情和创新精神,并体会关键词句在表情达意方面的作用。

3. 有感情地朗读,并能背诵自己感受最深的部分。

4. 搜集文中相关的资料。

根据学生的学力,我们可以将以上的目标进行分解,并在相应的达成要求上有所区别。

A层次的学生:要求学会11个生字,能正确读写"杰出、修筑、设计"等词语;能抄写自己喜欢的词语和句子;基本能背诵自己感受最深的段落;整体上熟悉课文的内容,了解詹天佑的爱国热情和创新精神。

B层次的学生:要求学会11个生字,能正确读写并能准确运用"杰出、修筑、设计"等词语;能抄写自己喜欢的词语和句子;能熟练地背诵自己感受最深的段落;能抓住具体事例中的关键词、句、段,去体会詹天佑的爱国热情和创新精神。

C层次的学生:要求学会11个生字,能把"杰出、修筑、设计"等词语准确地运用到相宜的语境中;能品味自己喜欢的词语和句子;欣赏并能熟练地背诵自己感受最深的段落;能感悟关键词、句、段在表情达意方面的作用,情感上被詹天佑的爱国热情和创新精神所打动。

【思考】

给每个学生一个合适的高度,让他们跳一跳就能摘到果实,就能让学生都有成功的体验。

(二) 学习内容有所差异

当然,基本内容是一致的,只是把学习内容有意识地分为思维和能力附加值不一的几组,供学生选择,给他们选择性学习的机会。

案例

在教学四年级数学《商不变的规律》一课中，有让学生自主探索规律的一个环节，有位老师是这样呈现学习内容的：

内容一：猜一猜，被除数和除数同时乘或除以一个相同的数（0除外），商会有什么变化？请你自己想办法解决这个问题。

内容二：先填好表格中前四个商，你有什么发现？再按这样的规律完成表格中的后面两列。

被除数	48	480	96	12	6		
除　数	8	80	16	2	1		
商							

内容三：先填好表格，再与小组成员讨论，有什么发现？

被除数	48	48×10	48×2	48÷4	48÷48
除　数	8	8×10	8×2	8÷4	8÷8
商					

在出示三个内容之后，老师说：同学们，你们可以自己选择要探索的内容，也可以听听老师的建议，帮你们确定一个探究的内容……

【思考】

显然，这三个内容的目标指向是一致的，不同的是，第一个内容，空间很大，直接要求学生猜想商可能存在的变化规律，有一个抽象的过程，然后，让学生自己不断地举例验证，经历一个不完全归纳的过程，有一定的挑战性，这一内容面向优秀学生；第二个内容也是有一点难度的，被除数与被除数之间、除数与除数之间的变化是隐藏的，不仅要求观察，还有一个探索和揭示的历程，同时后两列的填数，其实又是在运用，它是面向中等学生的；第三个内容就简单了许多，它的被除数和除数之间的变化是清晰的，学生只要算出商，初步感觉到商是一样的，至于为什么一样，可以借助小组和集体的帮助来完成，第三个内容是为学力稍弱的学生设计的。

（三）学习方式因人而异

“知识获得”其实是一个学生个体建构的过程，在这一过程中，学生会选择什么样的学习方式，他人无法介入很深。

事实上，学习方式没有优劣之分，接受学习、发现学习，自主探究、合作学习等等都是学习的重要方式，只要对学生自己是有意义的学习就是合适的、有效的。

因此，我们觉得，用什么学习方式老师不要主宰或强引，由学生根据经验、知识的相似联想和自己的学习风格去确定。

案例 1

比如在学习什么叫“锐角、钝角、直角”的时候，老师先给学生以充分的图形的直观，之后，让学生自己去习得这三个概念。有的学生可能是自学课本，通过阅读和图形对应获得这一概念，这是“接受学习”，有的学生阅读中还在思考为什么叫这三个名称，三种角之间的区别，这就有了“理解性学习”和“发现性学习”成分。

案例 2

在学习英语单词时，有的学生就喜欢大声地读出来，喜欢跟同桌互读，在小组里互读，通过读来促进记忆；有的同学则不同，他喜欢静下来，先记住单词的有关的特点，再默读到轻声读，通过记忆促读。有的学生喜欢在记忆的时候，在草稿纸上写写画画。

案例 3

在学习《三角形面积》的时候，有老师做过试验。他在提供了充分的学习材料后，完全让学生自己去解决问题。结果是：

A层次学生选择了自学自悟的方式，阅读教材，与文本对话，较好地理解了三角形面积的形成过程，记住了三角形面积公式。

B层次学生选择了自主探索的方式，利用手里的学习材料，通过试拼，发现了三角形与等底等高的平行四边形的面积关系，从而获得对三角形面积公式的理解。

C层次学生选择的是伙伴合作的方式，借助伙伴之间的互相启发，探究出三角形面积公式。

【思考】

对学生而言，最好的学习方式是最有利于他自己个性建构知识的方式。老师要做的是，为他们提供充分的材料、资源，为他们选择不同方式提供可能和机会。

但是，老师也要注意不放弃建议权，对有选择困难的学生提供建议。同时，不管学生选择什么方式，老师都要关注它的效度，宏观上不能失控。

（四）互动形式有所侧重

我们对不同学力层次的学生，在与其互动的形式上也要注意有所侧重。

（1）对层次稍低的学生讲授的成分多一些，引带帮助的成分多一些；对层次高一些的学生，自主的成分多一些，老师只要在其愤悱之处启发点拨一下。

（2）对层次低一些的学生提问的问题平面、聚敛、具象一点，互动短一些，缓冲时间长一些，空间小一些；对层次高一些的学生，提的问题可以立体、发散、抽象一些，互动长一些，空间大一些。

（3）在小组活动中，对学力层次高一些的学生，放多于扶；对层次稍低的同学，扶多于放，多给予帮助，需要的时候老师可以成为组员，协助他们完成学习任务。

（五）学习速度可以不一

如果某一学习内容是一致的，学习的目标却又要求达到相对齐平的水平，那么，我们就必须考虑不同学生学习的速度，所花的时间，可以允许学生所花的时间不一样。我们在教学设计的过程中，要根据学生的能力预设好可以调整的速度和时间段，时间上要留有余地。实践告诉我们，对新知学习板块速度慢了一些的同学，在练习环节可以通过及时的个别指导，赢回部分时间；在课堂作业和课外的作业反馈时，都可以通过针对性的帮扶，从而达到分层施教、共同发展的目的。

（六）练习、作业分层选择

进入练习阶段时，对不同层次的学生要有不同的练习设计，既要让 A 层次学生吃得饱，又要让 C 层次学生跟得上。

案例 1

英语课经常有词汇练习，可以这样安排：一般安排顺序是选 B 层，再 C 层，最后 A 层+B 层。

对话分层练习也是先安排 B 层按原文对话，这时可能要求提示或看书，但对全班是个温习的过程。然后找 B 层+C 层，B 层说较长较难的句子，C 层尽量回答，可简单回答，提高他们的学习热情。最后，A 层要扩展做对话，这样既给全班同学扩展思路，又提高了他们的学习兴趣。

案例 2

有经验的数学老师，在设计练习时的做法值得我们借鉴。

他们通常先选编三大板块的练习，即基础巩固性练习、拓展延伸性练习和综合运用性练习，然后在拓展延伸性练习和综合运用性练习板块中又依据难易程度进行组题。目的很明确，基础巩固性练习是面向全体的，拓展延伸性练习和综合运用性练习中的习题是分层设计的，给较好和很好的学生有跃起的空间。

作业的设计也要灵活多样，要根据不同层次的学生的需求来编写和安排。长阳小学设置的"必做题"和"选做题"的做法就是很好的尝试。

案例 3

必做题：设计基本的、简单的、易于模仿的题目，用以促进知识的内化和熟练。比如：英语教学中的单词、句型的抄写或填空。

选做题：可用学过的知识扩展认识内容，设计具有综合性和灵活性的题目供大多数学生使用，来通过迁移实现对知识的同化；比如设计选择题、思考题让中层学生一试身手；设计思考性和创造性较强的题目，给学有余力的学生选择，让他们来挑战；设计一些同步课外阅读理解题，扩展学生的阅读能力。

【思考】

这样做，尊重了学生的差异，设计不同的练习和作业，让每个学生都有有效练习的机会，不仅可以调动绝大部分人的兴趣，促进所有学生的共同发展，同时也丰富了课堂教学的层次。

五、活用教学策略

教学策略是教师为实现教学目标或教学意图所采取的系统化的决策行为，是解决一系列教学问题所采取的措施、方法和行为。课堂教学过程是教师综合运用多种教学策略的实施过程。教学策略不是现成的教条，是一个动态生成的过程，生成于教师解决课堂教学问题的动态过程之中；教学策略也不仅仅是解决课堂问题的具体办法或行为，它隐含着一定的教育理念，遵循着一定的教育原则。

有效的教学策略能激活和维持良好的注意、情绪和动机状态，能根据教与学的情境进行分析，提出教学的有关问题，制订学习的计划，能监控教学的过程，维持和修正教与学的行为，并能正确评价学习的效果。

上海市在“小班化教育”研究与实践中，总结出了小班化教育的十大教学策略，即参与教学策略、合作教学策略、分层教学策略、兴趣教学策略、自主教学策略、活动教学策略、互动教学策略、创意教学策略、评价教学策略、多媒体教学策略等。这些策略不是站在同一角度并列分支开来，策略之间有交错，有兼容。

由此可见,小班化课堂中可以运用的策略有很多,没有一成不变的策略,即教学策略是多样化的。同时,在课堂上往往不是只使用一种或两种教学策略,它是要进行综合化运用的。我们不可能穷尽所有的课堂教学策略,但可以在众多的课堂教学策略中有选择地采用更符合学生发展的有效策略。

总之,教学策略的运用本身就有策略,到底运用什么策略,要因课而异,因不同班级的学生而异,也没有什么最好的策略,最合适的策略就是最好的策略。此外,我们要有综合性、灵活性的视野,在一堂课中要灵活运用多种策略,以充分发挥"小班化教育"的优势,达到最理想的效果。

第三节 小班化课堂中的学习策略

许多年前,郭沫若先生就曾说过:"教学的目的是培养学生自己学习,自己研究,用自己的头脑来想,用自己的眼睛来看,用自己的手来做这种精神。"其实这就是教学的真谛:知识的体系由学生自己建构。学生是学习的主体,是学习的主人。

小班化教育的最大优势,就在于有充裕的时间让学生自己发现问题,让学生拥有自己独立思考、主动学习的空间。小班化教育的这种优势能较为充分地实现学习方式的转变:以学生发展为本替代课本知识学习为本;以注重学习的过程替代学习的结果;以师生合作教学替代以教师为主的教;以信息单向传递转向信息双向或多项交流。学生真正成为学习的主体,成为课堂的主人。

因此,小班化教育理念下的学习观,要彰显以下五方面的特点:

(1) 精致化(关注每个细节的有效性);

(2) 个别化(关注每个孩子的个性发展);

(3) 均衡化(关注孩子们的全面发展);

(4) 生命化(关注师生生命活力的交互);

(5) 学力化(关注终身学习能力的培养)。

为此，在小班化教育中，我们要灵活实施适性、多元的学习策略，点燃学生学习的热情，焕发学生生命的活力。

一、小班化课堂中的小组合作学习策略

合作学习20世纪70年代率先兴起于美国，它克服了传统教学存在的弊端，改革课堂教学，提高了教学效率。它将社会心理学的合作原理纳入教学之中，强调人际交往对于认知发展的促进功能。基本做法是将全班学生依据学业水平、能力倾向、个性特征及家庭背景等方面的差异组成若干个异质或同质小组，小组任务的完成有赖于小组成员之间相互合作。小组合作学习将班级授课制条件下学生个体间的学习竞争关系改变为“组内合作”、“组际竞争”的关系，将传统教学与师生之间单向或双向交流改变为师生、生生之间的多向交流，不仅提高了学生学习的主动性和对学习的自我控制，提高了教学效率，也促进了学生间良好的人际合作关系，促进了学生心理品质发展和社会技能的进步。

新一轮基础教育课程改革的重要目标之一是，改变旧有的单一的接受式的模式，倡导动手实践、自主探究、合作交流的新型学习方式。小班化采取“小组合作学习”正是基于这一理念的一种新型的学习方式，它能改变传统课堂教学中那种单一化、模式化、教条化、静态化的弊端，为师生互动创造良好条件，与大班相比，师生互动空间更大了，每个学生得到老师的关注和有针对性辅导的机会增加了，学生参与活动，发表自己见解的时间充裕了，面向全体，因材施教，分类辅导，促进每个学生在原有基础上都得到发展变成了现实。

1. “小组合作学习”是小班化课堂改革的媒介

小组合作学习是对长期以来形成的，以知识为本位，教师为中心和传授、灌输为主要特征的课堂教学模式的改造，目的是使教学过程真正建立在学生自主活动、主动探索的基础上，通过学生全面、多样的主体实践活动，促进他们主体精神、实践能力以及多方面素质的发展。

2. “小组合作学习”是追求课堂高效率的关键点

与传统课堂教学相比，小组教学有很多的优越性。例如：根据建构主义学习理论，学生是在自己已有的知识、经验和文化背景的基础上建构新的知识的。学生知识、经验和文化背景的差异会导致对理解知识的侧重点不同，小组学习能实现优势互补，从而促进知识的建构。与此同时，教师的角色、学生的评价等也都跟着发生改变，以实现对传统课堂教学过程的根本性变革，焕发课堂教学的真正生命活力。

3. “小组合作学习”是发挥课程功能的转化剂

我国基础教育课程改革目标强调：改变课程实施过于强调接受学生、死记硬背、机械训练的现状，倡导学生主动参与，乐于探究，勤于动手，培养学生搜集和处理信息的能力、获取知识的能力、分析和解决问题的能力以及交流、合作的能力。小组学习是实现这一功能转化的理想载体。

4. “小组合作学习”在小班化教学中的实际运用

教学实践中，每一位教师，每一门学科，每一堂课都可以尝试小组学习，使小组合作学习成为小班化课堂改革的主要抓手。

(1) “小组合作学习”的基本组合形式

小组一般以 4～6 人为宜，语、数、外学科的组合方式可以依据学生的学习能力进行同质或异质分组；音、体、美等综合学科，则可按体能差异、性别差异、问题存在的差异、兴趣爱好的差异等进行分组。在相对稳定的基础上，平时根据教学需要可以进行各种变式，一是座位的变式，一是组合的变式。

(2) 适合小组合作学习的教学环节

哪些教学环节中开展小组合作学习更合理、更有效？教师在尝试性环节、互查互究教学环节、探究性学习环节、巩固性学习环节、拓展创新等学习环节都进行了尝试，发现小组学习原则上适应任何教学环节，但在课堂教学上并不能每一个环节都采用，也并非所有的教学任务都要通过小组学习来完成。教师在教学过程中，要依据教材，根据实际需要适时把握。

片断 1：教材英语 4A　Unit 7　it's late

在新授完一组单词后，教师设计了连词成句小组活动。6 个小组每组 4 人，每组准备一份单词卡片，小组根据所听到的句子，快速把单词连成正确的句子。小组 4 人，1 人听句子并复述给其他成员，2 个人找出单词卡片，1 个人用单词拼出正确的句子。

（选自南京市鼓楼区顾茜老师）

案例中，教师通过这样的小组活动锻炼了学生的听、说、读和小组团结协作的能力，让每个小组成员得到锻炼的机会，学生在愉快的小组交流中完成所学内容，同时也减轻了教师逐个检查学生学业的工作负担，一举两得。（如果将这种形式用在人数在 45～50 人的大班教学中，花费同样的时间只有一半不到的学生能够得到训练与提高，或者需要成倍的时间让每个学生得到训练，这样一来，教师几乎没有时间做指导，课堂效率也会有所影响。特别是一旦遇到一些个性化的问题出现，花费的时间与精力就会更多。虽然大班教学在这点上已经开始关注，而且把大班拆成 20 个人左右的小班来教学，但是无形中增加了教师的工作量，增加了学生的无效学习时间。）

片断 2：教材英语 5A　Unit 9　Shapes

教师设计了小组接龙编对话。教师说一句作为对话的开头，小组内 4 个人每人接着说一句话组成完整对话。

Teacher：Look at the moon.

Student 1：It's white and bright.

Student 2：What shape is the moon.

Student 3：It's a circle.

Student 4：Oh，I see.

（选自南京市鼓楼区顾茜老师）

教师设计这样的小组接龙对话，高效地将旧知与新知有机结合。学生适应了这样编写对话的方式后，可以延长对话，每个学生根据自己所学说上两句甚至更多。这样的训练“迫使”学生在瞬间完成“听—理解—思考—说”这个过程，让学生适应母语化英语表达速度，努力达成英语母语化的目标。

儿童间的合作活动之所以能够促进成长，是因为年龄相近的儿童可以在彼此的最近发展区内操作，表现出较单独活动时更为高级的行为。人际间的合作能提高小组的向心力及友谊，而且发展成为合作性的关系，形成有效学习。

(3) 小组合作学习的内容与形式的合理搭配

小组以怎样的形式学习？这要依据学习的内容和要求来确定。可以让学生集中就某一个主题进行各抒己见，相互交流、解释和答疑；可以是小组成员分工合作完成学习任务；还可以是教师根据学生差异，进行分层教学和个别化指导。学习的内容决定学习的形式。

案例1：三年级(上)科学《盒子里的秘密》

步骤一：将学生进行分组。教师事先准备好一些各放有不同物体的盒子，放入的物品要尽量易于探测。(由于是根据学生各自的生活经验来进行实验的，而且这个探究过程比较简单，所以分组成员不宜太多，以4人为一组比较妥当，否则有些学生会无所事事，但在学业水平差异上要求可以不高，故可以前后桌同学一组。)

步骤二：组内分工。根据组内学生的相对特长，进行合理分工。(如书写速度快的同学记录；胆子大、语言组织能力强的汇报；动手操作能力强的操作；剩下一位同学可以监督整个过程。)

步骤三：分组实验。进行盒内探究。

步骤四：小组汇报实验结果。

(选自南京市鼓楼区阮芳华老师)

科学课中经常会用到小组探究式的合作方式，以上案例中的教师将学生随机组合。学生在小组合作中，通过与同伴的共同努力，提出问题、确定目标、制订方案、收集信息资料，并进行分析处理、寻找问题的答案和结论。尽管小学生的学习活动不能等同于科学家的研究工作，但是组织形式和探究过程的相似，为学生获得科学研究的相关体验提供了基础，为今后能够更好地融入社会积累了宝贵的经验。在不同的课程中都会出现探究的过程，教师要抓住契机，充分调动学生的积极性与主体性，发挥团队的特效，达到教学目标。

在这里值得注意的是，在小组成员合作探究的过程中，教师要巡视、观察学生如何构建对学习材料的理解，并在必要时介入，帮助学生理解他们正在学习的内容。（如果人数太多，按 4 人一组拆分，45～50 人的大班要分成 10 多组，教师将会应接不暇，只能将每组的人数增加，这样势必又会造成部分学生无所事事。因此，最有效的办法就是控制班级人数，尽可能地为每位学生提供充足的学习条件。在这样小班额的教学中，学生不仅分工明确，而且在实践中能够充分地得到锻炼，在锻炼中学会合作与探究。）

（4）小组合作学习的辅导策略

学生由单独的个体，到形成一个自主、有效合作的学习集体，不是简单地把三五名学生围坐在一起就能形成的，必须通过一定的指导和训练才能逐步形成成熟的学习小集体。老师在平时的教学过程中要关注小组学习的结果，更要关注小组学习的过程，要把指导学生小组学习过程作为教学的内容，把学生学会小组合作看做是教学要达到的另一个重要目标。

从关注小组合作学习形式到关注小组合作学习成长，课堂教学形式从单一走向了多元化，课堂教学活动从传统的师生单向交流变为老师与学生、学生与学生、个体与集体、群体与群体的交流。学生从被动接受的局面变为学会自主探究、合作讨论；教师由教学中的主角转向"平等中的首席"，从传统的知识传授者转向学生发展的促进者。教师与学生分享彼此的经验和知识，交流彼此的情感和体验，丰富了教学内容，求得了新的发展观，从而达到共识、共享、共进，实现教学相长和共同的发展。

二、小班化课堂中的活动化学习策略

小班化教育更注重让学生通过实践去体验，在活动中学到知识，学到本领，从行为入手,从五官感知入手。小班化课堂的有效学习是通过以学生为主体的活动来实现的。在小班化教学中,老师们注意根据教材创设不同的活动,引导学生在活动中体验,在实践中提高,加强了师生间的合作,促进良好、团结的班级氛围的形成,激发了学生学习的积极性、主动性,促进了知行的结合,促进了学生新知识与新技能的形成与巩固。

把活动引入课堂,在活动中展开教学,并不是将教材与活动简单地组合,而是围绕一个共同的教学目标,互相联系,互相补充,互相促进,互相提高,发挥出整体的教学效应。

1. 游戏活动

著名幼教专家陈鹤琴先生说过:"游戏是人生不可缺少的活动,不管年龄性格,人们总是喜欢游戏的,假如在读书的时代,我们也能化读书为游戏,那么读书不是变得更有趣、更快乐、更进步了吗?"游戏深受小学生的喜爱,在游戏活动中接受知识、体验情感、探究规律是一种有效的学习方法。让小学生动手动脑实践,乐中求知,既长知识又添乐趣,无疑是愉悦身心、开发智力、提升学习力的好方法,这种充盈趣味的动态教学,可以营造轻松的教学氛围,有助于达到更好的教学效果。在小班课堂上,可以把特定的教学内容通过游戏的方式让学生自主学习。

有位语文老师让学生猜谜语导入新课。课前她准备了几只色彩鲜艳的灯笼,每只上挂有一则谜语。上课时,她首先问大家:"喜欢猜谜语吗?""喜欢!""那好,每只灯笼上的谜语,哪组猜中了就归哪一组。"孩子们高兴极了,争先恐后地猜。"人在树旁休息——猜一字,""看看三笔,写写九点——猜一字"等谜语很快被一一猜中,灯笼也各有归宿。

(选自上海幸福四平小学)

这个案例中,猜谜语的游戏,为引出新课做了有趣的铺垫,调动了学生学习的积极性,激发了学习兴趣,创设了良好的学习环境。这种以小组为单位的游戏,作为引入新课的方法,将个人的智慧转化为小组之间的竞争,让每个人都成为不可或缺的一员，每个人都能享受到小组成功带来的喜悦，从而产生愉悦和满足，唤起组员的学习热情。（这里，我们不难看出活动的导入方式在小班化教育的环境中能得到更好的体现，这种学习的环境比较利于教师用新颖的方式来达到提高教学的效率的目的。这也看出，教师巧用导入方式在这里所体现出的合理性。）

在教授牛津小学英语 5B 身体部位类单词 head, shoulder, keens, tees, legs, feet... 后，有位老师设计了这样的环节：请各小组选择最具创意的游戏活动反馈学习成果，表现最好的组加一面小红旗。结果出乎意料，有的小组制作简单的人体部位 words card 贴在伙伴的身上，互相介绍起来，有的小组想起了二年级学的歌曲"head, shoulder, keens, tees"，歌舞结合，别有一番情趣，还有的小组做着 Listen and touch 的游戏：反映最快的学生发令 Touch you knees... 其余同伴作动作。

（选自南京市鼓楼区朱怀莹老师）

在英语课堂的教学中，适时适当地设计一些游戏，寓教于乐，不仅增加了英语输入、输出量，而且调动了学生的积极性，更使课堂教学的内容大大深入，带来了非凡的教学效果。学生在玩中学，在学中玩，他们的孩童天性就会得到释放，个性才情也会得到张扬，学习的情趣必定会兴致盎然。（英语学科的教学本身就存在一种因为没有语言的氛围而显得学习起来比较枯燥的因素，所以教师结合教学内容，结合学生的年龄特点，较好的运用活动，来提高教学效果是非常好的方式。更为重要的是，小班化的教育环境，为教师在实施活动时提供很好的外在因素，有了这样的条件，教师能够在活动中调控好学习节奏，便于及时发现学生出现的问题。）

化学习为游戏，是小班课堂上深受师生喜爱的教学形式。语文课上"找朋友"让学生当堂就记住了生字词；数学课上，老师们经常采用"闯关"游戏，使复习巩固环节充满挑战性；体育课上的"夺宝"游戏既锻炼了体能又增进了友谊……丰富多彩的小游戏，虽然只占课堂的几分钟，却能够让学生的身体运动起来，思维活跃起来。游戏活动形式与内容的选择应根据学生的年段、教材等具体情况而定，而不能成为一种低效率学法的简单运用。

2. 表演活动

课堂教学是学生学习和交往的场所。学生在课堂上不仅有认知需要，而且有情感需要，不仅有好奇心和求知欲，而且有交流、合作、分享的欲望和需求。在小班教学中创设情境，让学生通过表演活动，积极参与、主动学习，也是一种有效的学习方法。

浙江特级教师周一贯将课堂表演分为：(1) 单项表演，既没有情节，又没有多个角色，只是对教材某个词语、某个环节作诠释。(2) 综合表演，这类综合表演有很高的教学价值，它可以促进学生对教材的理解，组合了各种智力因素和非智力因素的参与，有着生理感官上的快乐和满足。(3) 单组表演，就是教师让几个学生分任课文中的角色，上讲台表演，让全班同学当导演进行指导、评论。(4) 多组表演，扩大了表演的参与面，有更高的课堂教学效率，深得大家的欢心。(5) 个体表演，就是只请一个同学上讲台表演片断，请全班同学作评议指导。(6) 群体表演，全班学生都能参与表演往往可以调动全班学生的热烈情绪，对调控课堂气氛能起重要作用。(7) 模拟表演，不仅可以训练学生内化教材的能力，而且根据表演的需要，创造性地组织语言进行表达，培养学生的创新能力和应变能力。(8) 说明表演，对科学性强的教材，说明表演把说明的物件改变为生动有趣的拟人化的"自述"，变枯燥为生动形象，更好地体现说明文的教学特点，发展儿童的想象力和创造力。(9) 课本剧表演，这是语文课、英语课上较为常用的活动，就是将课文改编为剧本，再组织演出的活动。我国著名剧作家曹禺说："学生参加演戏可以加深对课文的理解，演戏里的人，就必须理解他们的思想与感情，要具备活泼生动的想象，也要有一定的表演能力"。课本剧可以启发学生潜在的智力，使他们对学习发生更大的兴趣。

当我们的公民权利受到侵犯，我们该怎么帮呢？老师这有四个案例：一、零岁的原告；二、还我上学的权利；三、王爷爷的赡养问题；四、儿子告妈妈。请同学们以小组为单位开展模拟法庭活动，组成一个司法智囊团，当一当小律师、小法官、小记者来审一审案子，来分析分析案情，来想想办法帮助案子中的受伤害公民？请组长代表组员选择你组最感兴趣的案子，小组内先演一演这个案子或是用朗读陈述案情，再请你们这些小法官、小律师来分析分析，案子中的原告是谁？被告又是谁？被告侵犯了原告的什么权利？原告能打赢这场官司吗？为什么？关于这个案子你有什么感想，请把你最想说的话对案子中的原告或是被告、或是我们现场的老师同学说一说。

（选自南京市鼓楼区华萍老师）

这位老师在上品德与社会《我是共和国的公民》一课时，采用了模拟法庭的表演活动。这样的表演活动不仅仅是直接表演课文情节，而是改变教材内容，模拟某种生活情境，再作间接的、创造性、整合性的表演、陈述。既让大家对法律案件的案情有了具体了解，又让学生在即兴的辩论中学习和运用了法律知识，化枯燥为形象，化难点为热点，成为小班课堂上学习的兴奋点。

一位数学老师在教学“认识人民币”时，把教室布置成一个小型超市，让学生有的扮演营业员，有的扮演顾客，有的扮演收银员，在模拟购物的过程中，学生学会了怎样合理花钱、巧妙省钱、准确算钱。

（选自南京市鼓楼区韩芳老师）

这样的表演活动把教学还原到生活中去，将数学思维训练与生存能力培养自然地融合在一起，具有综合实践性和交互开放性。小班化人人参与的活动原则中，让学生从旁观到参与，从模仿到创造，一步一步走进生活数学中，变得乐于交流、敢于交往，找到了学数学的无限乐趣。

喜欢表演是学生的天性。主体教育论认为：“犯错是孩子的权利，求知是孩子的天性,好表现是孩子的需要、孩子的特点。"让课堂形式多样,气氛活跃又能提高教学效率,是每位教师孜孜以求的目标。从小班课堂教学实践看,学生的表演欲特别强,他们喜欢表演、渴望表演,他们把表演当作一种活动,可以带来个性张扬的自信和同伴互助的快乐。但课堂表演,不能为了表演而表演。只有在特定的教材、特定的群体、特定的条件下,才能借助表演活动,有效地突破教学的重难点,使课堂显得更加生动有效。(不能否定的是,对于大班来说,进行这样的表演也许是可以实施的,但是实践的效果却告诉我们,小班因为人数的较少,所呈现出的教学空间是大班教育环境的两倍,教师同样采用表演的方式,但是因为对学生进行关注的程度不同,效果自然也就不同。教师可以在表演中及时调整教学中出现的问题,及时对学生学习的不足进行指导。)

3. 竞赛活动

有趣味的课堂竞赛活动,能让课堂气氛活跃而有序,每一次成功的体验又有可能推进二次的成功。多次的成功便增强了学生的自信心,调动他们的积极性,使他们主动参与,积极投身于教学活动,培养他们提出问题、分析问题、解决问题的能力,并逐步体验到学习的乐趣。比如在一些课堂上,合作学习活动难以持久。刚开始小组活动时学生感觉新鲜有趣,合作得津津有味,但过一阵子,就觉得没有多大意思,思想松懈下来,活动难以持续。如果课堂上开展小组竞赛活动,并给小组打分,可以激发学生合作学习的欲望和兴趣。

在一节语文课堂上,为了帮助学生积累词汇,提高学生的语言运用能力,老师组织学生开展了成语接龙赛,比一比哪一个组在五分钟内积累的词汇量最多,并能用这些成语编一段通顺的话。要求每位学生都要参加,计算各小组总分。

(选自南京市鼓楼区蔡莉老师)

这样小组成员中的优等生感到为了小组的荣誉不能只顾自己,应该帮助弱一点的组员;弱的学生来自集体的荣誉感使他们觉得不能拖小组的后腿,每个小组成员都争着表现,在此起彼伏的叫喊声中,学生不仅收获了语言知识,还体验了愉悦的情感。使组际合作与竞赛同时存在，从而实现竞赛和合作的有机结合。这样，小组内就很容易产生互帮互学的好作风，也给了每个学生获得成功的机会。小班化课堂上的竞赛活动不同于强调竞争的大班授课，小组合作学习使课堂上的竞争环境转向合作环境，组内的每个学生都有展现自己能力的机会，都能收获到成功的喜悦。

在《用字母表示数》这节数学课上，编儿歌比赛深受孩子欢迎：

小组 2：一面国旗 5 颗星，4 个红角 4 条边；

2 面国旗 10 颗星，8 个红角 8 条边；

3 面国旗 15 颗星，12 个红角 12 条边；

……

n 面国旗 $5n$ 颗星，$4n$ 个红角 $4n$ 条边；

祖国红旗飘飘扬。

师：你们来提问，最后一句中的 $n5n4n4n$ 各代表什么。

（指名学生回答，略）

小组 3：一辆汽车一个发动机，2 个反光镜 4 个轮。

2 辆汽车 2 个发动机，4 个反光镜 8 个轮。

3 辆汽车 3 个发动机，6 个反光镜 12 个轮。

……

n 辆汽车 n 个发动机，$2n$ 个反光镜 $4n$ 个轮。

轰隆轰隆跑得快。

（选自南京市鼓楼区窦莉莉老师）

小学生的好胜心强，任何的竞赛活动都能使他们为之兴奋，并积极地参与到活动中来。这样的比赛带有创造性，学生在激烈的比赛中不知不觉地运用了生活中的知识，又学会了用字母表示数字，达到了学以致用的目的。更可贵的是，他们是在“乐”中学，学得没有负担，只有轻松。

课堂上开展形式多样的竞赛活动是很多学生喜欢的学习方式，但如果完全以教学内容作为竞赛的内容，无疑会让有些学生产生“事不关己，高高挂起”的感觉，长期下来甚至会产生不守纪律的现象。因此，在竞赛中，应该把学生在活动中的倾听、参与活动的频率等多方面也作为竞赛的内容，让学生都参与到活动中来，并且在宽松的环境下让学生尽情展现自我。从课堂上孩子们的表现来看，竞赛提高了他们练习的兴趣和参与的积极性，而且能够提高练习的效率，但也存在着负面的东西：负的一方情绪低落或者组员间互相埋怨，还有部分孩子因竞赛形式的干扰只是在意了竞赛的结果，没有达到教师预先的期望。因此，教师要把握好一个“度”，可以制定相应的比赛规则，以确保孩子们既能兴趣盎然地投入到练习中，又能在竞赛的过程中体验到成功的乐趣和培养勇敢面对失败、再接再厉的品格。学习，只有自己感兴趣，才能学进去。基于小学生的心理特点和教材的特性，课堂上开展适当的竞赛活动，用以激发学生的学习兴趣，又可以使学生在轻松愉快的状态下学到知识，这是小班化老师激发学生学习主体性的有效途径之一。

……

课本剧、小比赛、小制作、小展示等等这些不拘一格的活动形式让学生在课堂上动静结合，使他们在活动中体验，在愉悦中提升。但是在小班的活动化教学中，教师在大胆地放与精巧地扶的度上要作科学调控，既不能出现放羊的无序场景，也不能呈现步步为营的过度引导。学无定法，贵在得法。在活动化的学习中，愿每个学生增强趣味，激发热情；张扬个性，激发创造；小组互动，增进友谊。愿每个孩子成为课堂学习的快乐主人。

三、小班化课堂教学中的体验式学习策略

“体验”简而言之是指通过实践来认识事物是用自己的生命来验证事实，感悟生命，留下印象。“体验”已经成为教师实施课堂教学，很好地调动学生学习兴趣的一种手段。在小班化的教育背景下，班级授课的人数比过去减少了，教师有时间针对学生个体的不同情况开展体验式学习。

1. 情趣化是“体验式学习”的面

体验教学是指在教学中教师积极创设各种情景，引导学生由被动到主动、由依赖到自主、由接受性到创造性地对教育情景进行体验，并且在体验中学会避免、战胜和转化消极的情感和错误认识，发展、享受和利用积极的情感与正确的认识，使学生充分感受蕴藏于这种教学活动中的欢乐与愉悦，从而达到促进学生自主发展的目的。这种创设情景的方式在学生的课堂教学中能够起到“触一激百”的效果。

案例

以“文具盒”的观察为例。在指导观察中，注意引导学生学习观察方法。教师先提出问题，让学生按从外到里的顺序，仔细、具体观察文具盒的特点，并以详细描述文具盒的形状、图案、内部结构和作用为例，指导学生自觉地、有目的地从一般的“看”上升到真正的观察，帮助学生把个别、部分的认识综合起来说。学生掌握了一定的观察方法，就能举一反三。再以写一种植物《菊花》为例，让学生分四步去完成：1. 写出菊花的名称。2. 描写全貌(花朵的大小、颜色、样子)。3. 描写花瓣的形状(有管状、丝状、条状、勺状)。4. 写花的姿态(伸展的、弯曲的、上伸的、下垂的、四射的……)5. 展开想象。学生按这些内容细致地观察、描述，尽管每一部分的语句不多，也能把一朵花说得形象了。说的形式多种多样，有自由练说、同桌讨论、指名叙述等。先说后写能化难为易，同时也能转变那种说假话、说套话的文风。让学生在实践中进一步体验到写作前仔细观察带来的乐趣，从而更好的学好作文。

(选自教育教学案例《三年级作文起步例谈》)

在三年级的作文教学中，教师发现学生在进行写作起步阶段，都存在困惑或畏难的情绪，认为作文是最难写的。《语文课程标准》中明确地提出作文教学的首要任务是：激发学生的写作兴趣和自信心；尤其强调的是学生愿意将自己的习作读给别人听，与他人分享习作的快乐。可见激趣是写作教学的关键。如果老师在进行作文教学时，能安排一定的时空让学生进行体验以激发学生习作的兴趣,学生习作起来就会愉悦许多,轻松许多。

课堂教学中运用“体验”模式就是要使个人的学习受到尊重,个人过去的体验将成为新的宝贵的学习资源。给一些“任务”让他们去做,而不是给一些东西让他们“学”。在完成任务的过程中,学生必须思考,有意识地注意了事物之间的联系,结果是他们自然而然地学到了“东西”。教师可以根据教材提供的内容,依据不同年段与学科的要求,带领学生以“激趣”为出发点,在“体验”知识中,掌握知识。(这种体验的学习方式不仅可以在作文教学中得到很好的运用,在其他学科的教学中也是能够得到体现的。)

2. 行动化是“体验式学习”的脉

体验学习是人的最基本的一种学习方式。体验学习过程一般是指个体在亲身经历过程中,通过反复观察、感受、实践、探究,对认知、情感、行为和认识的内省体察,心灵感悟,最终认识某些可以言说或者未必能够言说(意会)的事物,掌握知识和技能,发展能力,养成某些行为习惯,形成某些观念、情感、态度乃至心理品格的过程。体验学习讲究学习主体的领悟和体会,它强调行动学习,在“做中学”。

在进行课堂教学时,很好地运用“体验”,可以让学生掌握知识变得简单化。

案例

在教学“平均分”这课时,引导学生人人参与实践,动手操作,体验“平均分”概念形成的过程。整堂课是这样展开的:

1. 学生在小组内通过分糖果的方式来体验分一分,感悟“平均分”。学生通过观察、分析、语言表达,进一步体会了平均分是每份分得同样多,从而增强了对“平均分”的感悟,真正体验到了“平均分”。

2. 在小组内通过分纽扣、小卡片、小棒的方式,体验“均一均”,领悟“平均分”。通过平均分纽扣,分小桔子卡片和分小棒,让学生在操作的活动中来体验、理解平均分,进而转化成“自己的知识”,使“平均分”这个概念,在学生头脑中更清晰。

“平均分”这个概念的形成是在学生操作体验的过程中逐步建构起来的,

学生经历了“分物品”感悟平均分、平均分的分法以及平均分在身边生活中的运用，这样建立的概念才是学生自己的数学。

我们知道数学概念的形成，是由具体到抽象的认识发展过程，也是数学思维的一次质的飞跃。这在数学教学过程中无疑具有十分重要的地位。这个过程必须由学生个体体验的参与，才能深悟某一数学概念的内涵而成为数学思维的一个富有生机的原件。

“实践操作”是体验学习的主要方式。而小班化的课堂无疑为学生进行实践活动提供了有利的外因，我们就应该利用这样的优势，放手让学生动手，使他们在“做中想，想中学”，亲身经历各种探索活动。

综上所述，教师可以根据教材特点，学生特点，合理安排体验活动，使学生在体验式学习的课堂中习得知识、提高能力，更重要的是在充满“人性”的课堂中拥有智慧、实现着生命的意义。

3. 生活化是“体验式学习”的魂

《品德与生活课程标准》指出：道德寓于儿童生活中，儿童品德的形成源于他们对生活的体验、认识和感悟，只有源于儿童实际生活的教育活动才能引发他们内心的而非表面的道德情感。因此，儿童需要通过自己的生活体验，来感受世界和认识世界，只有感受到的东西，才能更好地理解。教师要引导学生进行多角度的体验，要调动学生的多种感官系统，去观察，去思考，去探索，从而获得亲身体验，建构自己的知识体系。

南昌路小学刘慧娟老师的一节《找春天》语文综合活动课。在教学中教师为了让学生能够切实地感受到春天已经来到我们身边，屏弃了空洞的文字复制，设计了形式多样的活动，以一个“春”字做串联，使得学生在踏春、咏春、送春、惜春这四个环节中，积极主动地接触社会，接触大自然，用眼睛观察，耳朵聆听，鼻子闻嗅，手去触摸，从而欣赏春天的美丽，加深对春天的喜爱之情。

教师在组织活动时要大胆放手，让学生进行动手和动脑体验。如：制作大风车的过程，就要充分发挥他们的动手能力、创造力、想象力和合作能力，教师及时表扬肯定，让学生体会到成功的快乐。

教学中，因为小班人数的减少，使得教师教学中的组织形式变得多样，学生学习的空间不再局限于课堂与书本，他们可以在教师的带领下，根据教学内容的需要，实实在在走进生活，在喜爱的、乐于参与的活动中去体验、感受和领悟，从而自主建构新的意义世界，使其知识的获得是一种多元化的接受，是知识体系的一个完整接受。

生活中蕴涵着丰富的教学资源，立足小班的课堂，教师完全可以打破时间与空间的距离，通过丰富多彩的体验活动，在课堂上再现生活，在生活中学习知识。

在实施体验教学策略的过程中，我们需要关注的是教材与学生的结合点，不能为了体验而体验，而应该根据学生解读教材，掌握知识，提升能力的需要，有效地实施体验化学习策略。

四、小班化课堂教学中探究性学习策略

小班化的课堂，为学生提供了远远高于大班的“自主学习、合作探究”的机会与空间。在小班中，学生的兴趣与求知欲可以得到充分激发，参与欲、探究欲得到满足，创造欲得到施展，从而使学生主体作用得到了最大限度的发挥。探究式学习往往需要更多的时间，需要小班额教学，需要充足的材料等。在一个学生人数太多的班级中，如果没有充足的必需材料，在较短的时间内组织学生开展探究是比较困难的。即使组织了探究活动，也难于展开和深入。故而说小班化的课堂尤其适合开展探究式学习。

所谓探究式学习，就是以探究为主的学习。具体说，它是指学习过程是以学生独立自主学习和小组合作探究为前提，以学生周围世界和生活实际为参照对象，为学生提供质疑、猜想、小组讨论合作、探究，最后归纳总结、阐述观点、自由表达结论的机会，让学生通过个人、小组、集体等多种解难释疑尝试活动，将

自己所学知识应用于解决实际问题的一种学习形式。

1. 探究式学习的起点是“质疑问难”

探究式学习的核心设计理念就是强调学生的自主性，强调让学生在一个真实自然的情境中自主生成自己的问题、自己的探究目标，以满足自己的认知需要。

因此，质疑是探究式学习的起点。“质疑即提出问题”往往被视为探究式学习的核心。学生需要质疑问难的勇气，也需要有从现实生活中提出问题的能力和意识。要培养学生学会提问，养成凡事爱“打破砂锅问到底”的好习惯。

小班化教育与传统的大班授课制相比，教师的“照顾面”明显扩大，小班中学生人数的减少，也给了每一个学生质疑问难更多的机会。

语文课案例：《青海高原一株柳》教学设计

一、揭题并质疑

1. 学生自由读文。（学习一二自然段）

2. 师引导质疑：你们发现了什么特别之处？

生：为何同样是柳树，作者一会儿说它“极其平常”，一会儿又说它“神奇”呢？

生：我知道。因为它们一个长在平原，一个长在青海高原上。

3. 师继续引导：此时此刻，你的心中产生了怎样的疑问呢？

生：为什么长在青海高原上的柳树就显得“神奇”，而且还“神奇到令我望而生畏”的地步？

（学生陷入了沉思）

（选自南京市栖霞区冒国华老师）

一个好的开头是成功的一半。探究式学习的起点是质疑、提出问题。在课堂伊始，调动学生的学习兴趣，激发孩子们的求知欲、好奇心，使得学生具备了质疑的胆量与勇气，这对于整堂课来说，是非常重要的。著名主持人崔永元在接受中央电视台少儿频道采访时说：“好的记者，只有一个问题，就是开始的那个，剩下的所有的问题，都是从采访嘉宾的答案中产生的。”这番话对于我们教师也应该是很有启示的。这篇课文写了“一株柳”，这株柳树之所以被作者颂扬敬畏，就是因为它生长于青海高原上，可这是为什么呢？老师没有一下子抛出问题，而是放手让孩子自己去发现它独特的生长环境，从而大胆质疑，自然而然就提出了问题，为后面的探究活动揭开了序幕。

2. 探究式学习需要异想天开

围绕自己想要探究的问题，大胆猜想或猜测，作出可能的种种假设，学生常常展开想象的翅膀，甚至于异想天开。正因为这可贵的异想天开，常常就是创新思维的萌芽。

爱因斯坦说过：“想象力比知识更重要，因为知识是有限的，而想象力包罗了宇宙的一切，是知识进化的源泉。”学生往往有着比成年人更丰富的想象力，如果不加以引导和保护，孩子们的想象力会随着年龄的增长而逐渐匮乏。因此教师要教给学生的不能仅仅是知识，更多的应是学习的方法和创新意识。

信息科技课案例：用图形叠加法来画画

计算机画图综合练习时，我先让学生画一个“满月”，学生们很快都会使用椭圆工具画好了。接着我又让他们画一个“新月”，要求他们自己选用一种绘图工具，看谁画得又快又好，这下出现了很多不同的方法，有使用铅笔工具直接画的，有用刷子工具画的，还有的采用曲线工具画两条曲线的方法……我观察了一下全班只有小吴同学使用了与众不同的快捷方法。

稍后我分别请画好的同学一个一个展示作品并介绍他们是如何画的，等小吴画的“新月”展现在大家面前的时候，“哇！画得太好了！”教室里传来一阵赞叹。

只见他熟练地向大家介绍并演示着：“先选取椭圆工具，画一个圆，然后换成背景色再画一个圆和原来的圆重叠，这样就画好了。”

"原来这么简单啊！我怎么就没想到呢。"

"椭圆工具还可以这样用啊，我也来试试。"

……

教室里顿时热闹起来，我趁热打铁地说："刚才小吴同学用的这种画新月的方法，叫做图形的叠加法，可以把两个或多个图形叠加起来得到另一个不同的图形，这在美术图案设计时非常有用，可见，只要我们平时多动脑，敢于创新，许多事情就会做得又快又好。"

看到孩子们学习热情高涨，于是我鼓励大家大胆发挥想象力，试试用图形叠加法来画画，到下课前，一幅幅充满想象力的图案纷纷呈现在了显示屏上，有小汽车、机器人、小兔子、小房子、东方明珠电视塔等等，不禁让人感叹孩子的想象力是多么广阔和丰富。

（选自上海市杨浦区开鲁新村第二小学俞钧老师）

试想如果教学中教师直接告诉学生怎样画最省力，可能几分钟就完成教学任务了，但学生探究思维的过程就没有了，就会大大地限制了孩子的想象力，久而久之学生们的想象力就会越来越窄，也就没有了创新思维。

科学课案例：指导制作小孔成像仪

小孔成像仪成像屏的设计：

师：接下来该考虑成像屏了。那么用什么材料做成像屏最合适呢？

学生：我觉得可以用白纸贴在暗室内墙上；

学生：可以在支架上粘贴半透明描红纸；

学生：这么说，薄薄的餐巾纸也可一试罗；

学生：用油浸过的薄信纸也半透明，不知道效果怎样；

师：试过就知道了。

一生补充道：纸张容易破，半透明的塑料薄膜怎么样？

学生：我想用保鲜膜做成像屏，不知效果会怎样；

学生：我想半透明的塑料碗盖也很好哦；

师：可以试一试呀；

学生：我想到了用超市的马甲袋，剪一小块下来做成像屏；

马上就有学生附和：这主意不错，很多超市的包装袋就是半透明的，而且很容易就能找到。

（选自南京市鼓楼区孙朝晖老师）

教材中介绍的小孔成像实验盒成像效果很差，只能看到明暗对比强烈的黑白影像。教师本人与学生的共同尝试探索，开展探究式学习，致力于寻求最好的成像效果。此处为课前的成像屏的设计指导，从学生的回答中，你不难看出小班学生们开阔的思路，不拘一格的思维方式，每个人都独具特色，都在展开想象的翅膀，尽情地异想天开。最后，连台下听课的教研员及众多同行们也不得不为他们的异想天开式的创新思维而惊喜不已！

在小班的教学实践中，我们不难发现孩子们每个人都能大胆表述自己的猜测，学习的情趣高涨，思维相当活跃，自信心充分显现。在这样的小班氛围中，异想天开式的创新思维也就成了意料之中的事了。

3. 探究式学习需要动手又动脑

探究式学习强调动手做（hands on），但更强调动脑筋（minds on）。真正的学习并非仅仅发生在学生的手上，而更是发生在他们的脑袋里。这包括强调学生在观察中的思考，对探究结果的猜测（假设），为后续探究制订计划，考虑变量的选择和控制，对获得的数据进行整理、分析等处理，在与同伴的对话和交流中相互质疑和评价，反思自己的预设，考虑可能的其他解释，最终得出结论和写出报告，并向其他人展示或陈述等等。这一切都是不仅要动手，更要动脑才能完成的。于是思考能力也会在其独立思考解决问题的过程中发展起来。

数学案例：梯形面积的计算

师：在前面我们已经掌握了平行四边形、三角形面积的推导方法，下面就请大家综合运用自己所学的知识，找到梯形面积的一般计算方法。

学生独立思考或小组合作探究。孩子们既动脑又动手。有的把两个完全相同的梯形拼来拼去，拼成一个平行四边形来求；有的则用平移旋转法把一个梯形剪来拼去，拼成了一个平行四边形；有的则用方格法来计算；有的用等底等高的三角形面积相等来把梯形面积转换成长方形面积来求。忙得不亦乐乎。教师参与到其中的一个小组，共同研究。

学生之间相互交流补充，最终得到了几种较典型的转换方法。也正因为这几种方法都是学生们经过自己的主动探究，动手操作发现得到的，从后面的练习应用中可以看出，学生对本节知识掌握牢固，并能灵活地加以运用。

（选自南京市鼓楼区袁春红老师）

小班中有足够的时间空间可以开展各种探究活动，孩子们动手又动脑，跳出了过去围着教师转的怪圈，通过自主学习、当堂操作实践等活动，小组成员间想想、说说、做做，共同实验讨论，不断修正错误，不断求索，直到寻求到他们想要的解释或证据，从而对自己提出的问题做出回答。在小班的课堂上，解放学生的头脑、双手、嘴、眼睛、时间和空间，开展探究式学习，培养了学生的思维品质，同时也培养了坚忍不拔的毅力、实践能力与创新精神。

五、小班化课堂教学中的个性化学习策略

个性化，就是要能够表现学生自己的性格特点，学生的兴趣爱好，以及学生在学习上的优势和特长。我们既要根据学生的个性特点发展其“长”，又要发展其“需”。也就是说，要在课堂中把学生原本的、自由的思想、情感“释放”出来，还学生独立、自主的学习权利，使每个学生在其身心发展过程中存在的个别差异都得以各得其所的最大限度的和谐发展，从而培养出学有思想、学出个性、学出意义的崭新人才。

我们大家都知道，由于每个人的认识和喜好的不同，对相同的事物也有自己不同的理解。作为学习的过程就应该是一个相互交流和沟通的过程，在学习上，大家就应该有自己不同的见解和意见，并通过沟通和交流，互相促进，以体现学习的最终目的。

作为小班，因为学生人数比较少，班级学生活动的空间比较大，相对于每个学生来说，活动的时间也比较充足，这就给学生的个性化学习带了更大的可能性！有可能让每个学生都有展示自己个性的机会，也有可能让学生的个性成为全班学生的学习契机，更好地发挥学生的能力。

1. 抓住教学契机，实施个性化教学

学生的个性化学习的体现，在课堂上可能是一个小火花，也可能是学生与教师之间的一次小小的碰撞。教学环境的优化，可以使教师提升对每一位学生的关注程度。将学生不经意间表现出来的学习个性，转化成一次学习契机，这样就可以充分利用各层次学生的不同与不足，及时地进行恰当地调控，使课堂教学更为高效。

案例1：教师在指导朗读《黄河的主人》一文的时候，问学生：描写黄河的这一段应该怎么读？

一位学生发言：应该读得语调较高，速度较快，表示游客欣赏黄河时的激动心情。教师表扬了他，请他范读。这时，另一位学生说：我认为这一段应该读得声音较轻，语速较慢。课堂上发生了这样的不同意见。原本，教师就是想引导学生读得激昂，读出“黄河的惊涛骇浪”，但学生的不同意见使教学过程节外生枝了。这时应该怎么办？教师很机智地让学生自己来说说这样读书的理由。学生说：人们坐在船上，虽然眼前面对的是惊涛骇浪，但是坐在船上的人却似闲庭信步，这样的感觉应该和面对惊涛骇浪不同，读得轻一些，更能反映出人们这时轻松的心情，来衬托出黄河的主人。这位学生的回答得到了不少学生的赞同和呼应，更有学生表示游客不同，心中的感受就不同。看着学生这么积极和自信，教师机智地将接下来的齐读改为自由读，学生则按自己的个性，自己的理解，有表情地朗读课文，文本就这样真正走入了学生的内心。学生的个性得到了张扬，教学的目的也真正得到了深化。

（选自南京市南昌路小学张健老师）

由这个案例我们可以看出，学生个性化的学习有的时候就是一个小小的灵感，是课堂上的一个小小的火花。在不同的学科，不同的课堂，这样的小火花有没有被我们老师所忽视呢？有时候就是一个孩子的一个小小的创意，却给大家都带来了灵感，将课堂教学的内容带入深化，使“星星之火”形成“燎原之势”。在小班，这样的“燎原之火”是很容易被老师点燃的。这不也是我们教师在课堂上所追求的“会学”之最终目的么？

2. 课前预设，巧妙安排个性化学习

上一个案例向我们展现的是教师在课堂上，因为学生的个性化的学习，而机智地改变了自己的教案，取得了更好的教学效果。其实，在备课的时候，教师也可以合理地考虑到学生的个性，给学生展示自己个性，进行个性化学习的机会，这样的学习，往往能带来意想不到的学习效果。

案例 2

教师在音乐课的新授课结束以后，给孩子们布置了这样一个任务，让孩子们根据自己的兴趣爱好，自行分组，以自己喜欢的形式再现歌曲的内容。

孩子们在自己选择了小组以后，很快就开始自己排练，在 5 分钟以后的汇报表演上，有的孩子以舞蹈的形式，有的孩子，利用自己的民乐表演特长，组成了小小民乐队，有的孩子们很快就画出了歌曲的画面，还有的孩子组成了合唱队，把老师课堂上教的内容再现得淋漓尽致，收到了很好的学习效果。

（选自南京市南昌路小学胡贞贞老师）

在这节课上，孩子们的个性化学习是教师在上课之前就预设好的。这建立在老师对孩子的能力的了解上，建立在孩子与老师之间互相的了解上，也建立在孩子们平时的训练之上。孩子们在课堂上可以根据自己的兴趣爱好，选择喜欢的学习内容，选择适合的表现形式，这样大胆的学习设计只有在小班的学习空间中才能开展实施起来，也只有在班额比较少的情况下，才能让每个孩子都有展示自己个性的空间。

3. "综合性学习"促进"个性化学习"

新课程标准中提出了"综合性学习"的目标，要改变学生原有的单一、被动的学习方式，建立和形成能够充分调动、发挥学生主体性的多样化的学习方式，促进学生在教师指导下主动地、富有个性地学习，已经成为了教学改革的核心任务。而学生有意识地进行个性化的学习，与综合性的学习是息息相通的，恰恰体现了学习的综合性和高效率。

案例 3

卢老师：今天这两节课我们三个老师一起来给大家上，到底要上什么课呢？大家先别急，仔细听。我先要和大家复习一下上节课认识的几种图形。（课件出示图形，复习三角形、正方形、长方形、平行四边形等）小朋友们学得都不错，看到这些图形，教我们美术的戴老师也想和大家一起学一学呢！

戴老师：昨天我在卢老师那里看到了这些图形，试着把它们进行了不同的组合，拼成了许多美丽的图案，先看看么？（出示教师拼的几副"七巧板"）有没有看明白老师拼的是什么？（学生自由说，看出是什么，只要是说得合理都可以。）你们想拼么？下面就请小朋友们发挥自己的想象把这些图形拼成美丽的画，陈老师呢，还要请小朋友把自己拼好的图清楚地说给大家听。大家都要认真听，开动脑筋，比比谁学得最好。

学生自主活动：学习用七巧板拼成各种图案。

（进行七巧板的拼图制作的学生饶有兴趣，又因为是自己动手制作的，感受深，有话可说。在之后的说话练习上，经语文老师的指导，说话的内容，说话的条理都有很大的进步。）

陈老师：刚才小朋友用七巧板拼成了许多美丽的图案，想不想把自己的成果跟大家一起分享？那好，接下来，就请小朋友回忆一下，你们刚才是怎么拼的，拼成了什么图形？

生1：我拼的是小猫，我用两个小三角形做猫的耳朵，正方形是猫的脸，平行四边形是它的身体和尾巴。

生2：我用两个三角形、一个半圆形拼成了一只企鹅。你们看，企鹅的肚子好大啊！

生3：我拼成了一棵美丽的圣诞树，你们看，这些是树枝，这些长方形是树干。

……

（案例选自《共享品质教育—小班化教育在杭州》）

在这样的课堂上，老师们发挥孩子们的个性，实现了学科的综合，小小的课堂，成了无限的拓展空间。学科之间的交融，教学内容、教学方式、教学时间的重新整合，又发挥了学生的个性特长，提高了课堂教学效率，实现了学生学习能力最大程度的提高。

我们可以在小班的课堂，通过教师的预设，让孩子们进行个性化的学习，以取得更好的学习效果，我们还可以让孩子们在展现个性的同时，形成个性化的学习方法。每个孩子的个性不同，学习习惯也是不一样的，因而学习方法也应该是不同的，作为教师，最主要的是让孩子形成自己的学习方法，最终达到学习的目的。学生可以根据教师提供的一些可供挑选的学习方法，进行选择和梳理，然后选择适合自己的方法进行学习。对于学生来说，就相当于为自己制作了一个学习技能包，这只包是一个能够适应自己特殊需要和个性特点的个人工具箱，学生可以真正获得学习的能力，从而促进课堂学习效率的提高。学生在课堂上的表现，是一个闪光点也好，是老师事先的预设也好，都是学生个性化学习方法形成的一个过程。

个性化学习让每个孩子都掌握学习的钥匙。学生的个体之间差异是客观存在的，主要是智力差异、原有水平的差异和认知方式的差异。小班化学生数量的减少为解决学生的学习差异提供了必不可少的前提，这就从客观上要求小班化教育：必须更加关注学生个体，尊重个体差异，实施“因材施教”的教学策略，推广“个性化教学”模式和“个性化学习”方法，让学生在自由而充满个性的学习活动中生成智慧，锻造能力，提高素质。

第五章　小班化教育的科学评价

教育是客观存在的一种客观的社会活动，社会总是要求教育必须满足一定的政治、经济、文化、科学等发展的需要，由此构成了教育的政治价值、经济价值、文化价值和科学价值，这些价值的总和统称为教育的社会价值。对这一社会价值所作的系统描述和判断就是教育评价。

教育评价既是教育活动体系中的一个重要环节(决策、执行、评价)，也是教育目标实施的前提条件；既是教育实践中的一种操作方法(评价式教学、评价式管理)，同时也是教育研究的一种重要手段。教育的本质在于追求有意义的目标和采用有意义的实现方式。有意义的教育评价同样如此。原有的教育评价体系过分强调甄别与选拔，过多关注对书本知识的掌握的评价，过于重视终结性评价，过于注重纸笔测验与自上而下的评价。这样的评价，无论从目标还是实现的方式，都是与教育的本质相背离的。新的教育评价观要凸现教育评价的发展性功能，强调评价主体的互动和参与，追求评价内容与方式的多元化以及评价过程的动态发展等等。

随着新课程改革的不断深入，加快形成促进学生发展的新的教育评价显得尤为重要和紧迫。旨在“让评价促进每一个孩子的发展”，教育评价功能逐步转向侧重学生的发展。评价要发展学生各方面的潜能，就必须充分了解学生发展的需求，关注个别差异，建立新的评价方法。

小班化教育是小学教育的世界性发展趋势，它是使每一位学生得到充分发展的有效途径。小班化教育改革不仅仅是班级学生人数的减少，它涉及学生培养的各个方面，是一场从培养目标到课程体系、教学技术与手段以及教育评价等的整体性改革。

小班化教育评价是根据教育目标要求及小班的特点，对小班化教育的教育教学过程及其结果作出价值判断和价值选择。核心是关注学生的发展，促进学生的发展。

因此，小班化教育评价就要遵循新课程的“发展性评价观”，评价既要关注学生的学业成绩，又要发现和发展学生的潜能；既要了解学生当前的实际需求，也要帮助学生认识自我的发展方向；既要依靠单纯的书面测验，考察检查学生对知识技能掌握情况，也要运用多种方法，综合评价学生的情感、态度、价值观，尤其是创新精神与实践能力的变化与进步，真正做到以人的发展为本。

第一节　小班化教育的课堂教学评价

教学评价是根据教育目标的要求，按一定的规则对教学效果作出描述和确定，是教学环节中必不可少的一环，它的目的是检查和促进教与学。教学评价通常有广义和狭义之分。而我们这里讲的是狭义上的，主要是对教师课堂教学的评价。课堂教学的实施是教学过程的中心环节。由于教学过程是教师的教和学生的学所组成的双边活动或互动的过程，所以课堂教学评价的主要对象应该是教师的教学工作和学生的学习活动。首先要了解新课程对课堂教学评价的基本要求。

(一) 新课程对课堂教学评价的基本要求

1. 关注学生发展

新课程的课堂教学评价，要体现促进学生发展这一基本理念。这一理念首先体现在教学目标上，即要按照课程标准、教学内容的科学体系进行有序教学，完成知识、技能等基础性目标，同时还要注意学生发展性目标的形成。其次，体现在教学过程中，教师要认真研究课堂教学策略，激发学生学习热情，体现学生主体，鼓励学生探究，高效实现目标。

2. 强调教师成长

依据新课程评价目标的要求，课堂教学评价要沿着促进教师成长的方向发展。其重点不在于鉴定教师的课堂教学结果，而是诊断教师课堂教学的问题，制定教师的个人发展目标，满足教师的个人发展需求。

3. 重视以学定教

新课程课堂教学要真正体现以学生为主体，以学生发展为本，就必须对传统的课堂教学评价进行改革，体现以学生的"学"来评价教师"教"的"以学论教"的评价思想，强调以学生在课堂教学中呈现的状态为参照来评价课堂教学质量。提倡"以学论教"，主要从学生的情绪状态、注意状态、参与状态、交往状态、思维状态、生成状态六个方面进行评价。

① 情绪状态：学生是否具有浓厚的兴趣，对学习具有好奇心和求知欲；是否能长时间保持兴趣，能否自我调节和控制学习情绪；学习过程是否愉悦，学习愿望是否可以不断得以增强。

② 注意状态：学生是否始终关注讨论的主要问题，并能保持较长的注意力；学生的目光是否始终追随发言者（教师或学生）的一举一动；学生的倾听是否全神贯注，回答是否具有针对性。

③ 参与状态：学生是否全员参与学习活动；是否积极主动地投入思考并踊跃发言，兴致勃勃地参与讨论和发言，是否自觉地进行练习。

④ 交往状态：看整个课堂气氛是否民主、和谐、活跃；学生在学习过程中是否友好分工与合作；是否能虚心地听取他人的意见，尊重他人的发言。遇到困难时，学生能否主动与他人交流、合作，共同解决问题。

⑤ 思维状态：学生是否围绕讨论的问题积极思考、踊跃发言，学生回答问题的语言是否流畅、有条理，是否善于用自己的语言阐述自己的观点；学生是否敢于质疑，提出有价值的问题并展开讨论；学生的回答或见解是否有自己的思考或创意。

⑥ 生成状态：学生是否掌握应学的知识，是否全面完成了学习目标，学生的学习能力、实践能力和创新能力是否得到增强，是否有满足、成功和喜悦等积极的心理体验，是否对未来的学习充满了信心。

(二) 当今课堂教学的缺憾与小班的优势

新课程的推广确实使当今的课堂发生了诸多喜人的变化。应该说当下的课堂教学并不缺少新的理论、新的观念和改革的热情，也不缺少新的方法和技术手段。但仔细思考起来，似乎还缺少了许多重要的东西。这些缺憾有教师旧有的教学习惯影响，也有现有大班课堂教学带来的弊端。而小班化教育为将新的课堂教学理念转化为真正的教学行为创造了有利的条件。

1. 小班的课堂更有利于师生转变教与学的方式方法

今天的课堂中，教师虽然不像过去那样把结论、答案直接告诉学生，而往往是以启发的方式提出问题，但教师往往缺少等待，提出问题后很快就会以暗示性的语言迅速把学生的思路、解决问题的方法引到设计好的标准化的路线上来，然后在教师的牵引下迅速指向标准答案。一个教学过程就这样完成了。这对知识的传授也许是高效的，但是高效背后牺牲的却是学生的独立思考能力及实际解决问题能力的发展空间和权利。学生的主动性完全被抹杀了，而且被动地跟着教师转。

小班化教学由于班小学生少，教师可更好地改变自己的教学方式，将有更多的时间给予启发、引导，让学生主动地去"探究"。上课学生发言机会多，参与教学过程更直接更频繁，学生与教师之间、学生与学生之间的交流也更多更密切。同学相互切磋，合作互助，在课堂讨论中主动探求知识。学生上课由被动变为主动，真正成为课堂的主人和学习的主人。

2. 小班的课堂更有利于教师对学生实施差异教学

精心设计课堂教学是教师课前必备的环节，几乎所有的教师课前都能做到认真备课，知道要吃透教材，但却没能做到超越教材。课堂教学过程中同样需要教师的精心设计，积极主动随时参与到学生的学习活动中去。而现实中，教师常游离于学生思考和生生互动之外。许多教师更是上完课以后书本一夹就完事，很少做到将课堂中的感受、得失及时记录下来，更缺乏对教学实践的系统反思，写出随笔、反思之类的教学感悟了。教师根本做不到对学生“因其材而施其教”，只是一味地按着大纲规定的讲授内容的广度和深度，按着自己编写的教案确定的教学进度去强塞硬灌。

小班化教育在教与学两方面个体可支配的时间与空间都大大拓展，与大班相比，教师在一些教育教学常规工作量上减轻了负担，有更多时间开展自己的教学研究，解决自己的教学问题，发表自己的研究成果，改善自己的教学实践。同时，由于学生人数少，教师对每个学生的情况都了如指掌，在教学设计及课堂教学中就可以根据每个学生的生理、心理特点和学习基础、学习能力及接受水平，针对学生的个性差异进行差异教学，有的放矢地对不同学生进行分类分层指导。

3. 小班的课堂更有利于学生主动自主学习

“智慧不能像知识一样直接传授，但它需要在获取知识、经验的过程中由教育的细心呵护而得到开启、丰富和发展”。课堂上，还有很多教师依然担任着“搬运工”的角色，按部就班、原原本本地把教科书、教参上的内容搬到课堂，不是启发学生去思考。整个教学过程自始至终都是在教师一手操纵和控制下，过分强调教师的作用，教师成了绝对权威，学生被当做装知识的容器，失去创造和闪现智慧的机会和权利。

小班化教学情况则发生了变化。由于教师与学生在教学过程中的活动密度、强度和效度得到提高，教育教学内容、方式、技术、过程等随之发生相应动态演变。在教学过程中学生的自主活动增多，积极主动地参与，大胆发现和提出问题，热烈争论，思维活跃。课堂上，学生由配角变成主角，由被动学习变成积极主动学习。教师的主导作用主要发挥在如何调动学生学习的积极性和主动性上，给学生提供和创造更多参与教学过程的机会和条件。这样，教师的主导作用和学生的主体性发挥有机结合，有利于学生建构自己的知识体系，形成学生自己的学习方法。

4. 小班的课堂更有利于学生良好学习习惯及品质的培养

只要稍微留意一下就可以发现今天的大多数的课堂中，教师还是把学生看成是接受知识的容器，老师教得死，学生也学得死，加上片面追求升学率，课业负担沉重，教师教得很苦，学生也学得很苦，并没有真正关心学生的健康成长。殊不知人最宝贵的是生命，生命是智慧、力量和一切美好的情感的唯一载体。

小班化教育首先从课堂环境就给人以美感，对孩子有吸引力，感到温馨愉快，容易激发学习的兴趣，强化学习动机。再加上座位的排列形式，更加便于师生之间、学生之间讨论交流，给学生新颖和亲切感，大大激发学生的学习热情。加之教师与学生之间接触增多，交往频繁，师生之间的关系更加密切，彼此的情感交流也更加直接，从而消除了学生的畏惧感和局促感，增强彼此之间的信任感和亲切感，关系更加和谐和融洽。教师关心爱护每一个学生，为他们提供充分的学习机会，不让任何一个学生掉队，使每个学生都能在教育教学过程中体验到成功的喜悦，这对学生良好的思想品德及行为习惯的养成具有深刻的影响和巨大的作用，有的可能会影响学生的一生。

（三）如何评价小班的课堂教学

小班化教育相对大班教育，具有以下特点：(1) 教与学个体可支配的时间与空间大大拓展；(2) 教师与学生在教学过程中的活动密度、强度和效度得到提高；(3) 师生人际接触、互动交往机会增加；(4) 学生个体享用教育资源和教学关爱的均值递加；(5) 教育教学内容、方式、技术、过程等随之发生相应动态演变。这一切都是因为班额的减少，这是最关键的因素。作为小班化教育者要抓住这一根本，在课堂教学中使其发挥到极致，这样才能真正看到小班化教育课堂教学的优势。

关于小班化教育的课堂教学评价，目前不同的实验区，不同的学校都在进行有益的尝试和研究，可以说各有所长，各具特色。这是因为：一、小班化教育的课堂教学评价也是随着小班化教育的实验与研究而不断研究与进步的，所以具有明显的阶段性。二、受各地区各校小班化教育研究阶段性影响和研究过程中的侧重点的影响，又具有明显不同的侧重点。三、我们研究探索小班化课堂教学的科学评价的目的不是为了鉴定教师的课堂教学结果，而是为了引导教师学习小班化教育理念，真正走进小班化教学，引领教师把小班化教育的理念融入教师的课堂教学之中，所以要用不断发展的眼光看待师生，评价师生教与学的行为。因此,小班化教育课堂教学的科学评价应该是一个不断研究不断完善的过程。

上海作为小班化教育的先行者,在小班化教育的研究中有许多值得我们学习和借鉴的经验。上海市长宁区在小班化课堂教学评价方面进行了相关的研究,他们在研究课题《小班化课堂教学活动评价的研究》中提到的一些评价观点、评价内容值得我们借鉴。

小班化课堂教学活动评价的研究

一、略

二、略

三、研究目标

构建科学的、简约的、具有可操作性的小班化课堂教学活动评价指标,以及评价操作体系,以提高"小班化教育"实效性,推进"小班化教育"实施进程。

四、研究内容

(一)小班化教育环境下,课堂教学活动评价原则的研究

1. 量化与质化评价相结合的原则
2. 目标评价与过程评价相结合的原则
3. 全面评价与特色评价相结合的原则
4. 他人评价与自我评价相结合的原则

(二)课堂教学活动评价内容研究

寻找和确定体现小班化教育特点的课堂教学活动的基本要素,依此形成评价内容指标体系和检测点。

提出研究假设:小班化教育环境中,课堂教学活动的特征有:

1. 教学对象个别化程度
2. 学生学习主体化程度
3. 师生互动有效化程度
4. 教学策略综合化程度

5. 教学组织形式灵活化程度

6. 教学评价行为多样化程度

7. 教学目标整合化程度

8. 教学内容结构化程度

9. 教学资源优化程度

其中,"教学对象"、"师生互动"、教学策略、教学组织形式等为基本要素,个别化、主动化、有效化等为小班化的特点。

评价指标体系:

课堂教学活动基本要素

课堂教学活动的内容(教学活动行为)

小班化课堂教学特征

师、生外显行为评价检测点

教师、学生、教学内容、教学手段

教学目标的设计

教学内容

教学方法、策略

教学组织形式

课堂评价行为

师生交互行为

教师资源

(三) 小班化教育环境下,课堂教学活动评价过程与方法研究

1. 教师课堂教学设计中除一般的要求外,还需要明确体现出小班化教育的特色内容(9 项内容中)主要是什么、如何做、预期效果情况、预期效果的外在行为表现等四项内容。

2. 通过教师教学日志、教学反思、教学案例、经验总结、课堂观察、访谈等质化方法,以及课堂观察量表记录、填反馈表等量化方法,搜集评价素材。

3. 通过教研员、科研员、教师、专家等听课、评课,研究素材资料,对照课

堂教学设计，进行课堂教学活动的综合评价，形成评价报告。

评价操作过程：

参与人员	上课前	上课时	上课后	总　结
授课教师	教学设计	教学实施	撰写教学反思等	共同研讨所搜集的评价素材。1. 对任课教师课堂教学进行评价，形成评价报告；2. 形成评价内容中教师、学生外显行为特征的总结。
其他研究人员（每次选定一位主持人主要负责）	研究教学设计	课堂教学活动观察记录（分工操作）	分析观察记录	
学生			填写反馈表	

……

（文章来源：长宁区小班化教育网站）

今天，我们谈小班化教育课堂教学的科学评价，只是从我们认识或者是思考的角度，提出一些观点和思考，仅作为参考。

关于小班化教育的课堂教学评价，我们认为在新的课程改革理念指导下，其中很多方面不论大班小班都是一样的，也是一堂课的基本要求，我们就不深入展开，仅站在小班化教育的角度，提出应该重点关注的几个方面：

1. 备课要备到学生

小班因人少，课堂上师生人际接触、互动交往机会增加，学生个体享用教育资源和教学关爱的均值也会递加。这就要求教师在备课时充分考虑到学生的个体差异，满足学生个别学习的需要。因此教案中要：

1）有分层教学内容

学生存在差异是必然的、合理的，要看到差异也是一种资源、一种财富、一种动力。在备课时，教师要因人而异地设计教学环节，对课堂的提问，新旧知识的迁移，新知识的讲解等方面，都要针对学生差异，设计不同的层次。使能力较强的学生发展思维，能力中等的学生产生兴趣，能力较差的学生掌握方法，不同层次的学生都得到相应提高。

2）有学生个案

教师对学生的个别差异要勤于观察，正确判断。不仅要打破传统的“一刀切”，还要预防绝对“分层切”。要针对学生的个体差异，设计贴近其“最近发展区”的学习内容和方式方法，让每一个学生在各自不同的基础上，都能得到发展。

2. 上课要面向全体

小班的课堂教学理念之一是教学均等，就是要求教师能够面向全体学生，对每一个学生实行等距离教育，特别是在课堂上更要让每个学生享有充分的关爱。

1）发言

课堂上，要保证每个学生都有发言的机会，特别是新授课、训练课更要保证100％的发言率、关注率。对每一个等级的学生都要有跳一跳就能摘到桃子的学习内容，以调动其积极性。

2）空间利用

小班人数少，空间相对就大了，课堂上要能充分发挥空间的优势，有效地组织小组活动及游戏活动，让每个学生参与其中，增进师生间、生生间的交往密度和融洽度，提高师生互动的有效性；让学生有更多机会处于活动的中心地位，提高学生主体自主学习的程度，使其潜能得到充分的发挥。

3）个别辅导

小班化教育的一大特点是个别化教育，在课堂教学中我们既要体现多种教学策略的综合，也要抓住时机对学生进行个别化教学，体现出“因材施教”。

3. 作业要做到面批

小班人少无形中使教师批改作业量减少，那教师就要把这多下来的时间用在面批上。保证每个学生每天有一次作业接受教师的面批，通过面对面的表扬、纠正、指导、帮助，使每个学生都得到教师关怀。

课堂上学生学什么、怎样学，与之密切关联的教师教什么、怎样教，是课堂观察的基本内容。由此可以确立课堂观察的三个基本维度，即学生学习的状态、接受知识的形态与教师教学的行为。其中，学生的学习状态应当成为课堂观察的聚集点，由此去反观与审视其他两方面的利弊与得失。

第二节　小班化教育学生评价

德国教育家第斯多惠说:“教学艺术的本质不在于传授的本领,而在于激励、唤醒、鼓舞。”在强调素质教育的今天,评价二字的概念已发生了变化,评价不再作为最终目的,而是贯穿于整个教育教学过程中,关注着人的发展。学生不仅是一个人,还是一个成长中的人,有很大的可塑性,有自身的差异性,他们是在不断的发展之中。教育的意义就在于引导和促进学生的发展和完善。教育评价包含的内容很多,评价的分类就有不少。我们今天主要讲小班化学生的评价,这既是教育评价的重点,也是小班化教育最为关注的问题。

(一) 学生评价

学生评价是指在一定教育价值观指导下,根据一定的标准,运用现代教育评价的一系列方法和技术,对学生的思想品德、学业成绩、身心素质、情感态度的发展过程和状况进行价值判断的活动。

传统的学生评价注重书面测试(纸笔测试),忽视其他测试手段的运用;注重容易量化的评价目标,忽视不易量化的评价目标;注重死记硬背,忽视学生能力的培养;注重终结性评价,忽视形成性过程评价;注重分数名次,忽视起点与进步。正因为此导致了大量的所谓“差生”和学习失败者,挫伤了部分学生学习的兴趣、积极性和主动性,影响了一些学生的发展。

学生评价是一种力量,可能抑制也可能促进学生学习,可能让学生单向度发展也可能全面发展;可能对学生学习独裁管制,也可能对学生学习提供多重主体的支持。现代学生评价的主要目的是为了激励学生的学习,根据学生的实际改进教学过程,促进学生更好地发展。

(二) 小班化教育学生评价

小班化教育学生评价不仅仅是评价体系的变革,更重要的是评价理念、评价标准、评价重心、评价方法和评价主体等方面的转变。这也顺应了新课改的目标。

1. 评价理念：重视发展性，关注学生整体素质

从传授知识为主转向注重培养学生积极的学习态度、创新意识、实践能力，以及健康的身心品质等。评价的功能不再是为了选拔和甄别，不是“选择适合教育的儿童”，而是通过评价的诊断和激励作用，关注学生的成长与进步，帮助学生找出发展中的问题，提出改进建议，从而“创造适合儿童的教育”。教师要明确评价的根本目的是促进学生的发展，而不是检查和评比。因此要依据学生的不同背景和个性特点，准确地判断每个学生的不同特点及其发展潜力，为每一个学生提出适合其发展的具体的有针对性的建议。

2. 评价标准：关注整体发展的多维标准

承认学生发展水平的差异性，强调用多种标准评价学生，使得每个学生都能在不同的水平和位置上体会到进步与收获。教师在日常教学中，要跟学生进行全方位接触，对每一个学生的学习情况都要做到了如指掌，对每一个学生的个性差异都要做到心中有数。在评价中，要根据不同学生的个性特点，适时地运用不同的评价手段与方法，促进学生在原有水平上提高，培养他们的学习兴趣，使他们乐学、善学，形成积极向上的学习心态。尤其是对那些学习习惯不好、基础知识较差、学习能力较差的学生，在评价时更要采取特殊的方式和投入更多的爱心，要更多地运用激励性的、赏识性的评价帮助他们树立学习信心，提高学习兴趣。

3. 评价重心：从结果转向过程

先对被评价对象现有发展水平作诊断性评价，然后在学生学习过程中随时进行多维评价，包括学习方法、态度等，通过学生在实际情境中应用知识的活动、作品、笔记、设计等第一手资料，来评价学生的发展过程及其成果。同时结合学生自我评价与学生之间的相互评价做好形成性评价，最后在此基础上对被评价对象的各方面发展做一个终结性的评价。过程评价由于涉及学生学习的全过程，需要投入更多的时间，花费更多的精力，因此，教师往往要扎扎实实地去做。

4. 评价方法：多样性，尤其强调质性评价

改变传统的量化评价方法，采用质性评价（成长记录袋、学习日记、情景测验等）全面考察学生的综合素质，对学生的学习和发展进行全面评价。要求做到定量评价与定性评价相结合、单项评价与综合评价相结合、阶段性评价与期终评价相结合、老师家长的评价与学生自评互评相结合。同时在评价中既关注学生的学习结果，又关注学生的学习过程；既关注学生的学习成绩，又关注学生的情感态度、价值观的形成与发展。评价要考虑学生的过去，重视学生的现在，更着眼于学生的未来，它不是给学生一个结论或一个分数，而是更多地体现对学生的关注与关怀，把素质教育的要求落实到每个学生的生动活泼的发展上，落实到学生人格的完善上。

5. 评价主体：走向多元

评价主体多元化，强调教师、学生、家长、管理者、社区甚至专业研究人员在评价中共同参与的交互评价模式，尤其强调学生对评价过程的主动参与，关注学生的地位和感受。为了保证学生身心健康、全面发展，鼓励学生本人、同学、家长参与到评价中来，把教师对学生的评价、同学间的互评、学生的自评、家长对学生的评价有机结合起来。通过各种方式引导家长对学生在家中的学习态度、学习方法等进行正确评价，不仅使家长对学生的学习有更多的了解，同时也使教师能够从家长那里得到更多有关学生学习的信息，不断促进学生的全面发展。

（三）小班化教育学生评价的特点

小班化教育是新时代的产物，由于学额数的减少，可以使每个学生都能得到老师的关爱，做到师生互动、生生互动。这种互动，可以激发学生的聪明才智，发展他们的能力，为他们一生的发展打下扎实的基础。因此小班化学生评价不仅具有时代性，还符合新课程要求，具有以下特点。

1. 主体性特点

小班化教育强调的是关注人的发展，评价无疑也应以人为主体，将完整的有血有肉，有情感的有个性的人当作自己的对象，并通过评价努力促使学生个性充分发展，从每个学生发展的内在需要和实际状况出发，评价他们各自的发

展过程,并通过评价促使他们向着更高,更美、更远大的方向努力。这种评价充分体现了尊重学生个性的人本精神。小班化学生评价作为教学过程中的重要环节,不仅要求学生参与到评价的过程中来,尤其强调学生对评价过程的主动参与,关注学生的地位和感受。这就改变了以往只有教师对学生单项性评价的状况,学生既是自我学习的主体,也是自我评价、相互评价的主体,这样,能使教与学在评价的环节中得到和谐的统一。教师工作的本质,就在于教会学生自己学会学习和获得主动发展,在评价过程中尊重学生的主体地位,教会学生去发掘和发挥自己的主体精神与主体潜能。

2. 多元性特点

每个人或多或少地存在着 7～9 种多元智力,既然如此,怎么能用一把"尺子"去衡量所有的学生?难怪有人说,很多所谓"差生"是由于我们的评价标准单一而"制造"出来的。小班化教育要求开放性地进行教育教学,教师就要有"多一把尺子,就多一批好学生"的观念,充分挖掘每个学生的潜能。多元性评价的内容包括学生发展的基本要素。既有对学生知识学习的评价,也有对学生在学习过程中客观存在的各种非智力因素的评价。还有学生创造性思维、动脑动手能力以及情感、态度和价值观的评价。这种对学生综合学力的评价体现了教育评价的多层次、多维度和多导向的特征。每个学生由于生活的空间、自身因素的影响有着不同的特点,作为教师就要抓住这些特点进行不同程度的评价。学习者的能力也是多方面的,每个学习者都有各自的长处与不足,因此教育教学中对学生必须进行不同维度的综合评价,从而全面反映学生的学习状况和发展成果,以促进每一位学生素质教育的全面提高。

3. 激励性特点

每个学生都有争强好胜的天性,都有渴望成功的愿望,都希望得到老师和同学的认可,正是这种内驱力,激励学生不断地自我发展和自我完善。现代心理学研究表明,学生得到肯定性评价,会使学生产生愉快的情感体验,从而极大地激发学习动机,调动学生奋发向上的积极性,就能促进学生自我发展。小班化教育学生的评价,就要以激励性评价为主,使学生学习成功的需要得到满足,使学生的动机、态度、情感、人格等因素处于并保持积极、活跃、协调的状态，以此极大地促进学生全面素质的提高。评价的基本点是找出学生的优点，评价的方式是多鼓励，评价的比较对象重在自比。作为教师要着眼于发现学生的优点和长处，观察学生的细微变化，寻找闪光点，创造一个支持性的环境，不断增强学生成功的愿望，从而最大限度地调动学生的积极性，以满足学生的心理需求。还要注意有团队评价的引入，激发学生合作精神。在个体评价中以每个学生原有基础为基准，以学生个体纵向发展和提高的程度为评价的主要依据；在比较评价中培养学生竞争的意识。评价还要适时、适度、准确、具体，并富有艺术性，切忌言之过甚，对优点的褒奖和对其前景的引导都应该恰如其分，使其有永远向高一层次攀登，持久地参与学习的动力。

4. 形成性特点

关注结果的终结性评价，是面向“过去”的评价；关注过程的形成性评价，则是面向“未来”、重在发展的评价。小学阶段是学生发展的奠基阶段，既要让学生学好小学阶段必须掌握的知识技能，又必须为他们进入中学后的成长及终身可持续发展奠定基础。因此从本质上分析，小学阶段的学生评价，应当重视教育教学过程的形成性评价。形成性评价着眼于发现和发展学生的潜能，充分地了解学生，关注每个学生在已有水平上的发展，关注学生发展中的个性差异，及时准确地肯定和鼓励学生的进步，客观地反映和鉴别学生在学习和发展中遇到的困难和问题，以帮助学生进一步发展。传统的评价往往只要求学生提供问题的答案，而对于学生是如何获得这些答案的却漠不关心。缺少对思维过程的评价，就会导致学生只重结论，忽视过程，就不可能促使学生注重科学探究的过程，养成科学探究的习惯和严谨的科学态度与精神。而形成性评价关注学生求知的过程、探究的过程和努力的过程，多问几个“你是怎么想的?”“能谈谈你的观点吗?”评价才能深入学生发展的进程，才有可能对学生的持续发展和提高进行有效的指导，评价促进发展的功能才能真正发挥作用。

5. 个性化特点

“承认差异、尊重个性、给每一位学生以充分的发展空间”是《课程标准》提倡的一个基本理念。学生是一个个体,个性不一,能力有别,知识经验也各不相同,不同的学生在认知风格、思维特征、学习兴趣、个人爱好、行为习惯等方面都存在差异,这就必然造成学生的成长速度有快慢之分,所以在教育教学评价中必须做到“个性化”。除了横向的评价,更需要纵向的评价,从而培养孩子和谐的个性。小班化教育十分强调分组教学与个别化教学,强调对每个学生因材施教,学生评价就必须体现个案化、个性化特点。对不同的学生可以有不同的评价标准、方法,即使是对不同学生相同内容的评价,其价值判断内涵也可丰富多彩和生动活泼。平时教师要用赞赏的目光、动作及言语激发学生学习的求知欲,要采用符合个性特征的评价方法,以适应不同的学生,使学生获得成就感,增强自信心,从而使他们不知不觉地融入到教育学习中。这样的个性化评价才是真正关注生命,培育出的才是丰富多彩的生命。

第三节　小班化教育学生评价的原则和方法

一、小班化教育学生评价的原则

新课程及小班化教育的培养目标都是促进学生的发展。“发展”包括三层含义:一是指“面向”上的发展,即不再是面向少数学生,而是面向全体学生,不放弃任何一个学生,让每一个学生都取得进步,得到发展。二是指质量上的发展,即让每一个学生都获得全面发展。这里的“全面发展”不能理解成“平均发展”或“样样拔尖”,而是指学生在原有的基础上取得进步,获得成功。三是指动力上的发展,既由被动转为主动、由消极转为积极的发展。根据这样的要求,提出实施小班化教育学生评价的原则。

(一) 评价主体互动化

教育是在人与人之间的交往中展开的,而学校教育主要是指师生之间的交往,没有师生关系的交互性,就不可能有教育教学的活动。新课程倡导师生、生生之间的平等对话，评价也应建立在互动的基础上。互动必须是“双向的”，而不是“单向的”。传统的教育教学评价中，教师是评价的主体，学生是评价的被动接受者，评价的结果是教师和家长用以肯定或否定学生的“法宝”。好学生更是积极评价的主体，对于大部分学生而言，他们的智慧与努力并不能得到别人的关注与肯定，当然也就谈不上什么“成就感”了。学生评价中仅靠老师单向评价而忽视学生评价和交互评价，不仅不利于教师全面了解学生的学习状况，而且还让学生失去一个认识自我和相互学习的机会。

小班化教育学生评价要求在评价主体上发生变化，评价要有家长、学生、教师的全员参与，并相互交流，这样评价才能发挥多方面的积极性。学生进行自我评价，目的是培养学生的自我评价、自我反省与自我监控能力；学生参与对他人的评价，目的是让学生在清楚地认识到自己的优势和不足的基础上，提高批判性思维能力，并让学生学会交流、合作与分享；教师评价是对学生自评和互评的有效补充，使其更多地关注全体，促进教育的公平、公正；学生家长参与评价能够让父母清楚地了解孩子的学习情况与成长过程，从而更有针对性地对孩子进行教育。评价主体之间的互动就是力求让每一位学生都能得到相应的重视与肯定，促进学生的健康成长。

我们应该努力打破以往那种以老师为惟一评价主体的传统，探索让学生、教师、家长、甚至是社会参与到对学生的评价活动中来，评价不再是单向的，而成为相互的过程。评价主体的互动，可以从多个方面、多个角度出发对学生进行更全面、更客观、更科学的评价，从不同的角度为学生提供有关自己学习、发展状况的信息，有助于学生更全面地认识自我，创造出一种充满活力的评价环境。

（二）评价内容多元化

学生评价的内容是教育目标的具体体现，反映了具有时代特点的教育观、质量观和人才观。教育不仅要为社会培养合格的公民和人才，还要使每一个学生学会做人、学会做事、学会合作、学会学习，成为有能力追求幸福生活的个体。学生在学习活动和未来的生活与工作中，其知识技能、情感、态度、价值观与学习的过程和方法是紧密联系的整体，它们之间没有主次之分，对任何一个方面的忽视都可能造成学生发展的偏颇。因此，依据教育教学目标，对学生进行多方面的评价是促进学生全面发展的必然要求。

在新的课程标准中，每一门学科都强调培养目标和评价内容的多元化，不仅包括基础知识和基本技能，还包括学习过程与学习方法，情感、态度与价值观。学生是一个多方面素质综合的生命体，其成长和发展也必然是整体协同进步的过程，因此，评价不仅关注学生的学习成绩，更应当注重学生综合素质的考评。关注学生的创新精神、实践能力以及良好的心理素质、学习兴趣、积极的情感体验。

小班化教育重视对学生求知能力、做事能力、共同生活能力、生存和发展能力的培养。求知的能力是指掌握认识世界的工具、学会学习的方法；做事的能力主要指处理信息的能力和人际交往能力；共同生活的能力，是指学会在合作中竞争，在竞争中合作；生存和发展的能力是指学会适应环境以求生存，改造环境以求发展。充分发展个性，增强自主性、能动性、创造性和责任感。所以小班化教育学生评价的内容除学业成就外，还应重视学生其他潜能与特质的发展。“多一把衡量的尺子，就会多出一批好学生”的观念应是小班化教育的教师的共识，在日常的教育教学活动中，用积极的眼光，从多个角度去评价学生，发现学生的优点和长处，让每个学生在自尊、自信中健康快乐地成长。

对不同的学生评价方案不同，收集数据和资料的渠道也各不相同。从信息的来源上看，可以来源于学生，也可以来源于教师。有时候还可以来源于家长、校长和社会人士；从信息的性质来看，可以是定量化的数据，也可以是质性的原始资料；从收集信息的方法来看，可以使用传统的观察、访谈和问卷等方法，也可以使用成长记录袋、表现性测验等新兴方法。

（三）评价过程动态化

学生的发展是一个过程，促进学生的发展同样要经历一个过程。对学生发展过程的关注和引导，是在一定的目标指引下通过评价改进教学，不断促进学生发展的过程。传统的教育评价更多的是关注结果，因此往往只需要在终结性评价的时候一次性地收集一些信息。而在新课程背景下的教育评价中、由于要关注发展变化的过程，要依据过程性的资料提出改进的建议，因此，观察、收集与分析相关的过程性数据和资料就显得更加重要。而这观察、收集、分析、评价的过程更应是动态的。

动态的评价有两层含义：一是跨越多个时间点观察评估学生的进步与改变情形，了解学生动态认知历程与认知能力变化的特点和潜能。二是评价者与被评价者之间产生大量的互动，强调评价与教学结合，实施个体化的诊断评价与教学补救。所以，评价过程的动态能够统整教学与评价、兼重历程与结果，可以评估与预测学生最佳的发展水准。这样的评价不仅关注结果，更注重学生成长发展的过程，有机地将终结性评价与形成性评价结合起来；给予学生多次评价的机会，其目的在于促进评价对象的转变与发展；将评价贯穿于日常的教育教学行为中，使评价日常化、通俗化、动态化，让学生参与到这样的评价中，每评价一项，学生就经历了一次反思和总结自己行为的过程，从而使自己自觉地形成良好的行为习惯。学生评价方面每一个具体措施的提出与落实，都要服务于这一目标。比如，在评价过程中采用等级记分制，淡化学生之间的评比（相对评价），提倡学生与课程标准比较（绝对评价），与自己的过去比较（个体内差异评价），强调在多种比较中客观地了解和评价学生，帮助学生正确地认识自我和悦纳自我。再比如，重视过程性评价（也称形成性评价），注重通过即时、动态、灵活的评价，全面深入地了解学生的学习与发展状况，并在此基础上给学生提出有针对性的建议，让学生知道怎样可以做得更好一些，指导学生追求进步。

小班化教育班额少，更有利于动态的评价活动。在学生评价中强调收集并保存表明学生发展状况的关键资料，对这些资料的呈现和分析能够形成对学生发展变化的认识，并在此基础上针对学生的优势和不足给予学生激励或具体的、有针对性的改进建议。在评价中不拘泥于形式，只要教师对学生的观察和积累达到一定程度，觉得“有感要发”，就可以对学生进行评价并记录下来。记录形式也是多种多样的，可以写在学生的作业本上，也可以放在学生的成长记录袋中，还可以是学习报告单。要把对学生的日常评价和重要的资料系统地保存下来，这样才能体现学生发展变化的轨迹，使教师能够对学生某个阶段的学习状况有清晰全面的把握，也有助于学生对自己的学习进行反思并改进自己的学习。在学业评价中，将定期的正规评价，如小测验、表现性评价和即时的评价，如学生作业、课堂表现评价有机地结合起来，这两方面的评价对改进下一阶段教师的教学和学生的学习是同样重要的。

教师在评价的过程中，对学生的学习态度、学习能力、学业发展状况，以及在学习过程中表现的情感、态度、价值观等都要特别关注。学生在日常的、大量的、教育教学活动过程中的表现，都是对学生进行动态评价的依据。评价者要根据行为观察、课后访谈、活动表现、学生成长记录等，了解每个学生的优点、潜能、不足以及发展的需要，可以进行即时评价（书面、口头都可以），也可以对学生某一阶段的学业发展状况进行动态的评价。

（四）评价方式激励化

新课程标准中强调评价的目的是全面了解学生的学习历程，激励学生的学习热情，促进学生的全面发展，保护学生的自尊心、自信心。新课程带给我们全新的视野，也带给我们对评价方式的重新思考。不同的评价者有着不同的价值观，也就有着不同的评价方式，但不论什么评价方式的运用往往不是孤立的、单一的，都要根据实际需要，灵活运用，有机结合，让评价真正起到激励学生的作用。激励就是根据人的需要激发人的动机的心理过程。通过激励，在某种内外刺激的影响下，使人处于兴奋状态。激励的心理过程，就是由人的需要、动机、行为、目标相互作用的过程。

小班化教育就是要求教师给予学生更多的关爱，让每一个学生感受到成功的喜悦。因此，在评价中不论用什么方式，目的都是激励。要做到有爱心，有耐心，善于鼓励，对学生取得的一点一滴，甚至微不足道的进步，也要大张旗鼓进行表扬，拓宽其继续转化的渠道。教师要学会发现和合理放大学生的闪光点，并恰当地把握时机，进行适度的评价，使学生产生学习的愉悦感和成功感，自觉地产生内在的求知欲望，师生也就会达成一种很好的默契，“教”与“学”的目标自然也就能顺利地实现。

法国著名作家安德列·莫洛亚说过:“美好的语言,胜过礼物。”赞美是一种激励,它之所以对人的行为产生深刻的影响,是因为它满足了个人较高层次的需要,即心理的需要。激励的奥秘在于让孩子觉醒,生命觉醒的力量是排山倒海、势不可挡的。学生也是孩子,他们更渴望得到别人的赞赏,特别是来自老师的赞赏。要知道:爱是最美的语言,微笑是最具感染力的行为,赏识是最大的认同,教师的赏识与激励是最重要的。教师要尽可能地创设机会,开展形式多样的活动,用赏识的心态去对待学生的行为,用赏识的语言去夸奖他们的举动,用赏识的目光去欣赏他们的神态,用赏识的动作去鼓励他们的心灵,让学生一次又一次体验被赞赏的快乐,不断地激励前行。激励的功能要建立在对学生学习的过程及其发展变化有深刻认识的基础上。无论是采用激励性的语言,还是各种激励的教育手段,如果没有明确的评价目标、准确的观察和资料收集、恰当的评价结论,随意的激励是无法对学生起到促进作用的,而且还有可能对学生产生消极影响,造成学生只能听表扬,不能听批评,认识不到自己的缺点和不足,盲目乐观起来。同时还要教育学生赏识别人和得到别人的赏识都是快乐的。教师应该教学生能够静下心来认真倾听同伴的心里话,学会站在伙伴的角度思考问题、理解问题,为同伴的进步而高兴,这其中也学习了与他人交往的方式、方法。教会学生学会分享、学会反思,因为赏识他人是赏识自己的前提,倾听他人是理解他人的前提,分享他人是反思自己的前提,激励也就在其中了。

赞赏学生的优点、长处和进步,也不能忽视学生的缺点和弱点。批评也是另一种激励。人在本能上对批评有一种抵触心理。但如果批评合理,就能起到化消极因素为积极因素的作用。学生有了问题该指出一定指出,该批评的一定批评,该制止的一定制止。学生的缺点、弱点和错误,只有调动和依靠自身的积极因素才能真正引起重视,并逐渐改正。这时,批评的艺术显得尤为重要,要讲究方式、方法,语言应该委婉,以情服人,让学生在接受批评时心服口服。要把学生看成一个个独特的个体,给予充分的理解,缩短师生之间的心理距离,以心换心,由“心理换位”达到“共同感知”。

评价方式的激励化要注意,评价的时机要恰当,评价的内容要全面,评价的语言要艺术，评价的方法要多样。教师要更新观念，转变角色，提高素质，对学生以激励性评价落实在日常的教育教学行为中。要随时随地耐心地保护学生的自尊心和自信心，要以平常心态和微笑面对每一个学生，特别是对学习上有困难的“调皮学生”，更要对他们给予不同程度的激励和关怀。通过评价，以激励发现学生潜能，发挥学生特长，了解学生发展中的需求，促进学生在原有水平上的提高。

二、小班化教育学生评价的方法

尊重个性、弘扬个性是21世纪的关键词。美国心理学家马斯洛·罗杰斯指出：“人的潜能、个性和价值是高于一切的，人是教育的出发点和归宿，教育的功能就是要帮助人达到他能达到的最佳境界。”教育在今天只有赢得了“个性和个性发展”，才能赢得社会发展的未来。让每个人的个性都得到发展和完善，这是人的本性要求，更是教育之使命。在教育评价发展的每一时期，评价方法的应用都反映了一定的价值取向。随着教育评价的价值取向的演变，教育评价方法和手段也不断得到发展、创新：定量评价和定性评价、分析评价和综合评价、模糊综合评价、相对评价与绝对评价、静态评价和动态评价等等。评价方法是为评价目的服务的，对于不同的评价对象、评价内容采用不同的评价方法，不同的评价方法需要不同的评价手段，因此要结合评价实践不断努力创新。

在多年的小班化教育实践中，小班化教育的研究者和实践者们总结出了多种小班化教育的常用方法，现呈现给大家，供大家参考。

1. 小组评价法。以小组为主体的评价。它的基本思想是培养学生的团队精神，就是让学生学会合作、学会关心、学会以团队的力量去竞争。每一次的小组评价活动，都要有目的地组织，让学生真正进行评价的体验和验证。再把评价结果反馈给每一个学习小组，使每一个学生都运用评价的结果，在证实其真实性的过程中，小组中的每一个成员都能享受到成功的愉悦，进而加深对知识的理解或掌握，发展相应的能力。这样的评价，对于形成学生的集体观念，形成与伙伴合作学习的习惯是十分有效的。

2. 活动评价法。通过组织活动来评价学生的认知水平和学习兴趣、能力、习惯等方面的情况。活动评价法也是对学生综合能力的评价。此评价的基本过程是：学习材料—组织活动—观察分析—小结反馈。活动评价法的关键是组织活动。组织活动要充分相信学生的组织能力和活动能力，学生的自主性越强，活动的积极性就越高；反之，教师包办过多，学生就会兴趣索然，评价也就无法进行。

3. 鼓励评价法。鼓励评价法是激发学生内在潜能的重要手段，也是形成学生持续性、发展性学力的重要途径之一。从评价的形式上分，可采用口头评价和书面评价。书面评价是具有诊断性的、结论性的评价，应用时应慎之又慎。从评价的媒体上分，可采用语言评价和体态评价。体态评价在“小班化教育”的教学实践中被经常地使用。从评价的指向分，可以是教师对学生和学生对学生，有时也可以是学生对老师，甚至是学生自己对自己，以提高学生的自信心。从评价的时效来分，可采用即时评价和长效评价。如学生的表现突出，或此项意见具有独创性，或此番表述对大家很有启发，或揭示了重要的规律、法则，此时，为了取得长效评价的效果，教师可以来用“××××方法”、“×××意见”的命名，使之得到很大的鼓励，使大家都留下很深的印象。

4. 形象评价法。形象评价法是运用一些标志、图标甚至手印等，调动学生情绪的评价方法。小学生的认知水平是以形象化为主导的，“形象评价法”具体、生动、活泼，学生易于接受，印象深刻，评价效果持续的时间长。进行形象化评价，教师事先要做好准备，其中最主要的是形象的选择。一是要从教育的内容、学习的要求出发；二是要选择学生喜闻乐见的形象，以调动学生良好的学习情绪，积极地投入到学习中去。运用“形象评价法”的关键在于形象的选择、时机的确定、评价的展示和反馈的再现。

5. 模糊评价法。模糊评价法指的是在小班化教育的条件下，通过教师描述的方法对学生进行的教学评价。采用模糊评价法旨在打破以往以一次测验、一个分数来评价学生的传统做法，取而代之的是对学生学习过程与结果的多侧面、多角度的评价；或在一定的时间阶段后，教师用语言描述的方法对学生进行评价。模糊评价法的运用，其基础是建立在教师对学生深入细致的观察了解之上。其方法是教师定期或不定期地为学生写评语。教师的评语可以以学生为阅读对象,也可以以学生的家长为阅读对象。评语可以是单向的,即教师写给学生或家长看,也可以是双向的,即家校之间交互式的信息交流。特别要指出的是,教师写评语的语言必须规范,同时尽可能使用探讨性的、启发性的和平等性的语言,让学生和家长都能从教师的评语中感受到教师的关怀和期望。这种师爱和信任将成为学生不断进步的动力。

6. 参与评价法。没有评价的教学不是完整的教学,只有教师评价学生的教学也不是完整的教学。参与评价法的基本思想就是在小班化教育中把学生自我评价、学生之间相互评价以及家长评价等纳入评价主体的范畴。自我评价是培养学生主动学习、自我监督、自我调节的有效途径。学生互评有利于激发评价对象的竞争意识,增进学生间的多向交流,以利于取长补短,让学生进一步在与同伴学习的比较中认识自我。学生在评价自己和评价他人的过程中认识自我、完善自我、发展自我,学生学习的主体性和积极性得到充分发挥,学生在评价中的主体地位也得到充分体现。

7. 无级评价法。取消分数等第评价学生的做法,代之以“达到”“稍欠”“须努力”等暗示性的评价语言;以己之长补己之短,教师有责任发现并培养学生的特长之处,扬其之长,补其之短;提供多次评价机会,只要学生自己愿意,可以反复申请进行评价,直到学生自己觉得满意为止。无级评价法符合小班化教育的理念,要创造适合学生多次、多重、多元的发展需要的教育。这样的评价是发展性的,无压抑感,比较自然,能产生自我激励的作用。

8. 反馈评价法。小班化教育的一个显著特点是面向全体,强调全员参与。因此,反馈评价也应强调全员反馈。在课堂教学中,利用扩大了的空间,让每一个学生都有机会反馈自己的学习情况;每一个学生都能上黑板写字;每一个学生都能把自己的作业展现在大家的面前;每一个学生都能走出座位,用各种方式来表达自己的学习体会。在教室及走廊的环境布置中,我们可以把学生的作业和作品展览出来,这样的反馈是无声的评价,对学生是莫大的鼓舞。还可定期吸纳来自于家长和社会的反馈,也是小班化教育教学评价的重要环节。

9. 个案评价法。实施小班化教育，教师有可能对班级中的每一个学生进行细致入微的观察和了解，为学生制订个别化教育计划，并运用“个案评价法”对学生进行评价。如建立学生档案袋，进行学生的个案记录。个案记录涉及到学生生活的各个方面，以事实记载为主，实事求是，言简意赅。教师要对记录做详尽分析，进而做出评价。“个案评价法”的意义在于教师对每一个学生都能够进行深入而全面的评价。

三、南京市小班化教育实验学校评价案例

以生为本多元评价促进学生全面优质的发展

——火瓦巷小学小班化教育评价实践介绍

随着时代的发展，新课程改革倡导发展性评价。发展性评价以促进人的发展为宗旨，它不仅具有选拔、筛选功能，更具有反馈调节、展示激励、反思总结、记录成长、积极导向的功能。发展性评价的核心重视“过程”，评价是主客体之间的互动过程。评价作为一项活动，存在于教师的“教”和学生的“学”之中。发展性评价强调给多次机会评价，重视评价对象在过程中的转变，在形成终结性评价之前，评价主体会对评价对象指导帮助，并给以再次改正、修正的机会。我校开展的学生评价，重点放在小班化教育多元、开放评价体系的构建上，通过质性和量性多种评价方法，对学生发展中所表现出来的各种认知、情意行为进行检测和判断，以促使学生素质的全面发展。

一、在评价体系的构建中，我们把握四大原则：

1. 单项检查和综合评价相结合

我校的评价实验研究，力求体现对传统评价方法的一种扬弃，吸取传统评价方法的精髓，结合我校实际情况，制定出单项检查与综合评价相结合的原则。对于教材中，可实施分项测试考察的，我们采取单项测试。比如每年一年级的汉语拼音的单项检查，由高年级学生一对一地对一年级学生进行单韵母、复韵母、整体认读音节、认读音节的测试。

当然，我们既要实施分项测查，更要实施综合评价。综合素质能够反映学

生在学习过程中的整体能力，既是教师对学生全面评价的依据，也是综合测评的依据。主要做法是两种形式。一是从一年级起，我们给每个新生建立了成长档案盒，将学生参加的课内、课外活动中的突出表现，能激发学生发展的"闪光点"收集于档案袋中。更加注重对学生的过程评价，及时收集及时评价。根据资料，依据成长记录袋的不同用途，可以将它分为展示型、描述型和评估型三种类型。我校的成长记录袋大多数属于展示型和评估型。既将学生值得骄傲的手工作品、美术作品等收集于袋中，又将学生测评试卷选择代表性的以及获奖征文、发表的文章和参加各类活动的证明、奖状、证书放于袋中。二是重视学生各方面素质的均衡发展。注重对学生各方面素质的综合考查，改变单纯的书面测验、考试检查，从多面评价学生的进步与变化。比如：学校平时学生自评、生生互评的《学生综合表现评价》(见附件一)，表中的16项内容涉及学生各个方面表现。学校自编的《成长的足迹》中有关学生综合素质的测评也有五大项17小项(见附件二)。这都是引导教师注重学生的综合素质培养，引导学生全面发展。

2. 定性评价和定量评价相结合

在评价中我们要求定性评价和定量评价相结合，尤其是要重视定性评价。课改提倡评价的多主体参与。学生、同伴、教师、家长都是参与者，体现家校互动、师生互动、生生互动，强调评价过程中主体间的双向沟通、选择和协商，使自我评价、同伴评价、教师评价、家长评价有机结合。这样，不仅有助于激发学生学习的主动性，培养与他人合作交流的能力，还促进学生的反思和改进。(见附件三)

学校倡导教师要对学生的学习状况和考试结果进行分析，并在每月一次的"成长的足迹"里客观地描述学生学习中的进步和不足，并提出建议。用最有代表性的事实来评价学生。在这同时，我们认为还要关注学生对评价结果的认同，使其最大限度地接受评价结果。所以很早我们就提出，在学校较重要的检测中，允许学生提出二次检测的要求，只要学生认为此次检测未能考出应有的水平，经过短期复习后，可进行复测，并把他认为满意的分数填入其《素质教育报告册》中或将自己满意的试卷放入档案袋中。

在重视定性评价的同时，我们也没有忽略定量评价在学生发展过程中的作用,我校带领广大教师变革考试的方式,注重对命题的研究。考试卷中更多的出现了对话性的命题,比如在一年级试卷中"你能在拼音格中,将这六个音节书写得正确和漂亮吗?""这些字长得挺像,你能辨别清楚吗？请给他们组组词!"这种对话式的活灵活现的题目,不仅激发了学生答题的欲望,同时又增强了学生对学习的兴趣。试卷再不像原来那么生硬,而变得更有童趣,更人性化。比如试卷的题头会出现"亲爱的小朋友：经过这段时间的学习,你们一定掌握了许多知识,老师真为你们高兴,下面老师出的这些题目,相信你们一定能答得很好!""教师寄语：过去的两个月中,预习、复习、作业、听讲,你一定付出了不少努力！金秋,正是收获的季节,也是你收获的季节,现在请你调整好心态,开始认真答卷吧!"同时也鼓励学生和老师一起批改试卷,自己评价自己,比如"小朋友,每项做完后,你对自己做的成果满意吗?""让老师和你们一起批改这张测试卷!""你给自己做的这张卷子得几颗星?"

3. 教师评价鼓励性为主与纠错性为辅相结合

心理学研究把教师的教学态度分成两类：一类为非交往性态度,另一类为交往性态度。前者与教学效果的相关系数极低,后者才会产生积极影响。在课堂上,教师通过恰当的评价来实现交往与对话。我们强调教师在课堂上对学生作出的评价,一是要体现对学生的尊重和信任,对每一个学生的发展负责;二是体现课堂上教师的热情与宽容,鼓励学生的好奇心、坦率与自发性。对学生的日常表现,应以鼓励、表扬等积极的评价为主,采用激励性的评语,尽量从正面加以引导。只有营造出这种积极的交往态度,才能最大限度地发挥教师的作用。当然我们也懂得"过犹不及",一味的鼓励表扬,也会使学生盲目自大,在鼓励的同时,如何指出缺点、纠正错误也是我们重点考虑的问题。所以在整个实验研究过程中,我们提倡"教师评价鼓励性为主与纠错性为辅相结合",这种评价的理念,不仅在教师中提倡,我们更要求教师在引导学生进行自评互评时,同样要学生也具有这样的评价理念：先发现别人的优点,再提出意见。

4. 学生自我评价与他人评价相结合

在校内一～三年级开展了有关《学生自评互评调查》,各年段的老师针对本年段的学生特点，选择相应的调查问卷，从对问卷的调查分析中，可以清晰地感到，一年级学生对于自评互评概念模糊，评价的话语较为笼统，很少能注意到评价的话语对别人情感上产生的影响，但98%的学生喜欢接受别人的评价，渴望得到来自外界的肯定与夸奖，在接受别人评价的同时，也表现出愿意评价别人。二年级学生，相对一年级来说，他们在自评互评中，时常会用到一些较为具体的评价话语，比如“他读书读得流利。”“字写得较整洁”……但评价的范围单一，评价的常用语也只限于读课文、写字等，拓展性不够，但值得一提的是学生在评价时，出现了矛盾现象，一方面希望多得到来自别人的正面评价，另一方面又吝啬对别人的正面评价，这种心理现象值得重视。三年级学生就显得较为理性一点，“所谓的小红花对他们已没有什么吸引力”，“好多同学不好意思评价别人的优缺点”，怕自己的评价影响到与同学之间建立的友好关系，更多的同学喜欢在比赛、打擂台等具有一定挑战性的活动中来对他人、自己进行评价。

教师在引导学生开展自评互评的整个过程中，要引导学生对作出的评价既要有客观性，又要带有鼓励性。教师在学生开展的自评和互评过程中，往往发现学生只会指出他人的缺点，此时教师如不及时引导，久而久之学生只会看到别人的缺点，评价者盲目自大，被评者自卑胆小。所以我们要求从一年级开始老师要引导学生“培养正确的评价精神，敢于开口评价”、“先看到别人的优点，再给别人提出意见”、“在学生的自我评价与相互评价中强调发现自己的长处和发现别人的优点”。使学生在学习过程中始终充满信心，哪怕暂时的退步也要把它作为进步的起点。只有这样的评价才会给学生带来不断上进的勇气。

在敢于评价、正确评价的基础上，进一步要求做到“评价要求的细化，评价形式的多样”。通过一年级的训练，学生渐渐走上轨道，虽然评价的方式较单调，涉及的面有待进一步拓展，但在调查中显示出“适时的他人评价能很好地激发学生进一步学习的兴趣和信心”。“面对正面评价会引起心理、兴趣变化的占其中的92%”，在学习过程中，学生的自我评价及他人评价起着重要的的作用。所以此时，对学生自评互评更应注重的是细节上的指导，教给他们评价的方法，在要求上做细化指导。（附件四：学生自我评价表）

二、在评价中形成的五种基本形式

1. 学习档案评价

我校为每个学生准备了一个资料盒，里面装有两类材料，一是《成长的足迹》，这是一本学生成长档案，里面包括情感、态度、学习习惯、课堂学习状况、课间活动情况、学习主动参与度、作业与测验等方面内容，要求班主任每月一次用文字表述，对学生学习生活的各个方面做好孩子的发展记录。每学期进行一次总的评价。任课教师则采用7种颜色两种花型的卡片写上评价附贴在内。第二类是成长记录袋，包括平时作业、阶段测验、得意作品、奖状等。这盒材料注重了对学生进行综合的过程性评价，力求能较全面地实事求是地反映出学生的基本面貌，以便对学生的发展起到调节和激励的作用，促进学习能力和素质的提高，这类评价采用定性式模糊评价。

2. 阶段性评价

包括阶段性的测验，有口头和书面的，如汉语拼音认读、口算等；也有阶段性的自我评价和相互评价，如《学生综合表现评价》、《自我认知评价表》等。

3. 展示性评价

这是对带有主题活动内容的成果性评价。如“春天来了”主题展示活动，要求学生每人展示一件关于春天的作品，有的学生收集关于春天的成语，有的抄录一首关于春天的诗，有的写上一篇关于春天的短文，有的端来一盆迎春花，其它如一支柳条、一瓶小蝌蚪，甚至用泡沫雕一座山，涂上绿色，起个名字叫《春山》，不一而举，我们把这些陈列在活动室或展示角上，让学生自己欣赏观看。

4. 质量评价

指的是口头语言能力的考核和文字考核。口头语言能力考核采用听录音故事进行扩展复述的方式，由三位教师进行考核评分，效果较好。对口试和试卷考核我们做了一点改革，即学生如对自己的考核评价不满意，可以向教师要求重新检测一次。

5. 特色成果评价

这是让学生在学期结束时把自己本学期最得意的一项成果拿出来进行评

价，各人可以根据自己的特长喜好或提供一本画集；或提供几幅书法；或提供一本个人作品；或提供一盒录有自己故事或歌唱的磁带，让学生充分展现独具个性的、最能反映自己特长或进步的才能。

三、评价的特点

在评价体系的研究中，我们已经具有评价形式的丰富化、评价习惯的常规化、评价实质的多元化，更加重视评价的实效性、评价内容的拓展性。

1. 全员评价

我校小班化教育评价体现了全员性，提倡评价的多主体参与。如学生成长记录册《成长的足迹》的使用，学生、同伴、教师、家长都是参与者，体现家校互动、师生互动、生生互动，强调评价过程中主体间的双向沟通、选择和协商，使自我评价、同伴评价、教师评价、家长评价有机结合。

2. 全面评价

在小班化教育过程中，我们力求通过对学生进行随机评价、分项测试、综合测评等全方位的评价体系来监控。随机评价即随时对学生的行为、品德、学习、能力等给予评价，通过一句鼓励的话语，一颗小星星或一个亲昵的动作等来表达老师的评价。全面评价的原则注重对学生素质的综合考查，强调评价指标的多样化，改变单纯通过书面测验、考试检查学生对知识、技能掌握的情况，倡导运用多种方法综合评价学生在情感、态度、价值观、创新意识和实践能力等方面的进步与变化。

3. 全程评价

我们对学生的评价贯穿在学生小学生涯的每个时间段，每一个成长的过程。

例如每节课的评价：课堂中师生评价、生生互评、自我评价等都是在课堂随机进行的。（附件五：课堂实录）

4. 全心评价

我们强调教师在课堂上对学生做出评价，一是要体现对学生的尊重和信任，对每一个学生的发展负责；二是体现课堂上教师的热情与宽容，鼓励学生的好奇心、坦率与自发性。对学生的日常表现，应以鼓励、表扬等积极的评价为主，采用激励性的评语，从正面加以引导。只有教师真心去评价学生，才会最大限度地发挥教师的作用。我们不仅在教师中提倡，更要求教师在引导学生进行互评时，同样具有这样的评价理念：先发现别人的优点，再诚恳地提出意见或建议。

5. 全新评价

通过多年的研究，我校已制定了相应的评价制度、体系和标准，但教育是个活动的、变化的过程，不同的老师有不同的评价方法，不同的学生需要不同的评价手段，不同的班级有不同的评价策略，不同年级的学生也有不同的评价特点。因此我校鼓励老师根据自己教的班级、学生的特点采用更适合自己或学生的评价方式进行评价。

现各班均依据各自班级特点进行多形式的评价实验。如三年级的自评材料收集袋，是将每周自己的发展情况收集在袋中，每月汇总一次，将情况填写在《成长的足迹》上；如六年级英语学科的学生自主评价：学生测验后教师并不批改，而将试卷让学生带回去自己检查，发现的错误在旁边改正，然后自己写上评语，请家长看后签上批语，最后交回学校教师再批阅，让学生有一个自主学习的机会，同时又相机培养了学生的诚信品质。再如音乐课的即时评价，教师结合学生的练习、表现随机在教材上作出批语。又如低年级教师在课堂教学中采用天津快板等说唱形式调节学习气氛和评价学生，引起学生极大兴趣。在作业批改上，采取无差错批改，不打叉，只打上问号，让学生自行检查订正，有的让学生根据作业情况画上表情脸谱，自行评价错误原因等等。

我校还设置了一面墙壁，叫“好孩子墙”，让学生把自己的优点、长处写在卡上，再贴上照片，粘在墙上，自豪地称：我是火瓦巷小学的好孩子。

数年的实验评价改革带给我们许多成功的体验。如有的家长说：“有了《成长的足迹》，我们才知道从哪些方面和用什么方法教育孩子。”有的家长认为评价手册为家庭教育提供了依据。大家认为，《成长的足迹》像一座桥梁，架设于学校与家庭之间，又像一个信息库，记录了孩子成长发展的轨迹。我们认为：当学生精神不振时，通过评价使他们振作；当学生茫然无头绪时，通过评价给他们启迪；当学生缺乏信心时，运用评价唤起他们的力量。

以上，只是近年我校在学生评价方面所做的一些思考与探索，有值得发扬的地方，也有需要改进的方面。我们会努力向着科学、合理，真正促进每一个孩子发展的方向前进。

附件一：

学生综合表现评价

姓　　名					班级					
项　　目	自　评			互　评			师　评			特殊表现
	☆	☆☆	☆☆☆	☆	☆☆	☆☆☆	☆	☆☆	☆☆☆	
（1）诚实										
（2）互助										
（3）礼貌										
（4）负责										
（5）自立										
（6）坚韧										
（7）精细										
（8）敏捷										
（9）勤勉										
（10）进取										
（11）乐观										
（12）守纪										
（13）动手										
（14）卫生										
（15）节约										
（16）公益										
任课教师的话										签名

附件二：

《成长的脚印》

学生综合素质评价内容体系

（1～2年级）

维度	要　　素	关键表现提示
品德习惯	爱国守法	1. 认识国旗、国徽，知道国歌并逐步做到唱好国歌。 2. 认真参加升旗仪式，学会在升国旗时行注目礼。 3. 知道学校与社区的基本行为规范，无违章行为。
	诚实守信	1. 不说谎话，有错就改。 2. 不随便拿别人的东西，借东西及时归还。
	关心集体	1. 能积极参加集体活动，知道自己是集体中的一员。 2. 认真完成集体交给的任务。
	尊重他人	1. 听从长辈的教育，外出或回家时主动向长辈打招呼。 2. 不取笑别人，能主动帮助有困难的同学。 3. 不随意翻动他人的物品，不随意打扰别人的谈话和休息。
	文明守纪	1. 知道常用的文明礼貌用语，会使用基本的礼节。如握手、鞠躬、招手、敬队礼。 2. 按时上学，不迟到、不早退，有事有病先请假。 3. 说话文明，不打架不骂人。 4. 在公共场所遵守规定，不拥挤，不喧哗。
	环保卫生	1. 积极参加班级值日，学会打扫卫生。 2. 知道爱护花草树木和公共设施。 3. 不随地吐痰，不乱扔果皮纸屑等废弃物。
	安全自护	1. 自觉地遵守基本的交通规则。 2. 记住家庭住址、电话以及父母的姓名、工作单位。 3. 知道火警(119)匪警(110)和急救(120)电话，并会拨叫这些电话。
	生活自理	1. 吃喝起居穿戴洗漱打扮能自理，仪表整洁。 2. 会管理压岁钱一类小金钱，不乱花零用钱。
学习实践	主动学习	1. 课堂上能集中注意力，认真听讲，大胆发言。 2. 按时独立完成作业，字迹端正，书写整洁。 3. 遇到问题能主动大胆请教他人。
	学会学习	1. 背诵、复述能力强，各个学科的成绩能达到优良标准。 2. 学会使用“圈点勾划”法来读书，有读课外书的兴趣。
	创新实践	1. 善于观察，乐于思考，爱提问题。 2. 积极参加科技活动，有金点子和小制作。

续表

维度	要　　素	关键表现提示
合作交往	乐于交流	1. 能为别人的进步而高兴，乐于接受同学的批评。 2. 有自己的好朋友。
	学会合作	1. 合作时，能与组员分工协作完成任务。 2. 积极参与合作，懂得合作的方法。
强身健体	健康状况	1. 认真上好体育课，做好眼保健操和课间操。 2. 坐立行姿势正确，体质测评成绩合格。
	生活方式	1. 早睡早起。读写姿势正确。 2. 饭前便后洗手，勤剪指甲勤洗澡。 3. 积极参加体育运动，不怕吃苦。
审美表现	审美情趣	1. 喜欢美的事物，能认真上好艺术课。 2. 衣着整洁。 3. 喜欢看少儿艺术节目。
	艺术表现	1. 积极参加艺术活动。 2. 有简单的艺术作品。

附件三：

（三～六年级使用）　火瓦巷小学学生评价表(____年____月)　______班　姓名________

评价人 评价项目	在自己的心中			在同学眼中	在老师的观察中								在家长反馈中		
					班主任老师				数学老师						
	很好	还可以	要努力	看看他(她)能得几颗星，请涂上颜色。	很棒	不错	还行	加油	很棒	不错	还行	加油	满意	较满意	不满意
学习自觉 兴趣浓厚				☆☆☆☆☆											
上课注意力集中， 专心听讲				☆☆☆☆☆											
边听边想 认真做好笔记				☆☆☆☆☆											
掌握方法 自主学习				☆☆☆☆☆											
乐于合作 共同探究				☆☆☆☆☆											
积极思考 大胆发言				☆☆☆☆☆											
作业按时认真完成 书写工整				☆☆☆☆☆											
能运用多种方法 理解词语				☆☆☆☆☆											
边阅读边思考 边动笔圈点				☆☆☆☆☆											
阅读后能表达 自己的感受				☆☆☆☆☆											
喜欢习作，勤练笔				☆☆☆☆☆											
按要求朗读与背诵				☆☆☆☆☆											
课外乐于阅读书报、 注意积累				☆☆☆☆☆											
主动搜集与学习 相关的资料				☆☆☆☆☆											
不断提高自己的 计算能力				☆☆☆☆☆											
培养自己的动手 操作能力				☆☆☆☆☆											

请家长对本学期的教师教学提提意见和建议：________________________________

附件四：

自我评价表

评价项目	因　素	1	2	3	说　明
是否积极	举手发言				1=积极 2=一般 3=不积极
	提出问题并询问				
	讨论并交流				
	阅读课外读物				
是否自信	提出和别人不一样的问题				1=经常 2=一般 3=很少
	大胆尝试并表达自己的想法				
是否善于与人合作	听取别人的意见				1=能 2=一般 3=很少
	能将别人好的意见变为自己的意见				
	积极表达自己的意见				
思维的条理性	能清晰地表达自己的意见				1=强 2=一般 3=不足
思维的独创性	善于用不同的方法解决问题				1=能 2=一般 3=很少
	独立思考				
	认为自己方法好能坚持				
解决问题	是否知道、明白所要解决的问题				1=是 2=有的是有的否 3=否
	是否在解决问题时有一个简单计划				
	答案是否正确或合理				
	每一步骤是否合理				
	是否对结果进行了检查和概括				
	是否符合问题的条件				
作业	书面作业检查				1=认真，自觉 2=较认真有时不自觉 3=不认真不自觉
	口头作业检查				

附件五：

夕阳真美(第二课时实录)

（执教：何颖　实录：孔淑梅　张玲）

导入：

师：同学们，今天我们要上一节欣赏课，老师将在这节课上要请大家欣赏几幅美的画卷(板书：美)，还要欣赏几段优美的文字。你们愿意和老师一起欣赏这几幅画吗？

生：很愿意。

师：在欣赏之前，老师先要请大家看一段录像，让我们先在大自然中感受美。好吗？

(师播放夕阳景色录像，生欣赏录像)

师：看完这段录像，你想说什么呀？

生：我觉得夕阳太美了。

生：天空的颜色特别漂亮。

生：我觉得我们要保护环境，保护森林，才有这么美的夕阳看。

(点评：在上课之前，让学生欣赏大自然中流动的美，为整节课的学习奠定总体基调——“美”。)

新授：

1. 学习第二自然段：

师：有一句歌词唱的好“最美不过夕阳红”，景物中最美的当数这“夕阳”，今天老师要大家欣赏的几幅画就是以“夕阳”为主题的，让我们一起来欣赏吧！(师板书：夕阳)

师：让我们欣赏第一幅画。(出示第一幅画)仔细欣赏这幅画，你从心里涌上什么感觉？画中哪里让你感受到美？

生：太阳开始向西边落了。

生：太阳光照在水里，金光闪闪的颜色很美。

生：太阳下面的山很美，朦朦胧胧的。

生：前面黑黑的树我觉得也很美。

师：画家用手中的画笔绘出了这么精美的画卷，有位作家也用手中的笔为这么美的一幅画，写下了一段优美的文字。（出示第2段）

师：同学们，要想体会出文字中的美，就要先读通文字，自己先试着读准字音读通这段文字。

生自由练习读通这段文字。

师：小组内找个好朋友，读给他听听，看看谁读得最通顺？（师巡视，听学生读）

师：你来评价一下你的好伙伴，他读通了吗？（师随意请一名同学）

生：读通了！

师：你的小伙伴读通了吗？（师随意请一名同学）

生：已经读通了！

师：你的小伙伴读通了吗？（师随意请一名同学）

生：就是“涨红了脸”的“涨”没读准，其他都读通了。

（点评：这一片断中，教师运用学生的相互评价，让学生听读和朗读相互促进，相互补充，很好地实现了指导初读，正确通顺的目的。其深度掌握在以学生自发为主。）

师：读通的小朋友，你们再欣赏这幅画，你能通过读把图中的美表现出来吗？

生自行练读课文第2自然段。

师：谁想试试看？你来读！（指名读第2自然段）

师：他读得怎么样？

生：他读得很有感情！

生a：他读得很美。

师：你觉得他哪里读得很美？哪个词读得很美？

生a：我觉得他“刺眼”读得很好。

师：什么样的阳光是“刺眼”的？

生 a：中午照在身上很热的阳光很刺眼，照得我睁不开眼。

师：既然你觉得他读得好，学着他的样子你能读好吗？

生：太阳已经西斜，收起了刺眼的光芒。

师：你读得真美！还有哪个想提点意见或表扬他一下？

生 b：我觉得他“显得十分壮丽”读得好。

师：为什么？

生 b：你看那山弯弯的，夕阳的光照上去很美丽。

师：你说得真好，你一定能读好这句话。

生 b：连绵起伏的西山，披着夕阳的余晖，显得十分壮丽。

师：这么美的一段文字，告诉你们什么呀？

生：太阳已经西斜了。

生：太阳光已经不刺眼了，变得很温和。

（点评：这段教学教师“扶”着学生学，为下面“放”做准备。本片断中继续运用学生的相互评价来指导和促进朗读，但在深度上有所改变，更强调对重点词句的感悟。）

2. 学习第三自然段：

师：你们读得很好，这幅画中所表现的美，你们已经通过朗读体会出来了，下面两幅画，相信一定能更好地欣赏出画中所表现的美。（师出示第 2 幅画）

师：这幅画你们从哪欣赏到美了？你们小组相互交流一下。

各小组学生相互交流。

师：那位作家为这幅画写下的文字，你们一定能读好它。对吗？

师：老师欣赏了这幅画，也感受到美，所以老师也想来读读可以吗？（师范读）

师：你们想给老师提什么意见？

生：我觉得你这“慢慢地”读得还不够慢慢。

师：你能读一遍给老师听吗？

生：太阳慢慢地往下沉。

师：你们还想说什么？

生：老师你读的“染成了”应该读“cheng”而不该读“chen”。

师：老师再读一遍给你听好吗？（师再读本段）下面你们再读的时候可不要和老师犯一样的错误。

师：谁愿意和老师来比赛读？（指名读）

师：你们知道这个省略号，省略了什么？

生：云的颜色。

师：你们发挥一下想象，还会有什么颜色？

生：桔红色。

生：咖啡色。

生：灰色。

师：这段又告诉你们什么呀？

生：太阳已经往下沉了。

生：脸已经变得越来越红了。没什么光了。

（点评：在上面一段教学中“扶”过了，这段教师就“半扶”，逐步放手。充分体现了在潜移默化中通过引导学生发挥观察和想象的作用来促进阅读理解。）

3. 学习第三自然段：

师：没想到你们把这段文字读得这么美，想象也很丰富。

下面老师将向你们展示这节欣赏课最后一幅画。（出示第 3 幅画）

师：这幅画，不用老师说，你是不是就感受到他的美体现在哪？

师：作家给这幅画写的这段文字，你肯定能体会得更好，请下位找个好朋友，读给他听吧。

生下位找好朋友读第 3 自然段，教师在学生中间听朗读，做适当评价。

师：你推荐哪个朋友读？（随意请一位同学）

生 d：我推荐生 c。（学生 c 朗读第 3 自然段）

师：你觉得他读得好吗？

生 d：我觉得他读得还可以。

师：哪些地方读得还可以？

生 d：太阳的脸变得“更”红了，这个“更”字读得很好，让人感到太阳非常红。

师：你能读好这句吗？

生 d：太阳的脸变得更红了。

师：你推荐哪个朋友读？（再随意请一位同学）

生 e：我推荐生 f 读。（学生 f 朗读第 3 自然段）

师：你觉得他读得好吗？

生 e：我觉得她读得很有感情，读得很美。

师：哪里读得很有感情？

生 e：“轻轻地”读得很轻，“灿烂”这个词也读得很突出，让我觉得霞光很美。

师：你评价得这么好，一定也能读好这段。

生：太阳的脸变得更红了。它轻轻地走向西山的背后，把灿烂的霞光留在遥远的天边。

师：同学们，你们觉得哪位同学读得好，你们就去学着他的样子再把这段文字读读，再把美给读出来。（学生自由朗读）

（点评：由“扶—半扶—放”，学生经历学习过程，符合学生认知特点。在这一阶段教师引导学生的相互评价，进入一个新的阶段。形式上是自由的，而在本质上可以看出，学生也更加学会运用评价，在学中评，在评中学。）

总结：

师：这节欣赏课，我们欣赏了三幅画，三段文字，并通过朗读把这三幅画的美和三段文字的美都表现了出来，此时此刻，觉得这节课让你留下印象最深的是什么？

生：我觉得印象深的是夕阳的许多颜色，很漂亮。

生：我以前看的夕阳没有今天看得这么漂亮。

生：夕阳在水里的影子亮晶晶的。

生：我觉得大家读的这些文字也很美。

师：你们说得真好，聪明的你们能猜到老师是按什么顺序展示这三幅画的吗？

生：按课文第2、3、4自然段的顺序来出示的。

师：课文又是按什么顺序来写的呢？

生：按太阳落山的顺序，先是往西边下去一点。（师板书：西斜）然后又下去一点。（师板书：往下沉）最后就躲到山后边去了。（师板书：山背后）

师：你们说对了，那位作家就是按太阳落山的顺序，写出了第23课，让我们一起读课题，想想美丽的画，（师补全课题：23 夕阳真美）

师：就让我们再来领略一下这美丽的夕阳吧，打开书，各小组开火车来读全文。

各小组学生开火车读全文。

师：爷爷对奶奶说了些什么？

生："夕阳真美呀！"

师：此时此刻，老师觉得不仅夕阳很美，在夕阳的照耀下，爷爷奶奶也很美，你们知道老师为什么这么说吗？

生：爷爷觉得此时夕阳照着奶奶，奶奶也很漂亮。

师：你还能想到什么，如果想不出，回家你们去问问家长老师为什么会这么想？好吗？让我们一起来读最后一段。

全班齐读最后一段。

师：这么美的课文你们愿意背下来吗？老师告诉你们一个诀窍，保证让你们背得又快又有感情，相信吗？

生：不相信。

生：相信。

师：这个诀窍行不行，你们试着按这样的顺序背一背不就知道了吗？

生自由练习背诵。

师：这节课我们先背到这，下节课我们不仅要把课文的美给背出来，老师将和你们一起来写这篇课文的生字，让我们把汉字的美也给写出来，好吗？

（点评：把这节课的“美”延伸到写字，使学生明确写字也要写出“美”。）

总评：其实这是一节阅读课，但在上课之初，老师就点明这是一节欣赏课，让学生心情一下就放松了：原来我们是上欣赏课，不是语文课。学生学习的兴趣自然而然就被调动起来了。整节课，教师引导学生欣赏图片，欣赏文字，体会图中的美，感悟文中的美，再通过极具个性的朗读表现出来，使外在的“美”，内化成学生内在的情感，培养学生热爱大自然的情趣。在教学过程中，教师采用学生指导学生，学生指导老师，让学生去评价学生、评价老师，充分发挥学生学习的主动性，教师成了学生学习的伙伴，课堂洋溢着融洽、和谐、平等的学习氛围，实现了师生平等对话。

第六章　小班化教育的教师专业化发展

教师是小班化教育实践的直接承担者和实施者，一切小班化教育的课堂教学变革都需要教师的参与。教师的专业素养决定着小班化教育的成败，影响着小班化教育改革的实质性推进。教师是小班化教育实践的关键因素。小班化教育教师与普通教师在专业素质结构方面，既有它们的共性，更有其独特的个性。小班化教育教师的专业素质的组成，是多方面和多层面的。要成功胜任小班化教育工作，从事小班化教育的教师，在具备一般教师所具有的专业素养的基础上，还有更高的要求。

第一节　小班化教育教师专业素质结构

叶澜教授认为，未来教师素养包括：具有与时代精神相通的教育理念；多层复合的知识结构特征；理解与交往的能力；管理能力和教育科研能力。结合小班化教育的实践体会，我们也深感小班化教育教师的素质结构在这些方面尤显突出。

1. 教育理念

所谓教育理念，就是人们在理性思考和亲身体验基础之上形成的，关于教育事物本身及其价值和价值实现途径的、坚定不移的根本性判断与看法。

小班化教育要求教师必须转变陈旧落后的教育观点，树立符合新课程改革和小班化教育理念的新思想。这些新的思想指导着教师的教育行为。对于从事小班化教育的教师来说，具有先进的教育理念，应该是基本的素质要求。小班化教育的教师要具备的教育理念应该包括两个层面：一是与时代发展相吻合的先进教育思想；一是小班化教育的先进理念。

(1) 先进的教育思想

当前主流的先进教育思想，从不同的角度分析，说法不同。结合教学实践，我们认识到树立正确的教学观、正确的学生观、正确的师生观和正确的评价观是最为根本的。

① 正确的教学观：一个人的教学观，直接影响着教师的教学行为和决策，起指导和统帅的作用。转变教师的教学观是新课程改革的重要目标之一，也是小班化教育的教师首先要面对的。小班化教育的教师，要建立和形成能够充分发挥学生主体性的多样化的教学方式；要把各种学习方式密切有效地结合起来，以促进学生的完善发展；要实现教学行为的转变，即由重教师的"教"转向重学生的"学"、由重知识传授转向重学生发展、由重教师的权威转向重师生的平等交往与对话、由重结果转向重过程以及由重统一规格教育转向重差异性教育。简单地说，就是要创造适合每一个学生发展需要的教学。

② 正确的学生观：有什么样的学生观，就有什么样的教育行为，树立正确的学生观是教师实施科学教育行为的基石。我们要认识到，学生是独特的人。马克思说过："人是一个特殊的个体，并且是他的特殊性使他成为一个个体"。这种特殊性就是差异性。学生与学生之间是有差异的。苏霍姆林斯基说：抽象概括的原则不一定适应每一个孩子。教师要尊重学生的差异，把学生的这种差异当作一种教育的资源，一种教育的基础。

学生是发展的人。学生是处于发展过程中的人，学生的身心发展是有规律性的，教育的活动要依据学生的身心发展规律。学生的身心发展是过程性的，教育的活动要重视学生发展的过程。

学生是学习的主体。学习是学生的学习。每个学生都有自己的头脑、性格、意愿和知识基础。教师不可能代替学生感知、思考，学习的方法不能移植，知识的体系是由学生自己建构的。老师要让学生真正成为学习的主人。

③ 正确的师生观：教学的根本点在于学生的学。教学要以促进学生的学习和发展为中心。在教学的过程中，教师应该成为学生学习的伙伴，师生彼此之间是平等、民主、合作、和谐的关系。在师生共同的学习过程中，师生彼此将形成一个真正的"学习共同体"，在这个共同体中，"学生的老师和教师的学生不复存在，取而代之的是新的术语：教师式学生和学生式教师。教师不再仅仅去教，而是也通过对话被教，学生在被教的同时，也同时在教"。他们在这一过程中共同成长。

④ 正确的评价观：评价应以促进学生的全面发展为目标，要把结果评价与过程评价、多样化评价相结合，以实现从量到质，从知识、技能到习惯、态度、情感和价值观的全方位的评价，增强评价的科学性和客观性，注重评价的多元性、主体性，更好地发挥评价在孩子成长发展过程中的功能。

（2）小班化教育理念

在拥有当前主流的先进教育思想的基础上，我们还必须把握小班化教育的先进理念。我们认为，小班化教育的核心理念应该是：为了每一个学生，每一个学生都能充分而有个性地发展。具体到我们的教育教学可以从以下三方面理解：

① 教学均等

教学均等主要是指在教学中，要让每个学生都有平等参与各种教学活动和平等共享各种教育资源的权利和机会。春秋时期的教育学家孔子提出"有教无类"的教育思想就是一种教育均等的思想。原来的大班化教学，由于班级人数过多，教师照顾不到班级中的每位个体，许多学生在教学过程中，失去了平等参与教学活动的机会。同时，面对过多的班级人数，教师选择的是同一种教学方式和方法，确定的是同一个教育教学目标，只满足了部分同学的发展需要，大多数同学享受不到真正适应个体发展需要的教育权利和资源，是教学的不平等。

在小班化教育中，我们要利用学生人数少的优势，关注每一个学生，对每一个学生实行等距离教育，使每个学生得到“阳光普照”，享有充分的关爱。简而言之，就是要关心关爱每一个孩子，为每一个孩子的成长需要服务。

② 以人为本

首先是以学生的发展为本。1996年，联合国教科文组织发布的一份报告中强调：应当把人作为发展的中心，接受教育不再只是为了升学和谋生，更是为了个人能力的发挥和个人终身学习以及社会的和谐发展。建立在现代质量观基础上的小班化教育，就要以人的发展为出发点和归宿，充分体现人的个体性、充分性与主体性。就要以学习者为出发点，不仅让学生去适应环境，而且强调使学习环境去适应学生发展。

其次是以学生自主发展为本，尊重学生学习的自主权，让学生成为班级的主人、学习的主人。教育始终以学生为主体，教师只是配合与点拨，体现的是一种平等和谐的新型教学观。正如叶澜教授所呼吁：“把班级还给学生，让班级充满生长气息”；“把课堂还给学生，让课堂充满生命活力”。

③ 尊重差异

俗话说：十个手指有长短。学生由于家庭教养、文化背景、知识积累、人格个性、兴趣爱好等方面存在的差异，导致学生的基础知识、接受能力、理解思维能力和学习方式方法、习惯等方面均存在着一定的差异。小班化教育要针对每个学生的差异施以切合个体的教育，使每一个个体在各自原有的基础上得到充分而有个性的发展。

国外有研究表明，在科技迅速发展的信息时代，学生随年龄增长，个性差异也越来越大，但差异不仅是教育的基础，也是学生发展的前提，应当把它看作是一种资源加以珍惜开发。美国教育家、心理学家布卢姆认为：“只要提供适当的先前和现时条件，几乎所有的人都能学会一个人在世上所能学会的东西。”从这个意义上说，在我们的教学中，就要努力寻找这样的教学策略，既考虑学生的个别差异，又促进个体的最充分发展。小班化教育为我们提供的时空优势，使我们能够做到教学上的个别化与个性化，如同服装设计量身定做。例如：在学科教学中，教师可依据每个学生的个性，对不同学生的学习水平、学习速度、学习能力倾向，给予不同的引导、帮助，以达到预定的教学目标。也可以针对不同的学生，采用不同的方法，设定不同的目标。

2. 知识结构

现代教育要完成培养适应现代社会发展需要的人的任务，就需要教师有相应的知识结构。

从学科专业知识的角度来看，小班教师的学科知识，一方面要具备所教学科的基本知识、观念、思想方法及前沿发展概况等知识；另一方面由于课程教材的综合化、开放化，多门学科知识的相互渗透和融合，还要求小班教师要掌握各门学科的要点，在教学中能将各门学科有机地、科学地融合在一起，整合学生的知识结构，训练学生的综合能力。同样，从发展的角度看，小班教师还要有身兼多门学科教学任务的思想准备。因此，小班教师只有具有丰富的、扎实的知识底蕴，才能成功地胜任教学。

从基础知识的角度来看，小班教师文化知识的广泛和深刻程度，直接影响到学生知识的广度和深度，影响到学生的全面发展。因此，小班教师在具备学科专业知识的基础上，还必须具备一些包括人文社会科学知识、自然科学知识、现代科学技术知识和工具性学科等方面的基础知识。另一方面，从教师自身的发展来看，教师首先要成为终身学习者，这些基础知识的掌握，也将是教师不断学习，不断自我完善和发展所必需的基础知识。

从教育学专业知识的角度来看，小班教师首先要具备普通教育学、心理学、教育心理学知识，还要具备学科教育学(学科教学论、学习论和课程论)和教材教法的知识。更要具备将相关教育教学理论知识在教学中应用的专业知识，比如建构主义理论和多元智能理论在教育教学中的应用，运用课程理论知识进行课程开发等等。这是每一位小班教师的工作和角色的丰富化决定的。

3. 教育能力

我国近年教育研究的结果表明，影响学生能力发展的关键性因素在于教师的能力。良好的能力有利于提高教师传授知识的效率，加速学生能力的发展，同时也有助于教师适应新的变化与需要。教师能力作为履行教师职责的适应程度和承受水平，是决定教育教学效能的基本因素。

传统教学对教师的能力要求，主要是语言表达能力和管理组织能力，这是因为教师的基本任务是讲授知识和管理学生。小班化教育要求，教师的能力结构发生新的改变。小班化教育实践，让我们体会到尤其要强调以下四方面的能力要求：

第一，合作交往的能力。小班教师为实现有效教育，必须具备合作交往的能力。一方面由于班级人数的减少，学生受教育的时间、条件得到改善，师生交往的频率加大，交往机会增多，教学过程将成为一种教师和学生双向交往的活动过程，教师与学生将建立一种“教学相长”的平等关系。这一过程中，教师就要学会与学生沟通，学会与学生交往，改变以前教师在学生面前高高在上、传道授业的角色，而成为学生学习的伙伴，平等合作中的首席。另一方面，小班化教育实践使得教师在课程的综合化方面，要求教师之间进行合作。再者小班化教育教学过程中，教师与教师之间，与教育管理者之间，与家长之间在新旧观念、评价标准等方面都会存在差异，必然会有一个冲突与统一的过程。这一过程特别需要教师建立与其他教师、教育管理者及家长的相互支持与合作，否则教师仅凭个人的单打独拼，很难形成教育合力，很难取得教学改革的成效和进展。

第二，教学管理能力。教师在教育活动中不可推卸地承担着组织者和管理者的责任。小班化教育的理念对我们的教学组织和管理带来新的要求。

首先是按小班化教育理念来规划教育活动的决策与设计能力，这种能力对教育活动的有效性具有重要影响。

其次是教学组织和管理能力。小班化教育由于师生彼此交往增多，学生个性充分张扬，教学管理的方式方法不仅较以往有所不同，而且还要使管理本身成为一种教育力量，这将会增加许多新的管理内容和难度。

比如，小班化的班级管理要形成教师和学生以及同学之间以相互信赖为基础的交往空间，为此，教师必须把每一个学生作为具有独特个性的主体加以尊重，但学生毕竟是缺乏自制和自觉行为能力的儿童，这一过程中，教师班级管理的方式方法必然与以往不同，班级管理的难度也会较以往加深。

再如，小班化教育的班级环境建设是形成班级文化的一个重点。小班化教育的教师怎样充分利用并发挥小班的空间优势，创设适合学生发展而又独具个性的教室环境，是以往大班教学较少涉及的新课题。

由南京市教育局主编的《走向优质教育》一文中，提到了八条小班化教师专业能力：小班化教育环境的创设能力；小班化教育资源的整合能力；小班化教育课程的开发能力；小班化教育方案的设计能力；小班化教育小组教学的组织能力，小班化教育的个别辅导能力；小班化教育学生发展的评价能力；小班化教育的自我反思能力。这八项能力是对从事小班化教育教师的管理能力的细化要求。

第三，教育研究能力。具有科研的意识与需要、知识与能力，是所有专业人员的共同特征。而小班化教育的教师则更应强调研究能力的要求，这是因为小班化教育的研究和实践无论是在国外还是在国内，都只是刚刚开始。作为新生事物，还有许多课题有待探索，有许多问题需要解决。如在课堂教学中，如何探索一套符合小班化教育的课堂教学艺术；如何对课程作出相应的调整，从而形成一套适合小班教学的课程；如何处理好借鉴国外小班化教育的经验与继承传统教学的关系等等。这一切都需要每一位小班化教育的教师在实践过程中，不断研究、不断探索，为完善小班化教育的理论与实践作出自己的贡献。

第四，自身可持续发展能力。教师的可持续发展能力是教师成长的后劲。与学生共进步，与小班化教育同成长。在信息时代，教师自我成长的途径、方法很多，但教师每天要完成比较繁重的工作，怎样处理好工作与自我发展的关系，怎样借助工作的平台提高自我专业素养，每一位教师都要依靠自己，依据自我特质，选择适合自己的方式方法，促进自身的专业素养的提高。因此，每一位教师都要培养自身的可待续发展的能力。

4. 心理素养

教师的心理素养是教师素养的核心，它对学生的成长、学校的发展和小班化教育的推进都起着决定性的作用，这是因为：

① 教师角色的需要

首先教师职业的独特角色地位，使得教师的心理健康会直接影响学生的心理健康。教师的心理健康水平会直接决定学生的心理健康水平。其次小班化教育要求教师要尊重差异，以人为本，对学生等距、等高、等爱，这都要求教师必须具备良好的心理素质，否则，不仅会影响师生的关系，更会影响学生健康成长。

② 教学任务的需要

培养学生良好的心理素质是素质教育的三大任务之一，教师要培养好学生的心理素质，首先自己应该具有良好的心理素质。这不仅是因为教师的心理健康水平会直接影响学生的思想。还因为教师的心理健康也直接影响心理健康教育的效率和效果。每一个学生都是通过自己的心理活动接受各种教育的，心理活动积极的，就会主动地去接受教育，从而收到好的教育效果，否则反之。所以教师应该具备良好的心理素质和掌握心理系统的初步知识。

③ 小班化教育教学工作的需要

学会合作、学会分享、共同进步是小班化教育工作的一个明显特征。教师良好的心理素养才能保证小班化教育教师间、师生间进行合作与分享。同时，教师良好的心理素养才能让同事间彼此分担问题，共享成功，互相交流教学信息和经验，这是小班化成功教学的有效途径。再则，教师具备良好的心理素养，才能正确面对和处理小班化教育实践中的压力、矛盾和冲突，也才能使小班教师们感受到工作带来的快乐，减少工作的负担。

第二节　小班化教育教师的校本发展

小班化教育教师的专业成长是一个渐进而又艰巨的任务，小班教师在专业成长的过程中，更需要学校的支持，需要学校营造适合教师专业发展的良好环境，需要学校提供相应的途径、平台。同样，提升小班化教育教师的专业素养，也是小班化教育学校工作的一个重要内容。

1. 文化建构

学校文化是学校的精神生命和灵魂。学校文化建设的出发点是以育人为本，全面提高人的素质，促进人的发展。学校文化建设，一方面丰富学生的文化底蕴，帮助学生树立正确的价值观念，促进学生的发展，以适应社会对人才的需要。另一方面更新教育教学观念，促进教师的发展，建设一支具有高品位文化素养的教师队伍。如何在学校文化建构中促进教师的专业成长，南京市长阳小学为我们提供了一个好的范例。

案例一

在文化建构中促进教师快乐成长

文化是育人的根本，文化的取向是一种看不见、摸不着的力。优秀的学校文化是一面旗帜，它引领着师生意气风发地前进；优秀的学校文化是一种氛围，它熏陶浸染，润物无声；优秀的学校文化是一种引力场，它能凝聚人心，形成合力；优秀的学校文化是宝贵的资源，是学生成长、教师发展的肥沃土壤。

2006 年 12 月，我校《小班化背景下精致教育的实践研究》课题，被江苏省教育科学规划办批准立项为省教育科学"十一五"规划课题，之后，学校又作为首批实验学校参与了国家级课题《基础教育阶段现代学校制度的理论与实践研究》的研究。在这两个课题的引领下，学校以文化建构为主线，首先着力建构了学校精神力系统，明确了学校的文化主题是"精致"，同时，把"精致教育"作为学校文化建构的品牌，在"建设精美校园"、"构建精致课堂"、"创设精彩活动"等方面推开了学校文化建构的新的视窗，让校园处处流淌着文化的芬芳，让师生在文化的雨露下快乐地成长。

1. 在文化建构中提升老师的精神境界

【文化链接之一】 "长阳的表情"

寓意学校也像人一样，是有生动的表情的，是有面貌的。学校的表情和面貌其实就是老师和学生的表情和精神面貌。老师们通过智慧碰撞，浓缩提炼，产生出了“长阳的表情”，即“阳光”、“亲和”、“凝神”。“阳光”体现的是一种灿烂的心情和向上的精神；“亲和”体现的是师生之间、生生之间、人与自然的亲近和谐；“凝神”代表的是专心致志的学习和做事态度。这些表情是精神层面的，是摸不着的，如何将它直观形象起来呢？老师们经过精心策划，布置了一个主题文化长廊，用生动的师生活动的照片，把这一虚化的长阳表情固化了下来。

在这一文化建构的过程中，老师本身就是主人，因此，文化建构的过程同时也是老师们“自我澄清”、“自我建构”的过程。老师不仅是这一文化的提出者，更是这一文化践行的主体，老师的表情首先发生了变化，精神境界也悄然地随着改变。表情变得“阳光”起来，精神是积极向上的；表情变得“亲和”起来，爱的胸襟更为宽广；表情变得“凝神”起来，责任意识和事业心增强了起来。

【文化链接之二】“长阳精神”

我校的“学校精神”是“精进”和“团队”。“精进”就是激励长阳人发奋努力，不断前进；“团队”就是要求长阳人要有合作的精神和关爱的情怀。

在“学校精神”建设的过程中，老师们渐渐地感受到了“团队”的力量和温情，原来的小私心得到了洗涤；同时也不断地受到“精进”的冲击，原来麻痹懈怠的心理受到了撼动；从而自觉地增强了团队意识和归属感，能把学校当作是家的延伸，能从情感上先学校之忧而忧，后学校之乐而乐；增强了紧迫意识和奋进意识，工作积极主动，讲效率，有干劲。

2. 在文化建构中锤炼老师的工作品格

【文化链接】“文化主题”

我校的文化主题是“精致”。精致是一种求美、向善的人生态度，是一种追求卓越的意志品格。“精致”也是我校精心细致、精益求精的教风厚积之后的自然的薄发。

“精致”是学校的一切工作的目标要求，是学校“精致教育”品牌的核心元素。因此，在学校的每一件事中都有“精致”的影子。小到班牌、信封、个性作业的设计，大到班级活动的策划、学校项目的组织、对外的展示交流活动等等。

老师们能时刻树立精致的意识，追求精益求精，即使是细节，都要磨之又磨。“抠”小班的德育方式，“抠”小班的课堂教学，“抠”教育教学的细节等等，已经变成了老师们不经意间的习惯性的话题，而且还是那么的较真，那么的津津有味。

短短三年的时间，“精致”已经变成了我校所有老师的一种工作态度、工作目标和工作准则，甚至变成了大家的行为方式。现在，老师们已经容不得粗糙和敷衍，自觉地要求把一切工作做得好一些，再好一些。

下面采撷一组老师们“精致”的作品：

“小班家园” 教室给学生一种“家”的认同感。课桌椅色彩上大胆地采用了长阳三原色（即红、橙、蓝），摆放上，完全根据教学需要，可以拼摆成波浪形、书形、马蹄形……充满童趣。教室里有精美的装饰橱，可爱的学生小书柜，绿色的小盆景，还有一些课间娱乐益智活动的小玩具……整个教室温馨舒适，像家，像小书房，教室成为了孩子学习生活的乐园。

“个性班牌” 每个教室的门前都有一个别致的班牌，班牌都有鲜明的班级个性，上面有班风、学风和教师的情况、寄语等，凸显了班级前进的主旋律。

从这两朵“精致”的文化花朵上，可以看出“精致”已经走进了每一位老师的心坎，融进了他们的血脉，并化作了实际行动，变成了一种力量和品格。

3. 文化建构促进老师的专业成长

【文化链接之一】“微笑课堂”

“面带微笑进课堂，课堂从微笑开始”，学校要求老师们要营造微笑的课堂氛围，给学生最大的心理安全和思维自由度。在课堂中，要看到学生灿烂的笑脸，看到学生活跃的表情，听到学生的会心的笑声，听到学生思维拔节的声音。

为了达到或者努力达到这样的境界，老师们必须细心地揣摩课堂，既深入教材与学生之中，又出乎教材与学生之外，预设好教和学的细节，才能从容地驾驭课堂，才能因从容轻松而真正微笑起来，从而既教学了知识，又用微笑传递了积极美好的情感。这一不断的日复一日的揣摩的过程，使得老师们的教学技艺有了大幅度的提升。

【文化链接之二】“让学生名字进教案”

“台上一分钟，台下十年功”；“向课堂要质量，向备课要质量”。学校精心拟定了《长阳小学精致教育备课要求》，特别提出要让学生的姓名进教案，要真的“少一半学生，多一倍关爱”，把教育的目光关注到每一个学生，关注到学生的个性差异上。

这样的要求使得老师们必须充分考虑学生学情，做好学情分析，针对不同层次学生的知识基础和学习力，在课堂上实施有效的分层学习，同时还要兼顾课堂的时间和整体推进的速度，找到一个平衡点，这确实是一件不容易的事 。但这却能锻炼老师们调控教学的能力，锻炼老师们小班化教育的智慧。

【文化链接之三】“四个百分百”

学校提出，我们的小班化课堂必须努力达到四个百分百。即关照百分百，互动百分百，达标百分百，开心百分百。学习是学生主体意义建构的过程，所以必须追求互动百分百；教学必须面向全体学生，夯实双基，所以必须追求达标百分百；学习必须关注情感和态度，所以必须追求开心百分百。

在这样的价值导向下，老师们的教学行为发生了积极的变化。课堂如何才能快乐，如何才能有效？便成为老师们潜心思索的问题，这样的思考使得老师们的思想丰润了起来，反思的能力得到了提升，在实践中的做法也越来越成熟，并且富有创意。

文化建构让我校以及我校的小班化教育平添了许多美丽的内涵，增添了文化魅力。在文化建构中，我校的老师们也变得丰富起来，充实起来，变得更具有品格，更智慧，更快乐。

2. 建立机制

教师的专业发展，一方面要靠教师的主动学习和提高；另一方面也要靠学校良好机制的鞭策和推动。学校一方面要重视教师的专业发展，把教师的专业成长看成是学校发展的重要人力资源，看成是学校发展的根本。把教师的专业发展当作学校发展的重中之重加以关注、支持和发展。另一方面要以人为本，建立适合教师自我发展的校本机制。南京市珠江路小学在这方面进行了有益的尝试。

案例二

建立小班化教师研修机制

我校是南京市小班化教育试点学校之一，小班化教育改革涉及教育思想、内容、模式、方法等学校教育教学各个方面的改革。几年来，我们以小班化教育的实践与探索为契机，以解决小班化教学中的现实问题为出发点开展行动研究，建立小班化教师研修机制，促进教师的专业化发展。

校本研修要扎实、有序、高效开展，制度建设是保障，制度执行是关键。我们根据小班化实验的需要，出台了一系列有针对性的制度、措施，建立了学校小班化教师研修的组织、学习、评价与研究的机制，确保了小班化研究的顺利实施。

一、组织机制

一是成立以校长为组长的小班化研修领导小组，在理论、观念上引路。由校级领导组成的小班化研修领导小组发挥示范作用，认真学习，广泛吸收教育报刊关于小班化教育的先进理念，轮流开设小班化专题讲座，并且分别参与定点学科组的小班化研修活动，带领广大教师积极开展理论学习、研讨。

二是成立以"市区青优、学科带头人"为成员的小班化研修学科指导小组，在行动、方法上给予指导。指导小组成员积极参与听课，组织教师学习讨论各类小班化教学案例，引导教师理性思考教学问题；选择教师亟待解决的问题自行组织专题研讨活动或邀请专家作专题培训，积极开展以促进每个学生的发展为宗旨，以教师研究为主体，以学校发生的教师亲身经历的真实问题为中心，以案例和课例为主要载体，以行动研究为主要方式的小班化校本研修活动。

二、学习机制

学校只有把教师的学习作为其专业化发展的重要基石，建立灵活的学习机制，营造一种可持续性学习氛围，感染、熏陶、培育老师，才能引导教师成为专业化学习者，使学校成为学习化组织。我们的做法如下：

1. 每月一次"校长(专家)讲坛"

由校级领导或专家主讲，每月一次就小班化研究的一些前沿问题对教师进行校本培训，引领教师学习，拓宽教师的思路。近年来，我校就分别对教师进行了《尊重差异，发展个性》、《绽放个体的魅力——小班化教育中教师的行为艺术》、《小班环境营造策略》、《实施分层教学，体现小班优势》、《用多元智能理论实施小班化个别化教学初探》、《谈魏书生的民主科学化管理》等专题讲座，在理论上给教师必要的指导。

2. 每月一项学习任务

学校改变传统的学习机制，分学科、年级建立学习小组，制订学习计划和学习制度，结合学校的校本研修开展情况，每月布置"学习任务"，以任务驱动教师学习，对于认真完成好的教师给予一定的奖励，使学习既成为一种制度，又成为一种教师职业生活的自觉行为。如围绕学校的小班研修计划，我们按月布置了如下学习任务：9 月，小班案例学习体会；10 月，示范引领小班化课堂教学观摩有感；11 月，以备课组为单位，合作完成一课体现小班教育理念的教学设计、说课、评课、反思；12 月，撰写小班教学叙事。

3. 每学期一次小班化教育沙龙活动

学校定期举办小班化教育沙龙，加强教师间的沟通与交流。每一个与会教师作为学习者、实践者、研究者，带着自己的小班化教育体会，实践感悟及实践中遇到的问题来共同切磋、探讨，寻求解决问题的策略。在和谐互动的氛围中，教师们互相学习、互相交流，共同探讨小班化教育背景下教与学的方式，探讨教学艺术，分享教学成果，在思维碰撞中，切实领悟小班化教育的内涵，在不断的反思中获得新的教育智慧。

4. 每一位教师获得更多小班化培训机会

学校努力向教师提供学校、学术团体、教研培训机构、教育行政部门组织的小班化培训、研讨活动。不断完善有利于教师不断学习、随时学习的机制，促进自主学习的良好风气的形成。教师将小班化学习培训的收获体会发到校园网上，极大地发挥了培训的功效。

三、评价机制

小班化研修活动的顺利开展需要靠制度来保证。为此，我校结合学校实际情况，经过充分的讨论和酝酿，拟定出《小班化学习型备课组评比制度》、《小班学困生帮扶制度》、《小班备课、作业分层制度》、《教学反思制度》等一系列相应的规章制度，促进小班研修活动的有序开展。

教研组是开展校本研修的中间力量与基本组织，学校规定每周一下午两节课后为集体备课时间，集体备课不仅要求做到三定：定时间、定主讲人、定内容，还要求按规定的流程进行：教材简析、重难点突破、小班背景下教与学的方式几项为必备项。每周二为语文学科教研日，周四为数学与其他学科教研日。教研活动中要求做到"三个有"，即有主题、有中心发言、有活动记录。

学校还对小班备课组实施考核，根据备课组考核评价表从组长核心、教学常规、小班研讨、教学创新、教学资源、教学质量等六个方面提出具体要求，营造"团结、和睦、求新、实干"的教研氛围。学期结束评选"小班化学习型备课组"、"小班研修积极分子"并予以奖励。

四、研究机制

小班化研修的出发点是为课堂教学服务，为每一个学生的发展服务，为实施课程改革服务。因此，我校紧紧围绕小班化课程理念：以人为本、因材施教、多元智能、让生命活力与成长气息充盈每一个 40 分钟，扎扎实实地开展小班化校本研修工作，具有很强的针对性，取得了实效。

学校围绕"探讨小班化教学策略，设计优效教学"这一主题，按月以"案例学习—示范引领—实例研讨—交流展示" 为活动主线，循序渐进、环环相扣、层层深入，开展系列教学研讨活动，使教师从教学理念到教学水平逐层、逐步获得提高。

镜头一：小班化案例学习

周四下午。会议室。

数学组教师正在进行案例学习，“读了田佩章老师的文章，我深受启发，一堂好课的首要标准是师生情感融洽，我们小班的课堂更要体现这一点……”另一位随即侃侃而谈：“教学目标多元化是评判一堂好课的首要因素。课堂上，教师既要重视知识、技能，又要关注情感、态度和价值观，尤其是我们小班的课堂……”一位位教师慷慨陈词，滔滔不绝；一位位老师兴趣盎然地聆听着、思考着……

以上是我校“小班化案例学习”活动的一个场景。这般热闹的景象足以说明，有效的“校本教研”不单单源于好的内容，也得益于好的活动形式。

镜头二：名师示范引领

周三上午。微格教室。

（多媒体出示图片）

“What are they doing? guess!”学生兴趣盎然，思索片刻纷纷举手。

“I think they are dancing!” …

“Good!”

这是发生在我校“示范引领”活动中的一幕情景。微格教室里，年轻的市学科带头人杨筱燕老师与孩子们亲切地用英语对话、交流。课堂上，或向孩子们提出明确的学习要求，或对学生的参与进行热情的鼓励，或就学生对文章的理解进行点拨、引导……整堂课，既有如涓涓溪流似的亲切引导，又有感情澎湃的和谐对话……

在“示范引领”活动中，我们不仅邀请名特优教师前来授课，还邀请名特优教师进行专题讲座，与我们的老师共同研讨，引领组织教师剖析其中的“优效与低效环节”，提出建议，共同探讨小班“高效、民主”的课堂。

镜头三：教研组的实例研讨

周一下午四点。五年级办公室。

“《滴水穿石的启示》这一课，陈老师从故事切入，联系学生的体验揭示本篇论说文的观点；接着让学生思考为了表明这个观点，举了几个事例？这样的设计就让人感到教师从整体上去把握教材，学生对作者的表达方法也有了自己的领悟。”

“我有困惑，在感受李时珍这些人所具有的滴水穿石的精神时，学生的朗读为什么没有情感？”

老师们热烈地畅谈着。

“是不是应该在这里安排学生进行小组活动，便于学生互相交流互相启发。”老师们发自内心的话语把研讨的氛围推向高潮……

这又是发生在小班研修“实例研讨”阶段的一幕。这一阶段，各年级备课组成员发挥自主性，自主设计本组的教研形式，或一课三议，或同课异构。但不管形式如何，大家合作设计教案，共同讨论评议，人人参与，合作互动，无论是教者还是评议者，在亲历这一思维火花碰撞的过程之后，都感到获益匪浅，并通过教学反思的形式记录了自己的思索与感受。

镜头四：小班研修交流汇报

周二上午微格教室全体语文教师

“同学们，你们能在这幅图上找到这些昆虫的家吗？谁能上来摆一摆？”一年级的小朋友一个个跃跃欲试，纷纷上台，将手中有关昆虫的卡片摆在了相应的位置。这是我校甘蕾老师在小班研修汇报课上所上的《归类识字》中的一个片断。精心设计的教学环节、民主平等的教学理念，将课堂教学气氛不时推向高潮，赢得了听课老师的好评。

在汇报课中，教师们用课堂教学的形式汇报了自己参加小班研修的收获。听课的老师普遍反映：这些青年教师的课堂教学进步真大！在课中反映了他们对小班化课堂的理解和诠释。

以上几组镜头，聚焦我校小班化的研修形式，而在每一个过程中，我们都提倡自我反思、同伴互助，引导教师进行专业切磋、协商和合作，不断更新自己的教学观念、改善教学行为、提升教学水平，同时提升自己对教学现象、教学问题的独立思考和创造性见解，引领教师不断向专业化方向发展，更加适合小班化的教育、教学要求。

3. 搭建平台

一些专家还表达了这样一种观点，学习是自我认识、自我完善、自我改进的过程，不能靠下命令。自我教育是教师专业教育的重要途径之一，教师只有主动参与，才能不断地提高专业素养。校长在激活教师自我需求的基础上，更要积极为教师的自我成长创造条件，搭建平台。这是搞好培训的动力所在，教师的需求越强烈，培训的动力越大，效果就越明显。这方面南京市凤游寺小学的经验值得我们学习和借鉴。

案例三

为每一位教师搭建发展的平台

提高教师队伍的素质，大力推进教师专业化发展，是小班化教育学校充分体现优势的关键，这已经是所有小班化学校校长的共识。推进小班教师专业化发展，小班化教育学校的校长应当比大班学校的校长考虑得更多。开展小班化教育实验以来，我们凤游寺小学在教师发展上坚持两个观点，即：

一方面要着重培养教师适应小班化教育需要的专门素质。我们认为，小班化教育的教师专业发展，与普遍意义上的教师专业发展相比较，培养与发展的内容、途径、目标以及依据的教育学理论大致相同，但从小班与大班的显著不同来看，小班化教育的教师应当与大班教师在工作的方式、工作的内容、技能的要求上有显著的不同。从某种程度上说，小班化教育对教师提出了更高、更细致的专门要求。

另一方面要推动全体教师都能适应小班化教育的需求。作为一所小班化教育实验学校，不可能始终由所谓最受信任、能力最强的骨干教师承担小班教学任务，随着小班化教育实验的推进，最终全校每一位教师都将成为小班教师。

因此，小班化教育学校在培养教师方面必须面向全体教师，为每一位教师搭建发展的平台，谋求每一位教师对小班化教育的主动适应。

一、师徒结对——将名师请进来

青年教师在发展的过程中，如果能拜学高身正的名、特、优教师为师，那无疑是令人羡慕又会少走弯路的。但是，因为可以理解的历史原因，我们学校只有两位校级领导一位是语文学科教学带头人，一位是科学学科优秀青年教师，除此之外，在全市平台上有影响的学科教学名特优资源很少。

为了学校青年教师的发展，学校领导走访我区名师，恳请他们能够收我校青年教师为徒，得到了我区名特优教师的大力支持。夫子庙小学特级教师范建国校长、特级教师刘红校长、南京市学科带头人史勤蒙老师、全市知名的英语教师夏群，一中心小学的南京市名教师、《中国学校体育》杂志“一线话题”主持人曹为民老师等，先后被礼聘为我校青年教师的师傅。拜名师，令人羡慕，也树立了青年教师发展的信心，他们感到学校能请来名师不容易，是真正地在想办法促进自己发展，因此向师傅学习的劲头很足。徒弟爱学，师傅就爱教。朱德智老师是范建国校长的徒弟，他说：师傅是个实在人，说话实在，做事实在，待人实在。找到师傅时，师傅总会放下手中繁忙的工作，对我毫无保留地进行指导。同时他也提醒我作为一个新教师现阶段要沉下心来，重视积累，不要急于求成，教学上一定要讲究水到渠成。曹为民老师不仅教青年教师王骈，还利用自己《中国学校体育》杂志“一线话题”主持人身份的便利带着他到外地去观摩全国的体育教学展示，从理论到实践全方位教他。正是在他的帮助下，王骈老师工作仅 4 年就获得了江苏省青年教师基本功大赛的一等奖。

二、借助网络——让教师借外力

网络在一夜之间走向了千家万户，网络也必然将在一夜之间成为教师专业发展的新平台。学校提出，要充分利用网络平台，让校园BBS成为一定范围内教师研究的开放沙龙，让一批青年教师在著名教育论坛和教育BLOG上占有一席之地。校园讨论版“我在凤游寺”围绕教育、教学和教师生活，3年以来共计发帖近2 510个，日点击率4 000以上，吸引了包括局领导在内的同行、家长的关注；我们推荐并鼓励教师在“ME BLOG”（南京市教研室主办）、大家语文（南京市教研室主办）、中国教育人博客等教育博客上建立个人、团队博客，校领导经常去他们的博客里去浏览、留言。目前，周萍已经成为“ME BLOG”网站的管理者成员之一，并代表数学教师在网站开通一周年庆祝大会上开课（课堂实录在网上可以观看）；我校陈同非老师的博客成为“大家语文”的推荐博客；最为可喜的是我校数学教师团队“凤翔六人行”在ME BLOG上成为首个团队博客，他们精彩的、扎实的教研活动引来两位市数学教研员高度关注，到校专题调研，朱宇辉老师在文章中写道：“在南京集庆门内有一所小学，这所小学六名年轻数学教师最近在ME博客网连续创造了两个第一。第一个注册了团队博客‘凤翔六人行’，第一个将该团队的一次主题教研活动全过程上网。这所学校就是南京市凤游寺小学。这两个‘第一’不仅感动着‘ME博客’，感动着每一位网友，也开了国内专业教学网站的先河，我们有理由为之鼓与呼……我们希望这样的创新能不断地涌现，不断地感动‘ME博客’，感动千千万万的教师。”对凤翔六人行的介绍，还发表在中央级信息技术刊物《信息技术教育》上。

正是通过网络平台，我校青年教师通过网络与全市乃至更大范围内的名特优教师交流对话，得到了难得的学习和发展机会。陈同非老师去年被吸纳为南京市青年教师网络骨干班成员，并荣任班长。这个班对青年教师的“魔鬼训练”使陈同非老师受益匪浅。

三、争取机会——推教师上舞台

为了使教师得到更多的锻炼、展示机会，学校领导经常主动争取承办教研活动的机会。学校领导经常对上级业务部门说的一句话是：“欢迎你们把活动放到我们学校来，我们一定做好服务工作！”学校还主动向市区多次展示了小班化教育的课堂教学。只要是我们学校自己承办的活动，不受名额限制的，我们都尽可能地多开几节课，多让教师“出头露面”。在南京市教研室发起、南京市所有的小班化教育学校参加的“学科课程整合教学研讨会”上，我们全年级“总动员”，一次就开了 7 节课。走上教师岗位不久的陈同非老师，承担所有来校领导、专家、教师都要听的、分量最重的一节整合课的教学任务，我们认为，当她走向讲台的时候，这节课就没有失败；在面向南京市小班化学校的展示活动中，多年没有向市区开公开课的张克凤、董桂兰等老师也完成了开课任务。学校这样做的目的，是让更多的教师获得锻炼和展示的机会。我们认为，不断地把教师推向市区的比赛、展示、研讨的舞台，我们的教师就会不断地思考，不断地积累经验，不断地增强信心。反之，如果教师始终找不到自己的舞台，就找不到信心。自 2003 年以来，我校教师在市区以上开公开课、观摩课、研讨课共计达到 100 多节，共有 36 人走上大舞台。

四、创设岗位——让教师有作为

几年来，我们先后将 5 名青年教师推向中层干部的管理岗位，给他们压担子，要求他们敢于管理、大胆管理、合理管理，能做到独当一面。几年来，我们的教学管理岗位上的年轻干部都很好地适应了自己的管理岗位，很好地担负起管理责任，教导主任王建秋同志还被选派至区督导室锻炼培养。我们逐步明确了教研组长、年级组长在教研、教学管理中的责任和义务，并为他们提供一定的管理权限，如参与教学计划的制定、组织“学科整合教学”大单元教学的实施和集体备课等。学校也对教研组长和年级组长的专业发展提供更多的培训、学习机会，逐步在教师中树立他们基层教学管理者的形象，明确他们的管理职能。

我们学校的青年教师，每个人都要负责学校一个方面的社会工作，如六足园、图书馆、心理咨询室等，让他们在自己的专业之外能够再得到一个岗位的锻炼。我们将《凤鸣》杂志的编辑任务交给陈同非、刘钰两位语文老师，发挥他们的文学专长，培养他们的教科研能力；将《千年百尺凤凰台》校本课程的编撰任务交给汤飞老师，并且明确将来校本课程的主编就是汤飞老师，培养他在校本课程开发方面的专长；我们成功申报了南京市合唱艺术中心，为音乐老师开辟了自己发挥专业能力的平台等等。这些教师在做着自己喜欢做的事情，进步非常快。

五、提供机会——让教师走出去

我们对教师参加各级各类培训，向来是非常支持，每年在这方面都舍得投资。上学期的上海小班化考察，我们克服学校课务困难，派了 4 人去参加；2005～2006 年，我们先后送两位教师到英国和韩国培训。让教师走出去，他们才能把先进的经验带进来。

六、“凤翔”规划——助教师专业发展

在教师培养上，我们认为学校领导和教师个人都必须避免走一步看一步。在企业中，职场规划已经被广泛重视，人们认为“生涯规划就是规划人生的远景，彩绘生命的蓝图，发挥自己的才能，写出人生的剧本”。生涯规划的目的，在于掌握住现在，看得见未来；促进自我了解、自我定位、自我发展及自我实现。但是，青年教师往往个人规划意识不强，有的个人发展目标不清楚，有的光考虑目标不考虑基础，有的自己有目标又怕别人说自己好高骛远，有的光有目标没有行动。学校在这方面又不够重视，造成青年教师培养“望天收”，在一些评聘、评选中，因为某一些硬杠杠的局限而妄自嗟叹。

我们从 2004 年起，开始在学校推行“凤翔”青年教师发展规划，青年教师与行政领导一起剖析专业特长、发展基础以及短缺之处，共同谋划三年发展目标和远期目标。学校在发展规划中，为青年教师的学历进修排计划，对个人课题研究，在什么层次开公开课，撰写论文，获奖情况，读书目标等进行约定，并明确到什么时候达到骨干教师、优秀青年教师和学科带头人的哪一个层次。学校承诺提供保障，并且按规划进行考核。每年，学校都要召开凤翔青年教师发展规划的推进会，盘点教师的发展情况。

2005年，学校将凤翔青年教师发展规划写入学校的“十一五”发展规划，赋予规划的推进工作以“校内法规”的性质，使得青年教师进行职场规划成为必须进行和必须按规划逐步实现的重要举措。

4. 校本研究

苏霍姆林斯基说过：“如果你想让老师的劳动能够给教师带来乐趣，使天天上课不至于变成一种单调乏味的义务，那你就引导每一位教师走上从事研究的这条幸福的道路。”

校本行动研究作为一种伴随新课程改革而兴起的学校教育研究的研究方式，具有学校教育科研的基本特征。它是学校老师共同合作，在教育教学实践中进行研究的研究方式。这种研究方式是为了解决老师自身在教育教学过程中的问题。问题就是课题。教学的过程就是研究的过程，教师成为研究者。研究的过程成为改进教育教学工作的过程，教师在研究的过程中又获得专业水平的自主发展。白云园小学的经验，为我们结合校本科研来提升教师的专业素养提供了一个个案。

案例四

在小组研究中成长

可以这样说，白云园小学的小班化教育是伴随着“小组学习”的课题研究而发展的，我们的教师也是伴随着“小组学习”的课题研究而逐步成长的。

一、由“小组学习”迈进课题研究

“小班化教育”由于实行小班额的配置，其教育活动在时间和空间上会得到重组，师生参与活动的密度、程度和效率将得到增加或增强。那么“小班”的时间资源和空间资源如何得到充分利用，师生互动、生生互动的密度、程度、效度如何得到增加或增强？同时，小班化教育要让每个孩子享受充分而优质的教育，促进学生的个性发展，那么这一特点，在课堂教学中又如何得以落实？这些都是我们要研究和探索的，内容很多、范围也很广。在刚刚起步阶段如果什么都抓，精力有限、能力也有限。因此，在有关专家的指导下，我校选择了“小组学习”这一研究课题，以此为突破口，开展我校的小班化教育实验研究。

二、随“小组学习”进行教师培训

刚刚跨入小班化教育实验和新课程实践行列的老师，对小班化教育和新课程的理念可谓是一无所知，自然对小组学习也是既无理性认识，也无感性认识。所以我们迫切要做的事情，就是要让老师知道：小组学习是什么？小组学习有什么特点？有什么功能？小组学习在小班化教育中的地位如何？等等。一大堆问题是我们必须要知道，迫切要了解的。因此，首要的任务就是对老师进行通识培训。我们培训的方式是：

1. 请进来。请专家到学校面对面为老师洗脑，刚开始的两年，我校请了省市教科所、教研室的领导、专家，请了南京师范大学、江苏教育学院的教授、学者，就新课程理念、小班化教育理念对老师进行了全面系统的通识培训。

2. 校本学习交流。专家讲完，我们还只是有一些肤浅的认识，还必须坐下来细细消化、吸收，因此每周由分管校长牵头，组织各学科教师利用周一业务学习和学科组活动时间认真学习相关的理论，或者交流学习的体会。当时特别鼓励教师自主学习，并养成做读书笔记的习惯。短短一学期，我们就通读了《基础教育课程改革纲要》及《纲要“解读”》、《新课程与学生学习方式的变革》、《新课程与教师角色的转变》；学习了《上海小班化教育指南》、《美国小学教育考察》等著作和国内外有关小班化教育的文章。每一位老师都做了厚厚的一本读书笔记。

三、借“小组学习”实施教学改革

大容量的通识培训使教师了解了小班化教育的理念和小组学习的意义，把握了小组学习的一些基本特点，明确了小组学习在新课程实践和小班化教育中的地位及作用。

凭着对理想教育的追求，凭着跃跃欲试的冲劲，我们以满腔的热情投入到小组学习的课堂实践中。但尝试不久，我们就开始怀疑了。因为展现在我们面前的小组学习并不如我们想象中那么美好。学生在小组学习的时候，任务来不及完成。一连串的问题，我们防不胜防。面对困惑，我们明白还要坐到一起，需要静下心来学习、反思、研究。因此，学校紧接着对教师开展了新的研训。

1. 走出去。我们清晰地感受到，老师们需要走出去，走出去聆听窗外的声音，呼吸外面新鲜的空气。学校开始有计划地组织老师前往上海、杭州、北京学习取经。这时的教师对"小组学习"有了一些感性认识，同时也带着许多问题，走出去学习，就不仅仅是看热闹了，老师能很好地结合自己的体验去学习、反思，收获很大。每一次学习回来，老师们的热情又重新燃起；每一次学习回来，老师们的困惑就少了许多，又会投入新的实践。

2. 校本研讨。当时，学校不管工作多么繁忙，每周一次的研讨活动雷打不动，规模不同，形式多样，内容各有侧重。有以教研组为单位，针对小组学习实践过程中的具体问题，以交流、反思、典型案例等形式进行的学科组研讨。也有就一堂典型课例或共同的话题进行剖析、总结的集体沙龙。每次研讨都充分发挥每一位教师的积极性和主动性，提炼全体教师的思想火花。每一次研讨的内容都货真价实，来之于教师实践的问题、困惑。每一次研讨，老师如果没有进行过相关的思考，没有进行过实践的尝试，是没有发言权的。为了争取这一发言权，老师会自觉在平时的课堂教学中进行尝试、探索。只要老师去尝试，去探索，就必然会出现问题，会碰到困惑。而这些问题和困惑又使教师迫切希望与人交流、探讨，这样自然而然就形成了一个良性的循环。

这样的学习、实践、研讨使我们的教师很快就把握了：分组的要点，适合小组学习的教学环节，小组合作学习的形式及辅导策略。我们的小组学习很快就进入了正常的运行阶段。

四、伴"小组学习"提升专业素养

有了前阶段的经验和共识，我们的小组研究很快进入更高层次的研究阶段，针对教师的培训也发生了根本的转变：

1. 组织各种交流活动。当“小组学习”的研究进入比较正常的阶段，老师在课堂中能比较自如地运用“小组学习”的方式时，学校就积极创造机会推荐教师上研究课，让老师在实战中练兵，在实战中学习。我们是主动找机会让老师上课，主动请别人来我校听课。每一位教师都给机会上课，每一位教师都鼓励他勇于上课。一是逼一逼，逼着教师去尝试；二是试一试，看看我们研究的思路是否正确；三是促一促，让教师在展示中感动自己的收获。所以，我们一方面积极上好南京市范围的公开课、研究课，另一方面我们和江苏省教育学院干训中心建立友好合作关系，全国各地来此培训的各种培训班，我们欢迎指导。我们很清楚我们的课还不够成熟，我们还不需要赞美，但我们需要机会，得抓住练兵的机会，交流的机会。事实证明，每一次练兵，都是一种研讨；每一次练兵，都有一次反思；每一次练兵，对教师都是一次促进。“小组学习”的研究在每一次交流、研讨中日趋成熟，老师也在频繁的交流、研讨过程中迅速成长。

2. 反思。要促使教师的专业发展，一定要培养教师的反思能力，养成学习与反思的习惯，学会以研究者的眼光审视、反思、分析和解决自己在教学改革中遇到的问题，越是重视反思的教师，理论功底就越丰厚，教学水平就越高。理论功底越丰厚就越会视教学为一项富有创造性，需要不断研究的工作。所以培养反思品质，改善教学行为是教师专业成长的必由之路。当时，我们把反思当作是促进教师专业成长的一个有效措施。

反思的形式有个人反思，如写教学日记、教育随笔；有集体研讨式的反思，如各种集体研讨、沙龙等等。反思的内容有：

教育理念的反思。反思“小组学习”的教育观念、教育思想，是否符合人才培养的要求，是否符合新课程理念和小班化教育理念，并要求教师把自己的反思以科研日记或教育随笔的形式记录下来。

教学行为的反思，反思课堂教学中“小组学习”的组织形式、设计、评价等等是否合理、有效，是否能真正促进学生的发展，并以教后记的形式记录下来。

3. 专家引领。在研究的过程中，我们不断碰到新问题，遇到新困惑，有些是我们自己学习、研讨就可以解决的，而有些则是需要专家的引领才能解决的。为了让老师们研究的步伐更加稳健，更加快捷。学校特别重视专家的引领作用。

对于专家的引领，主要是三个方面：

(1) 在思想上的引领。专家的指点，不仅让我们找回了信心和勇气，也坚定了自己的信念，明确了努力的方向。这一信念一直引导我们在以后的实践中敢为人先，勇于创新。

(2) 在专业上引领。专家的引领，使我们不但学会了教育科研的方法，收获了教育科研的成果，还培养了一支有较强教育科研能力的教师队伍。

(3) 在行动上引领。专家的引领，不仅在行动研究的过程中给予理论支撑，更为我们的研究指明了方向，明确了思路。

“十五”结束，我们小组学习的研究取得了初步的成果。我们探讨了小组学习的基本组合形式，分析了适合小组学习的教学环节，总结了小组学习的几种形式，明确了小组学习的辅导策略，完善了小组学习的评价，初步构建了适合学生开展小组学习的课堂教学模式。

小组研究的过程，也促使了我们教师队伍的迅速成长。教师逐渐深化了对小组的认识，看到了小组学习的教学价值，形成了一批对小组学习有所研究的骨干教师。

小班化教育教师的专业化发展，是每个学校发展的大事。它事关学校的发展，学生的发展；它事关学校的潜力和活力，学生的活力和成长力。它也直接影响着教师的职业发展和职业幸福感。朱永新教授说：“我们一直认为没有教师的成长永远也不可能有学生的成长，没有教师的快乐永远也不可能有孩子的快乐。所以我们和传统的教育价值观不太一样，传统的教育观往往以学生为本，以学生为中心，实际上这个当然是对的，但是是艰难操作的，教师没有积极性，教师不快乐，教师不能享受教育这个职业带给他的幸福，实际上学生是得不到发展的。”在进行小班化教育实践的过程中，学校要确立“以人为本”的现代管理意识，形成人性的管理体系。尊重教师的个性差异，发展差异。注重教师专业发展的开放性、针对性，切实提高每一位小班化教育教师的专业素养。

第三节　小班化教育教师的自我成长

“成长是我们生命中永恒的主题，感受到自我的成长无疑是一件惬意的事情。”

作为一名小班化教育的教师要有内在的自我发展意识，通过自我学习、自我反思，拓宽自身的文化底蕴，提升自身的教育能力，实现自我专业素质的更新和发展。教师专业素质提高的方法、途径有很多，不同的人，有不同的方法，适合自己的就是最好的。结合小班化教育教师的成长经验，提出以下一些建议。

1. 自主学习

学习是教师发展的主要手段，小班化教育的教师无论是知识的更新，还是教育理念的转变，都需要通过不断的学习。教师的自主学习，可以改变学校集体学习形式单一、被动机械接受的形式，从而更加个性化，更加多样化，更加自主化；可以改变学校集体学习内容面窄量小、泛化单一的现状，从而更加开放，更加丰富多元，更加贴近自身发展的需要。

教师自主学习的方式很多。可读、可听、可看、可交流。但阅读是最简单而基本的方法。可以阅读与专业知识相关的书籍，可以阅读教育教学理论书籍，还可以阅读人文、社会学方面的书籍，按需而读。方法不是问题，关键是养成自主学习的习惯。下面例举的是南京市同仁小学培养教师自主阅读的经验，我们从中也许能有所收益和启发。

案例一

阅读：让教师的精神亮丽起来

苏霍姆林斯基说过，一所学校可以什么也没有，但只要有图书馆，就可以称之为学校。多年来，我们努力追求让阅读成为师生最为自然的生活状态。把阅读视同吃饭、呼吸、睡眠，是生活中自然而然的事，它和儿童的生命成长，和教师的生涯发展，融为一体。把阅读与提升师生生命质量紧密联系在一起。我们坚持让教师成为首席阅读官，努力追求通过阅读让“教师的精神亮丽起来”。

一、进行课题研究，培养自能阅读教师

1. 让教师拥有读书课题。2001 年，我校成功申报了玄武区级课题《小学读书活动校本课程建设的研究》，并成立了“读书活动”课题组。2005 年，学校又成功申报了市级课题《小学语文自能阅读的实践与研究》。“自”就是指自己本身，“能”是能动、功能，“自能”就是指自己本身的功能，也就是自己主观能动地去做。自能阅读就是学生能独立按照要求及自身需要有效地选择有关书籍，掌握阅读本领，并能做好积累、运用，养成终身受用的良好读书习惯及兴趣。试想，如果没有主动读书，养成阅读习惯的教师，又怎么培养得出自能阅读的学生呢？因此培养自能阅读的教师成了学校教科室的重要任务。

2. 让教师与好书为伴。一本好书能照亮你前进的道路。为了让教师真正从阅读中提升教学水平和自身修养，学校倡导教师“与好书为伴”。教科室向中、青年教师征集“我最爱读的一本书”。同时，也根据教师自身特点推荐“同小教师必读书目”。如在认真研读了罗恩·克拉克的《出类拔萃》一书后，我们觉得克拉克的文字从实践入手，不空洞，不深奥，对一线教师教学思想的转变有很大帮助。何不再把克拉克的《优秀是教出来的》的这本书推荐给老师？让他们改变方法，与学生一起品尝成功的喜悦呢？为了让踏上教师岗位不久的年轻教师尽快胜任工作，我们推荐了张文质的《迷恋人的成长——20 位教师的课堂发现》一书；为了让师生关系更加和谐融洽，我们还向老师推荐了《给我一个班，我就心满意足了》、《赏识你的学生》、《孩子，把你的手给我》；

年轻的教师妈妈们也要关心自己孩子的成长，我们推荐了《中国父母最该知道的最适合孩子的60个经典游戏》等书；学校两位教师参加了南师大"心理咨询师"的培训，他们也将学习中的《教育与心理》一书推荐给了大家。此外，名家名篇、励志精品、儿童文学也是我们推荐的首选。

3. 让教师的文笔生花。学校每周五下午两节课后是老师们的阅读时间。在短短的90分钟时间里，大家可以在"无字句处"里畅游书海。（"无字句处"是教师阅览室的雅称，出自周恩来的"与有肝胆人共事，从无字句处读书"。指出，一个人要在日常生活中善于观察、善于读书，素质的提高在于无形之中。这和我们的"自能阅读"的观点颇为一致。）阅览室里有各类报刊书籍3 000余册，老师们利用阅读时间或精心品读或撰写随笔或在同仁BBS上进行阅读教学研讨或为校刊《小百灵》教师下水文投稿……几年来，我校上至一把手校长，下至刚踏上工作岗位的新兵，每人每学期撰写论文一篇、案例一篇、随笔5篇、在同仁博客上发表随想心语若干。阅读大大提高了教师的语言能力和写作水平。

二、成立阅读教研组，让教师体会阅读的作用

1. 建好阅读教研组。学校以语文教师为主其他学科教师为辅组建阅读教研组，每单周开展一次教研活动。活动形式主要是结合语文教学组织理论学习、集体备课、相互听课、教学沙龙等，重点研读《教师读书手册》，研究阅读指导课、自由阅读课等课型。届时由中心组成员为主持人，集体备课，选派老师执教，并拍成录像，进行视频案例分析。学校教科室对教研中心组成员高标准、严要求、压重担，阅读教研活动成为培养优秀青年教师的摇篮。

2. 开展教师论坛。每月底的教师论坛是40岁以下老师们畅所欲言的场所。教科室每月初在校园网上发表本月论坛主题，老师们利用一个月的时间或解决在教学中遇到的问题；或探讨教育热点话题；或就推荐书目谈读后所思；或交流优秀教学随笔……学校信息中心的老师将每期论坛内容做全程摄像，并将精彩发言片段发到同仁博客上。记得"读《出类拔萃》有感"那期论坛，老师们越谈越有激情，下班铃声响起却丝毫没有减弱大家的兴致。

3. 上好阅读指导课。每周五下午的阅读指导课也是我校教师阅读风采的再现之机。阅读指导课上，老师们可以对学生进行名文解析，让学生与大师对话；可以是师生共读，畅谈各自感悟；可以是《读书成长手册》填写的指导与讲评；可以是数学教师用来进行"生活中的数学"专题讲座；可以是英语教师针对某一主题与孩子们的简短对话；可以在"快乐读书苑"进行"你读我品"活动课；可以在"快乐读书吧"进行"××书友会"活动……形式多样、丰富多彩的阅读课，培养锻炼了一批青年教师，使他们在"长三角小班展示活动"中脱颖而出，执教南京市"振兴阅读"现场会观摩课，受到专家领导的好评。

4. 成立"儿童阅读文化研究中心"。2006 年，学校借振兴阅读现场会之机成立了"儿童阅读文化研究中心"，并开通了"儿童阅读文化网站"。"儿童阅读文化研究中心"以大力倡导和推进儿童阅读为宗旨，研究儿童阅读的特点，儿童阅读的兴趣，儿童阅读的资源，儿童阅读的策略，儿童阅读的辅导。还致力于儿童阅读文化的开发、研究和实施，主题型文化课程的策划和指导，肩负开发校本阅读系列课程的任务。网站设有"书目推荐"、"文学殿堂"、"携手书海"、"阅读指导案例"、"书香论坛"、"阅读排行榜"等近十个栏目，每个栏目设若干子栏目。教师、学生、家长全员参与。"阅读文化研究中心"的成员于每两周开一次会。期间就网站维护、充实、上传、资料图片收集整理、协调、宣传等工作进行小结。

三、评比"书香教师"，让教师享受阅读的快乐

"快乐读书节"是我校开展读书活动以来的重要节日。每年 5 月，学校都会隆重举行不同主题的读书节，历时一个月，并且安排大大小小十来个活动。如"童心话童谣"、"图书交易市场"、"图书义卖"、"故事大王竞赛"、"美诗文诵读"、"快乐就从课本来"、"书香少年、班级、教师、家庭评选"等，让师生体会阅读给自己带来的无限乐趣。

1. 积极开展"书香教师"评比活动。为了尽显教师深厚的文化底蕴，给坚持阅读的教师以支持和鼓励，学校制定了教师阅读“六个一”活动。即：1）设计好两份彰显师情和学情的课外阅读指导课教案；2）选择执教其中一节课外阅读指导课，主动请领导与教师听课；3）完成一篇高质量的儿童读物读后感；4）指导学生出好一期阅读活动黑板报；5）结合大队部要求，开展一次全员参与的班级课外阅读活动；6）举办一次班级阅读成果展。

2. 制定个人读书计划。教师每学期初，将根据学校读书计划要求制定出切实可行的个人读书计划。计划中包括本学期阅读书目、班级阅读指导成效、何时执教阅读指导课（不局限于语文学科）、论坛发言内容、博客发帖等。

每学期学校将根据教师的读书计划进行有效检查与监督，评出大家心目中的“书香教师”。我们觉得，从一个人喜不喜欢读书，经常读一些什么样的书，就可以看出这个人的品位。要提高学生的品味，首先得提高教师的品味，才能提升学校的品味。我校将努力践行，使教师将阅读成为一种习惯、成为一种能力、成为一种品味。

2. 自我反思

教师的反思能力是教师专业发展和自我成长的核心因素，也是现代教师素质的必要组成部分。美国心理学家波斯纳就提出了一个教师成长的公式：经验＋反思＝成长。教师在教育教学过程中获得的经验，只有经过反思，才能把有效的经验升华为智慧和方法，才能实现自我专业素养的提高。教师反思的形式很多，在课前、课中、课后三个阶段都可反思，可以是个人的反思，如写教学后记、教育叙事、教育日记和案例研究等；也可以是与他人一起进行的反思，如教师之间的讨论交流等。反思的内容可以是反思自己的教育理念、教育思想是否符合人才培养的要求，是否符合新课程理念和小班化教育理念；也可以反思自己的教学行为，如教学的组织形式，教学设计、教学评价是否促进了学生的发展等等。顾泠玩提出注重两轮反思：一是反思已有的教学行为与新理念、新经验的差距，完成更新理念的飞跃；二是反思新的教学设计与学生实际获得的差距，完成理念向行为的转移。反思的方法多样，可成文，如教学后记、教学日记、教育案例、教育叙事等等。也可以不成文，只是进行相关的思考与验证。最为关键的是我们老师要养成反思的良好习惯。下面提供的是白云园小学教师的一篇教学后记和一篇教育日记。

案例二

j，q，x 教后记

今天教学的声母是 j，q，x，一节课下来有许多感触：

一、利用图画，轻松识记

每个拼音字母都配有表音、表形的小图片，这些图片非常贴近孩子们的生活，形象生动，小巧有趣。于是，我在教学拼音时，就鼓励孩子们用这些图片来编口诀。在教学《j q x》这一课时，我先让他们看着每一幅图说一两句话，用上旁边的字母或音节。然后，试着用这一组图片来编口诀。比如：孩子们在记忆 j，q，x 的字形时，就编了不少口诀：搭个积木 jjj，气球气球 qqq，像个 9 字 qqq，切个西瓜 xxx……孩子们在编口诀的时候也是在观察字型的时候，这样主动识记，一堂课轻松地结束了，小朋友们不仅牢牢地记住了"jqx"三个声母，而且，他们的想象力，语言表达能力也在这堂课中充分地展现出来了。

二、相信孩子比你强

我是带着一首儿歌进课堂的，在教学过程中，我故意让学生自己编口诀，这一下就调动了孩子们的学习积极性，孩子们不仅说了我想说的儿歌，还给我补充了不少儿歌，大有"三个臭皮匠，顶个诸葛亮"之势。比如在教学 j，q，x 和 ü 拼读时，有同学说"小 ü 见了 j q x，摘下墨镜行个礼"，"小 ü 小 ü，有礼貌，见到 j、q、x，脱帽行礼问声好。"还有同学说"小 ü 见了 j q x，摘下墨镜再握手。""j q x 真淘气，从不和 u 在一起，见到小 ü 更淘气，吹走小 ü 的鱼泡泡。"……不敢相信这些儿歌都出自一年级孩子之口，本来以为一年级孩子什么都不懂，什么都要老师手把手地教，其实真正进了课堂才知道孩子的思维是多么的活跃，真正地放手给孩子们自己学习，才知道孩子们的智慧真不小。真不敢小看这些"小不点"。

三、小组合作学习贵在指导

这节课上，我还在有意识地训练小组合作学习。一年级的孩子还没完全学会合作学习，就是让他们小组内互相拼读时，有的学生也是各行其是。于是，我充分发挥了小组长的作用，让小组长拿着卡片在组里领读，等大家读熟练了，再让小组内的学习伙伴互相拼读，让他们找找小组学习的感觉。我在巡视小组合作的时候，发现有个孩子读错了，正要去纠正，却看到小组内已经有同学纠正了他的错误发音，于是我及时进行了表扬，再巡视时，发现互相纠正的同学多了，同学们小组学习的状态更好了。看来，小组学习时一个小的细节，也会悄悄变成一个有效的小组合作行为。

小组竞争带给我的思考

中午，班级课外阅读时间。教室里一片宁静——书本正牢牢系着孩子们的心呢！

可一抬头，却发现王××干坐着，无助的模样，肯定忘带书了。我走过去："你可以跟周围的同学借一本呀……""他们都不肯借给我……"小男孩突然声泪俱下。我心里一紧，继而怒气上冲："谁呀，同学向你借一本书都不肯？""朱××、甄××、还有陈××，他们都不借……他们说因为我没带书扣了全组的分，还说以后都不理我了……"我有点不是滋味，也有点不愿相信，因为这些被"控诉"的孩子，平时绝不属于那种自私的类型。关爱同学乐于助人的事例，平时在他们身上可以屡屡得见。

我自认为班级一直处在一种积极向上的氛围中，几乎都得益于长期开展的组与组之间的竞争活动。全班四大组，每位学生要为大组的荣誉而战，只要哪位组员，在某方面表现出色，就可为本组获得相应的分值；当然如果谁犯了错误，一般是要给予扣分处罚的。每周评比总结一次，获胜组的每一位组员将获得在荣誉簿上加星。平时，每每看见一位组员因表现出色为小组争得分数，把其他组员的斗志鼓得足足的，又把全班惹得激情昂扬时，我心里总在暗暗高兴。再看看某个组员因犯错误使小组分数受损，招来其他组员声色俱厉的责怪，也暗暗窃喜这集体的教育力量发挥得真出色。

这一次集体的教育力量可以说是发挥到"极致"了——我只能先暗暗自嘲，却再也自得不起来了，该好好反思一下了。

其实，竞争带来的负面效应，我早有察觉。上一次，因为第二组被扣了分，第四组的钱××和王××情不自禁地欢呼起来，当时我也曾板起脸来，慷慨陈词了一番：我们的胜利不应该建立在别人的痛苦之上……当时自认为说教还是起了一定的效果，因为毕竟几个小家伙都面露愧色。殊不知，问题远没我想的简单？

语文课上，教学《拉萨的天空》这一课。拉萨的天空，多么令人神往的景观：有贴着山顶的白云映衬，湛蓝的天空显得越发纯净，有拉萨河畔草地的对照，湛蓝的天空显得更加明洁。其中"纯净"和"明洁"，"对照"与"映衬"是近义词。我启发孩子们："还有一对近义词呢！……"

好多孩子都快从口中把答案冲出来了。难得王××那么踌躇地举起了小手！给他一次机会吧！这几天孩子一直快乐不起来，就是因为那次午间没认真读书，拖累小组被扣分，导致"众叛亲离"。虽然其间也想办法为他弥补了一下与组员的情感裂痕，但还是感觉孩子心里疙疙瘩瘩的。也难怪，孩子的心就像水晶一样，不能擦出一点伤痕。修补水晶，多困难！

果然，一直情绪不佳的王××又出状况了。刚说出个"越发"，却因紧张又不知所措了，怎么办？"请组员们帮帮他！"组员一个个热情地举起了手。看见这情景，我不由灵光一闪。"王××，瞧你的组员多好，他们都想帮助你呢！谁最想？""我！"坐在最前排的朱××叫。"好，就请朱××帮帮你，贴着你的耳朵，以说悄悄话的方式告诉你。"朱××出了前排一溜小跑，跑去跟王××一通耳语。王××的脸色舒缓多了："还有'更加'！""正确。还是团结力量大啊！快感谢一下那么多想帮助你的人！""谢谢大家！谢谢朱××！""不用谢！"朱××的小脸有点微微泛红，组员们也有点腼腆，但孩子们看上去都很快乐。

"看来，帮助人真是一件快乐的事儿！当你帮助了需要帮助的人，你会更快乐！”我趁机说下去：“大家可能没想到，前段时间王××不小心犯了错误之后，那时他是最需要帮助的，需要同学们帮他改正错误，也需要同学们给他关心和支持啊。今天他终于等到了大家的帮助！”“王××，你快乐吗？”“快乐！”孩子真有些激动了。“你们呢？”我转向其他组员。“快乐！”“很快乐！”

课后，看见王××已经融入亲密的集体中，我也快乐无比！

经过思考后，我决定将班级的竞争规则作调整。

虽然班级新的竞争规则才刚刚实施，但我一定会让孩子学会竞争，勇于竞争，善于竞争，正确竞争的。

3. 案例研究

教育案例的研究，是教师投身教育科研的一个起点。经历案例研究的过程，就是教师由点及面地反思与构建自身的教育理念与行为，促进个人专业成长的过程。教育案例研究的内容可以是教师自身专业成长方面的案例；也可以是课堂教学方式方法改变的案例；还可以是描述学生及其各方面变化的案例。教育教学过程中的一个片断，一个侧面或者是一个点都可以成为研究的案例。而教育案例的研究者——教师，既可以是教育事件的参与者、经历者，也可以是旁观者。

撰写教育案例的一般要求：

(1) 案例必须是含有问题或疑难情境在内的真实发生的典型性事件。

(2) 案例的分类：

从研究内容分：有反映德育工作的德育案例；有反映教学工作的教学案例；有反映教育管理工作的教育管理案例。从展示主题分：有主题引领下的主题式案例和案例展示中提出主题的意外式案例。从表现形式分：有相对完整的过程展示与分析研究的综合式案例；有教育教学片断的展示与分析的片断式案例。

(3) 案例的叙述要包含这些要素：标题、引言或背景、故事或问题、思考或评析。

下面提供的是白云园小学教师的一篇片断式教学案例。

案例三

快乐地学，大胆地说

——牛津小学英语 3B Unit 11 教学片断

情景一：课堂教学组织程序 Presentation Ⅰ：

（课件呈现国内体育健将在游泳的图片）

T：It's hot. What do you like? Do you like swimming?

S：Yes，I do.

T：Let's go swimming.

S：OK.

……（课件呈现王军霞跑步的图片）

T：Who is she? She is Wang Junxia.

T：She likes running. Do you like running?

S：Yes，I do.

T：Let's go running.（教师边说边领着同学们在教室中跑步）

S：OK.

小学生处于生理、心理和智力的多变时期，对于直观形象的东西特别感兴趣，尤其是电脑多媒体呈现的各种图片更能引起他们的学习动机。学生看到图片很是兴奋，当然很自然地就理解了 swimming、running 这两个单词的含义。在学生理解了这两个动作单词的基础上，教师因势利导邀请同学一起去跑步或游泳，所有的学生都做起了动作，动了起来。教育学家乌申斯基认为如果要让学生记住某些东西，就应该调动儿童尽可能多的感觉器官。在这两个单词的教学中我通过电脑多媒体调动了学生视觉、运动觉两种感官，运用美国心理学教授 James Asher 所创始的 TPR（全身反应法）让学生更快地习得语言。

我的遗憾：我既然能运用多媒体教学调动学生的视觉和运动觉，那我为什么不能利用声音媒体和动画，让学生听听游泳的声音、跑步时发出的脚步声，这似乎能够让学生对这两个单词有更直观的感知。也就是说对于这两个单词的呈现我是不是可以试试用其他的媒体呈现？动态媒体，比如说我出示一段王军霞跑步的影像资料或某位运动员的游泳视频，这样是不是能够达到更好的效果？想象一下，给孩子们一本连环画和一部动画片，让他们选择一样他们喜欢的，我想绝大多数的孩子都会选择动画片。孩子们对动画要比静态的图片要感兴趣得多。把声音媒体与动态画面有机地结合起来，让学生能通过多种感官来正确地感知、理解这两个比较抽象的运动类单词，应该是更好的教学方式。

情景二：课堂教学组织程序 Presentation Ⅱ：

Teach“skiing” and“skating”

① Read“skiing” after the teacher, then read one by one.

② Read“skating” after the teacher twice, then read after“the little teachers”.

在教授 skiing, skating 这两个单词时，我重点教授了 skiing，剩下的 skating 发音较简单，我就让孩子们仔细听它的读音，然后发给数个发音标准准确的学生“营业执照”，只有拥有“执照”的学生才能当小老师，其余的学生也可以自由选择教师，他可以跟这个老师学，也可以跟另一位老师学。热闹一阵后，孩子们掌握得出奇的好。这充分体现了以学生为主体的教学原则。教师不是知识的唯一来源，学生也可以做老师，教师在学生的学习过程中起协作、支持和辅导的作用。不过，这对教师的组织课堂的能力提出了更高的要求，但效果真的不错。孩子们一开始可能会觉得很新奇，之后，他们就会慢慢适应这种方式，也会从中受益匪浅。值得一提的是，在发“营业执照”时，每一位孩子都表现出了相当高的积极性，我环视一周，突然捕捉到他犹豫的眼神，想举手又不敢举。我在连续请了几个平时发音较好的孩子读了几遍获得“营业执照”之后，我再次和他的眼神对视，果然不出我所料，他的眼神坚定了，充满了渴望，小手都快碰到我的鼻尖儿了。这时我才毫不犹豫地点了他的名字。他“腾”地站了起来，大声地清晰地读出声来：“Skating!”他，这位在班上所谓的“差生”是最后一张“营业执照”的获得者。他开心地笑了，我也笑了，为我的小小计谋也为他的小小进步。“小老师”让学习能力强、思维敏捷的学生露一手，也能让“滥竽充数”者，得到学习和展示的机会，在合作中体现分层。前苏联教育学家苏霍姆林斯基告诉我们：“让每一个儿童都能抬起头来做人。”我们要尊重学生的个性差异，从他们身上挖掘出积极因素。在课堂上密切关注每一位学生，了解每一位学生的性格爱好，掌握每一位学生的一点一滴的进步，给予学生及时、充分的肯定与鼓励，让他大声，大胆地说出来。

在教学中，我还注重建立学生评价机制（A 等，握拳，拇指向上；B 等，拇指平放；C 等，拇指向下），充分体现学生的主体性，让孩子在学会客观评价自己及同伴的同时，增强学习的自信心，使自己成为学习的主人，为进一步学习英语打下良好的基础。

4. 教育叙事

教育叙事是教师以叙事、讲故事的方式，把自己在教育教学过程中遇到的问题的过程和解决这些问题的过程记录下来的教育研究。教育叙事的主要目的是：以自我叙述的方式来“反思”自己的教育教学活动，改进自己的教育教学行为，提高教学质量。相比于教育案例研究，教育叙事更适合一线的教师，它方法简单，操作方便，让教育回归生活本身。教育叙事的方法因人而异，没有一个固定的模式，注意一些要点即可：

① 事件真实：叙述的事是教育教学过程中的真实事件。

② 有所反思；也就是要写出自己对研究事件的思考或者是解决问题的方法，可边叙边议。

下面摘录的是白云园小学两位教师的教育叙事。

案例四

“闪光点”与“悄悄话”

“刘乾乾昨天做操很认真，上课也没讲话了。”班长邹辰辰说。全班顿时响起雷鸣般的掌声。

“我的同桌易晨在昨天的小组合作学习中，能听从大家的安排了。”组长杨乐乐夸道。又是一阵掌声。

“我看见马明在课间主动把教室的纸屑拾起来了。”

……

“同学们让我们再给这些同学一点掌声吧，也感谢那些发现别人长处的同学吧！”一直在一旁微笑的我说。

这是我们班的一个普通的晨会片段，这个环节叫“寻找闪光点”：让孩子们通过细致的观察，去发现同伴们身上的每一处“闪光点”，引导孩子们拥有一双善于发现的眼睛。发现的过程，既是孩子们学会善待他人、欣赏他人、宽容他人的过程，也是孩子分享快乐和自我教育的过程。

在人的所有生活经历中，最耐人寻味，最五光十色的经验通常都是与人际交往相联系的。愉快、烦恼、关怀、自豪、自卑……所有这些体验，都是与人相处得到的，交往中学会宽容与谅解别人，矛盾会迎刃而解，必然获得交往的愉快体验，必然会善待身边的每个人。

一位哲人说过：天空收容每一片云彩，不论其美丑，故天空广阔无比；高山收容每一块石头，不论其大小，故高山雄伟壮观；大海收容每一朵浪花，不论其清浊，故大海浩瀚无比。教会学生善待他人、欣赏他人、宽容他人，能为孩子赶走心灵的乌云，带来阳光，让他们像天空、像高山、像大海，包容身边的每一个人。

教育的目的到底是什么？作为教育者，我常常自问。如今，我想：是不是应该让我的学生懂得平等、博爱，尊重他人，内省自身，有健康的心理和人格，充满自信，无论环境如何变化，都能从容地生活？也许他们成不了圣人、伟人，甚至不是这个时代的精英，但他们知道如何做人，学会健康快乐地生活，不就是我们教育的终极目标吗？

忽视学生人格塑造的教育注定是失败的。"先生不应该专教书，他的责任是教人做人；学生不应该专读书，他的责任是学习人生之道。"陶行知先生所言极是！

给孩子发挥的空间

今天真是大大出乎我的意料，在华东饭店的会议厅里，我们班的展示课上竟然闯出一匹黑马。竟然是他：一个平时上课爱做小动作，难得发言的人。

上课前我对班上那些平时发言积极的人寄予厚望，希望他们的出色表现让听课的老师点头称赞。其他人我也充满了信心，积极地为他们打气，鼓励他们把握机会，好好地表现自己，可是他，这位上课喜欢偷点小闲，爱做小动作的孩子可真让我有些犯难，生怕他在这样重要的场合管不住自己，心里总是有那么点担心。上课之前，我把他拉到身边，好像妈妈对将出远门的孩子千叮万嘱："今天我们要在舞台上上课，台下有很多的老师要看着我们，你紧不紧张啊？"他眼睛一转，笑眯眯地问："老师，你说的是那种表演节目的舞台吗？""是啊，今天有好多老师来听我们上课呢！你要怎么表现啊？"我心里希望他能够体会到我的良苦用心，说几句保证好好上课的话。"老师，那个舞台大不大啊，我们这么多人能坐得下吗？"他好像对今天的舞台特别感兴趣，完全偏离了我找他单独谈心的主题，我只好直奔主题："今天上课啊，可跟平时不一样，小朋友们在台上的一举一动，台下的老师可看得清清楚楚啊，你可一定要积极动脑，举手发言啊！"他好像明白了我的意思，但我还是有点不放心。

可是今天他的表现真让我大感意外：在大厅的舞台上，他手拿麦克风，仿佛找准了明星的感觉，台下人越多，他越是显得无比自信。那种天生的表现欲望大有欲罢不能之势，得体的站姿，流畅的语言，清晰的思维，大方的应答，实在是太棒了！有的孩子因为第一次在舞台上上课，紧张得不敢发言，而他竟然比那些我平时欣赏的发言积极分子还要出色。众人皆叹小班的孩子活泼大方，特别是那个男孩，他成了场上最耀眼的一颗星星。上课的老师见他那么自信，经常把一些高难度的问题留给他回答，我在台下常常捏把冷汗，这个问题他行吗？可是他却很流利大方地说出了自己的见解，都让我不敢相信眼前的他了。

这次听课带给我的不仅仅是一时的惊喜，原来自己拥有这么优秀的学生，可我还蒙在鼓里，可真是卧虎藏龙，今日才识庐山真面目啊。同时也暗暗责备自己，平时只关注到他不尽如人意的一面，只想要去纠正他，而对他的发掘却远远不够，虽然用了心，但没点到关键处，没有让他酣畅淋漓地发挥过。想起他曾经说过的理想，长大后要当音乐 DJ，我才恍然明白，怪不得他那天谈话时总是提起舞台的事情，原来他是那么渴望舞台啊。我后悔没了解他的梦想，没有提供适合他梦想的舞台，更没有好好引导他向自己的梦想前进。

恍然间我明白了，平时苦口婆心、铁面强制的硬性教育，未必起到好的效果，孩子们并非如我们看到的那么混沌无知，顽劣成性，他们也有属于他们的一份执着追求。只要有适时的环境，创造适时的机会，他们会情不自禁地进入到一种最佳状态，恰好那就是自身散发光芒的时刻。作为老师，要善于用发现的眼光看待每一个孩子，千万不能用惯性的思维给孩子们定性，再成规成矩地循循善诱，以为自己是为了他们好，有时却适得其反，创设适合孩子发挥特长的空间，让他们极大限度地表现自己，远比一味的说教更有意义。

后　记

本书是一群有志于小班化教育研究和实践的同志共同探讨、思考和总结的结晶，它是一部比较系统、全面探讨小学小班化教育理论与实践的著作。全书以实践探索为主，理论研究为辅，力争做到理论性与实践性，思考性与可操作性相结合，主要是适应基层小学开展小班化实验对教师进行培训的需要。

本书由小学教育研究专家宋宁担任策划指导。全书的撰写分别是祁海燕(第一章)，王峥(第二章)，杨健(第三章)，冯俊芬、杨春基、华萍、祝艳(第四章)，林静(第五章)，史丽萍(第六章)。全书最后由邱训平审校并定稿。南京市教育局初教处杨林国处长对本书提出了许多宝贵的意见并全程给予了关注。本书在撰写过程中得到许多学校和教师的大力支持，在此一并表示衷心感谢。

小学小班化教育在我国部分地区已经开始推行和实践，相关的理论与实践的探讨还存在许多争议，有待于深入研究的问题还很多。限于作者水平，书中肯定存在不妥之处，敬请读者指正。